reinhardt

D1922446

Iris Füssenich · Cordula Löffler

Schriftspracherwerb

Einschulung, erstes und zweites Schuljahr

2., durchgesehene Auflage
Mit 42 Abbildungen und 21 Tabellen

Ernst Reinhardt Verlag München Basel

Dr. *Iris Füssenich*, Professorin für den Förderschwerpunkt Sprache und Kommunikation an der Fakultät für Sonderpädagogik an der Pädagogischen Hochschule Ludwigsburg mit Sitz in Reutlingen
Dr. *Cordula Löffler*, Professorin für Sprachliches Lernen an der Pädagogischen Hochschule Weingarten

Die Kapitel 2 und 4 wurden von Iris Füssenich verfasst, das dritte Kapitel hat Cordula Löffler geschrieben.

Die Zeichnungen auf den Seiten 123, 152–154 stammen von Maike Küppers, Reutlingen.

Titelfoto: Bilderbox

Bibliografische Information der Deutschen Bibliothek

Die Deutsche Bibliothek verzeichnet diese Publikation in der Deutschen Nationalbibliografie; detaillierte bibliografische Daten sind im Internet über <http://dnb.ddb.de> abrufbar.
ISBN 978-3-497-02039-3

Printed in Germany
Reihenkonzeption Umschlag: Oliver Linke, Augsburg
Satz: Fotosatz Reinhard Amann, Aichstetten
Druck und Bindung: Friedrich Pustet, Regensburg

Ernst Reinhardt Verlag, Kemnatenstr. 46, D-80639 München
Net: www.reinhardt-verlag.de Mail: info@reinhardt-verlag.de

Inhalt

Ergänzend zum Buch ist von den Autorinnen das „Materialheft Schriftspracherwerb. Einschulung, erstes und zweites Schuljahr" mit zahlreichen Kopiervorlagen lieferbar. DIN A4. ISBN 3-497-01752-3

Vorwort

Wenn Kinder in die Schule kommen, befinden sie sich an unterschiedlichen Stationen auf dem Weg zur Schrift. Dies betrifft ihre Zugriffsweisen, ihre Vorstellungen von Schrift und ihr individuelles Lernverhalten.

Unterricht muss die Voraussetzungen der Kinder von Anfang an berücksichtigen. Um eine angemessene Passung zu erzielen, benötigen Lehrerinnen Beobachtungsaufgaben, die sie zu Beginn des ersten Schuljahres und unterrichtsbegleitend bis zum Ende des zweiten Schuljahres einsetzen können.

Das vorliegende Buch mit zugehörigem Materialheft liefert die theoretischen Grundlagen zum Schriftspracherwerb sowie Beobachtungsaufgaben für die ersten beiden Schuljahre und stellt Konsequenzen für die Förderung dar. Es richtet sich an Lehrende und Studierende von Lehramtsstudiengängen (Grund- und Sonderschulen), Lehrerinnen von Grund- und Sonderschulen sowie Seminarleiterinnen der zweiten Ausbildungsphase.

Durch die Einrichtung von Forschungs- und Nachwuchskollegs (FuN-Kollegs) an Pädagogischen Hochschulen von Baden-Württemberg konnten wir im Rahmen unseres FuN-Teilkollegs „Prävention von Analphabetismus in den ersten beiden Schuljahren“ die Lern- und Lehrprozesse ausgewählter Klassen von der Einschulung bis an das Ende des zweiten Schuljahrs begleiten. Wir danken dem Ministerium für Wissenschaft, Forschung und Kunst, dem Ministerium für Kultus, Jugend und Sport sowie den Pädagogischen Hochschulen Ludwigsburg und Schwäbisch Gmünd für die finanzielle und personelle Ausstattung.

Lehrerinnen und Kinder haben uns einen Einblick in ihren schulischen Alltag gewährt. Von ihnen haben wir viel gelernt und hoffen, dass das Vertrauen, das die Eltern uns entgegen gebracht haben, auch anderen Kindern und Lehrerinnen zugute kommt.

Unser Dank gilt allen Kolleginnen und Kollegen aus dem FuN-Kolleg – Gertrud Binder, Claudia Crämer, Ulrike Graf, Carsten Gehring, Claudia Husen, Regine Morys, Edeltraud Röbe, Annegret von Wedel-Wolff und Manfred Wespel – sowie unseren fachlichen Beraterinnen und Beratern – Hans Brügelmann, Mechthild Dehn, Peter May und Sigrun Richter. Durch ihre Rückmeldungen und kritischen Fragen erhielten wir wertvolle Anregungen.

Wir danken Claudia Crämer für Leseaufgaben, die sie für das FuN-Kolleg entwickelt und uns für dieses Buch zur Verfügung gestellt hat.

Ohne unsere Studierenden, aber vor allem ohne unsere studentischen und wissenschaftlichen Hilfskräfte hätten wir das Projekt nicht durchführen können. Ihr Engagement und ihre Fachkompetenz waren uns eine große Stütze.

Danken möchten wir auch Claudia Husen, Stefan Jeuk, Eva Lack, Anneke Kensy und Kathrin Wecker für inhaltliche Rückmeldungen zu diesem Buch und Korrekturlesen.

Die wunderbaren Zeichnungen stammen von Maike Küppers.

Wir benutzen im Folgenden wegen der besseren Lesbarkeit ausschließlich weibliche Personen- bzw. Berufsbezeichnungen. Es sind selbstverständlich jeweils Männer ebenso angesprochen. Begriffe wie Lehrerfortbildung und Lehrerhilfen werden allerdings als feststehende aufgefasst und verwendet.

Die Kapitel 2 und 4 wurden von Iris Füssenich verfasst, das dritte Kapitel hat Cordula Löffler geschrieben.

Reutlingen und Weingarten, im Mai 2008

Iris Füssenich
Cordula Löffler

1 Einleitung

Das vorliegende Buch „Schriftspracherwerb. Einschulung, erstes und zweites Schuljahr“ setzt sich mit dem Lernen und Lehren der Schriftkultur von der Einschulung bis an das Ende des zweiten Schuljahres auseinander. Erste und zweite Klassen wurden im Rahmen eines Projekts in ihren Lern- und Lehrprozessen begleitet.

In Pädagogik und Didaktik der Primarstufe wird die Eigenständigkeit des Kindes beim Erwerb der Schriftsprache betont. Der Zusammenhang zwischen Lern- und Lehrprozessen stellt dabei einen zentralen, aber heute noch unzureichend untersuchten Bereich dar. Hierzu gehören auch Entwicklung und Erprobung von Instrumentarien zur Lernbeobachtung, aus denen sich Fördermaßnahmen ableiten lassen. An dieses Defizit wird angeknüpft. Im Folgenden gliedert sich das vorliegende Buch in drei weitere Kapitel: Das zweite Kapitel widmet sich den Lern- und Lehrprozessen bei der Einschulung und den Leistungen, die Kinder vollbringen, wenn sie sich ausgehend von ihrer mündlichen Sprache mit Schrift auseinander setzen. In den Kapiteln drei und vier geht es um Entwicklungsschritte und mögliche Lernschwierigkeiten von Kindern im ersten und zweiten Schuljahr. Um die Unterschiede in ihrer sprachlich-kognitiven Entwicklung und Lernfortschritte herauszuarbeiten, werden in den einzelnen Kapiteln Zielsetzungen der einzelnen Schuljahre aufgeführt, die ausgewählten Beobachtungsaufgaben beschrieben, Ergebnisse dargestellt und anschließend Konsequenzen für Unterricht und Förderung gezogen. In einem zusätzlichen Materialheft (Füssenich/Löffler 2005) sind die erprobten Beobachtungsaufgaben für die Einschulung, für das erste und das zweite Schuljahr sowie die jeweiligen Auswertungskriterien zusammengestellt.

Ziel ist es, Lehrenden Unterschiede in der kindlichen Entwicklung sichtbar zu machen, damit diese im Unterricht angemessen berücksichtigt werden können. Durch Beobachtungsaufgaben bei der Einschulung und unterrichtsbegleitende Beobachtungen sollen potenzielle Lernschwierigkeiten früh erkannt werden, damit entsprechende Fördermaßnahmen eingesetzt werden können.

Schwierigkeiten beim Schriftspracherwerb und die Entstehung von Analphabetismus

Wenn Kinder in die Schule kommen, befinden sie sich an unterschiedlichen Stationen auf dem Weg zur Schrift. Dies betrifft ihre Vorstellungen von Schrift, ihre Zugriffsweisen und ihr individuelles Lernverhalten. Mit dem

Schuleintritt dient Sprache nicht nur der Kommunikation, sondern sie wird zunehmend zum Gegenstand der Betrachtung. Der Schriftspracherwerb stellt erhebliche Anforderungen an die sprachlich-kognitiven Fähigkeiten von Schulanfängerinnen. Kinder müssen sich von der subjektiv-erlebnisbezogenen Vorstellung von Sprache lösen und ihre Aufmerksamkeit auf die formalen Aspekte der Sprache lenken. Dies bedeutet, dass sie sich bewusst mit ihrer Sprache auseinander setzen müssen. Bei der Feststellung von Schulfähigkeit sollten deshalb metasprachliche Fähigkeiten Beachtung finden (Kap. 2.1).

Bisher wurden in der (Sonder-)Pädagogik Schwierigkeiten von Kindern im Anfangsunterricht vor allem an Defiziten wie Teilleistungsschwächen und mangelnder Merkfähigkeit festgemacht. Dass Kinder aufgrund ihres *sprachlich*-kognitiven Entwicklungsstands die Anforderungen des Unterrichts nicht erfüllen können, wurde kaum gesehen. Dies hat aber gravierende Konsequenzen für das schulische Lernen und Lehren. Es ist daher erforderlich, Instrumentarien zur Lernstandsbeobachtung, die sich an Entwicklungsmodellen des Schriftspracherwerbs orientieren, zu entwickeln und zu erproben. Auf diese Weise wird es möglich, den Entwicklungsstand jedes einzelnen Kindes detailliert zu erfassen sowie Fördermaßnahmen abzuleiten.

Kinder und Jugendliche mit Schwierigkeiten beim Erwerb der Schriftsprache gelten in der Schule als lese- und schreibschwach. Sofern es ihnen nicht gelingt, ihre schriftsprachlichen Fähigkeiten zu verbessern, besteht die Gefahr, dass sie nach der Schule zu *funktionalen Analphabeten* werden. Der Begriff *funktional* bedeutet, dass es sich nicht um Personen ohne Kenntnisse handelt, sondern dass sie mit ihren Fähigkeiten die Funktionen der Schrift in *ihrer* Gesellschaft nicht nutzen können. Sie haben deshalb Schwierigkeiten, eine Ausbildung zu beginnen und einen Arbeitsplatz zu finden (z.B. Döbert/Hubertus 2000; Füssenich 1993; Löffler 2002). Im Gegensatz zu *völligen Analphabeten*, die nie lesen und schreiben gelernt haben, weil sie z.B. die Schule nicht besucht haben, verfügen *funktionale Analphabeten* über Kenntnisse der Schriftsprache – wenn auch in sehr unterschiedlichem Ausmaß –, meiden aber fast jede Situation, die schriftsprachliche Fähigkeiten erfordert, aus Angst, dass ihre Lese- und Schreibschwierigkeiten von anderen entdeckt werden. Dies geschieht unabhängig davon, ob sie dieser Situation objektiv betrachtet gewachsen sind oder nicht. Ihr subjektives Empfinden, die schriftsprachlichen Anforderungen nicht erfüllen zu können, bestimmt ihr Vermeidungsverhalten. Döbert (1997, 118) bringt dies auf den Punkt:

> „Analphabetismus oder unzureichende schriftsprachliche Kenntnisse definieren sich in einem Spannungsfeld zwischen unterschiedlichen Anforderungssituationen, der subjektiven Interpretation dieser schriftsprachlichen Anforderungen, den tatsächlich vorhandenen schriftsprachlichen Fertigkeiten und der subjektiven Interpretation dieser Fertigkeiten."

Der Bundesverband Alphabetisierung e.V. geht für die Bundesrepublik Deutschland von derzeit vier Millionen funktionalen Analphabeten aus (Döbert/Hubertus 2000, 29).

Forschungen zum Analphabetismus in Industrienationen zeigen, dass sich (funktionaler) Analphabetismus auf ein Zusammenspiel gesellschaftlicher, familiärer, individueller und schulischer Faktoren zurückführen lässt. Die Lebensgeschichten der Betroffenen sind sehr ähnlich: Sie sind geprägt von Unverständnis und Druck, entweder von Eltern oder Lehrerinnen; häufig fehlt es von beiden Seiten an Unterstützung. Bei den meisten Betroffenen kamen während der Kindheit und in den ersten Schulbesuchsjahren mehrere Faktoren zusammen, die den Schriftspracherwerb beeinträchtigten oder sogar verhinderten. Auch wenn sich nicht die „falsche" Unterrichtsmethode als einzige Ursache für die Entstehung von (funktionalem) Analphabetismus festhalten lässt, so muss man doch davon ausgehen, dass die fehlende Passung zwischen individuellen Lernvoraussetzungen und schulischen Anforderungen im Anfangsunterricht an der Problematik maßgeblich beteiligt ist. Diese Passung zwischen individuellen Voraussetzungen und schulischen Anforderungen muss nicht nur bezogen auf den Lerngegenstand Schrift und angebotene Unterrichtsmaterialien stimmig sein, sondern auch hinsichtlich des Verhaltens von Lehrerinnen.

Das FuN-Teilkolleg „Prävention von Analphabetismus in den ersten beiden Schuljahren"

„Prävention von Analphabetismus in den ersten beiden Schuljahren" hieß ein Teilkolleg des Forschungs- und Nachwuchskollegs (FuN-Kolleg) „Lehr- und Lernprozesse bei der Ausbildung und Entwicklung von Lese- und Schreibfähigkeit in der Primarstufe".

Ziel des FuN-Teilkollegs war es, Lehrenden die Unterschiede in der kindlichen Entwicklung im Hinblick auf den Schrifterwerb sichtbar zu machen, damit diese im Unterricht angemessen berücksichtigt werden können. Schon zu Beginn des ersten Schuljahres wurden Fähigkeiten und Schwierigkeiten im Rahmen von Beobachtungsaufgaben zur Einschulung erfasst. Dies wurde durch eine unterrichtsbegleitende Beobachtung bis zum Ende des zweiten Schuljahres (in einem Folgeprojekt bis Ende des vierten Schuljahres) fortgesetzt. Potenzielle Lernschwierigkeiten sollten möglichst früh erkannt werden, und entsprechende Fördermaßnahmen wurden erarbeitet. Gemeinsame Besprechungen und Fortbildungen mit den Lehrerinnen dienten der Integration dieser Fördermaßnahmen in den Unterricht. Der Blick der Lehrenden sollte für mögliche Schwierigkeiten von Kindern geschärft werden, um Kinder frühzeitig zu unterstützen und so Lese- und Schreibschwierigkeiten möglichst zu verhindern. Die Fragestellungen des FuN-Teilkollegs lauteten

bezogen auf die Lernprozesse der Kinder:

- Welcher Zusammenhang besteht zwischen Schwierigkeiten mit der mündlichen Sprache und Problemen beim Schriftspracherwerb (Füssenich 2001; 2002; 2004b)?
- Welche Unterschiede innerhalb einzelner Entwicklungsverläufe lassen sich aufzeigen?

bezogen auf die Lehrprozesse der Lehrerinnen:

- Welche Konsequenzen ergeben sich aus den Ergebnissen der Beobachtung für Unterricht und Förderung?
- Erweitert der Blick auf die Kinder mit Schwierigkeiten das eigene Konzept von Unterricht und Förderung?
- Erweitert der Blick auf die Kinder mit Schwierigkeiten den Unterricht auch für die Kinder ohne Schwierigkeiten?

Im Rahmen des FuN-Teilkollegs bestand in den Jahren 2000 bis 2003 eine Kooperation mit 20 Lehrerinnen von Grundschulen, Grundschulförderklassen, Schulen für Sprachbehinderte und Förderschulen (Schulen für Lernbehinderte). Aus dieser Gruppe nahmen in einer ersten Staffel ab dem Schuljahr 2000/01 zehn Lehrkräfte mit ihren Schülerinnen teil. Die zweite Staffel setzte sich aus weiteren vier Klassen zusammen und war ab dem Schuljahr 2001/02 beteiligt. Für die gesamte Gruppe fand einmal im Monat eine Fortbildungsveranstaltung statt. In den einzelnen Sitzungen wurden Projektergebnisse vorgestellt und diskutiert sowie relevante Themen aufgegriffen, z.B. Schreiben von Anfang an oder der Erwerb von Phonem-Graphem-Beziehungen. An den Erhebungen nahmen insgesamt 200 Kinder aus zehn Grund- und Sonderschulklassen teil sowie zwei Grundschulförderklassen bei der Eingangsdiagnose. Zu Beginn des ersten Schuljahres wurden Beobachtungsaufgaben zur Einschulung durchgeführt, während des ersten und zweiten Schuljahres wurden unterrichtsbegleitend Lernbeobachtungen zum Stand der (schrift-)sprachlichen Fähigkeiten der Kinder durchgeführt. In der Fortsetzung des Projekts – die in diesem Buch nicht dargestellt wird – wurde in ausgewählten Klassen eine unterrichtsbegleitende Beobachtung bis zum Ende der vierten Klasse weitergeführt.

Im vorliegenden Buch werden einige theoretische Inhalte – soweit nötig – an mehreren Stellen thematisiert, Überschneidungen aber weitestgehend vermieden. Die Materialien zu den Beobachtungsaufgaben finden sich (außer: *Hamburger Schreib-Probe* HSP) im zugehörigen Materialheft (Füssenich/Löffler 2005). Die beschriebenen Beobachtungsaufgaben für das erste und zweite Schuljahr sind in den Tabellen 1 und 2 aufgeführt. Die Zeiteinteilung in den Tabellen richtet sich nach dem Schuljahr in Baden-Württemberg. Beginnt die Schule eher, sollten die Beobachtungsaufgaben entsprechend vorgezogen werden.

Tab. 1: Beobachtungsaufgaben im ersten Schuljahr

Beobachtungsaufgaben für die Einschulung		
Monat	*Bereich*	*Beobachtungsaufgabe*
September (Einschulung)	Wahrnehmung von Schrift	Gezinktes Memory Embleme lesen
	Kenntnis von Begriffen	Leeres Blatt Zeichen kategorisieren
	Einsicht in den Aufbau von Schrift	Reime erkennen Silbensegmentierung Phonemanalyse (Anlaute)
Unterrichtsbegleitende Beobachtungsaufgabe: erstes Schuljahr		
Monat	*Bereich*	*Beobachtungsaufgabe*
Dezember	Orthographie	Lernbeobachtung Schreiben „November" (Dehn/Hüttis-Graff 2006)
	Lesen	Lernbeobachtung Lesen „November" (Dehn/Hüttis-Graff 2006)
Januar	Orthographie	Anlautaufgabe
Februar	Orthographie	Lernbeobachtung Schreiben „Januar" (Dehn/Hüttis-Graff 2006)
April	Lesen (Sinnverständnis)	Tierrätsel 1
Mai	Verfassen von Texten	Leeres Blatt
Juni	Orthographie	Lernbeobachtung Schreiben „Mai" (Dehn/Hüttis-Graff 2006)

Tab. 2: Beobachtungsaufgaben im zweiten Schuljahr

Unterrichtsbegleitende Beobachtungsaufgaben: zweites Schuljahr		
Monat	*Bereich*	*Beobachtungsaufgabe*
Oktober	Orthographie	Hamburger Schreib-Probe (HSP 1-E1) (May 2002)
November	Lesen (Sinnverständnis)	Leseaufgabe „Fisch“
Dezember	Verfassen von Texten	„Das mag ich! Das mag ich nicht!“
Januar	Orthographie	Alphabetisches Schreiben
März	Wissen über Sprache (Sprachreflexion)	Einsicht in den Aufbau von (Schrift-)Sprache Kenntnis von Begriffen
April	Verfassen von Texten	Leeres Blatt
	Lesen (Taktiken des Lesens)	Tierrätsel 2
Mai (zusätzlich)	Verfassen von Texten	„Schellen-Engel“ von Paul Klee (Rabkin 1992)
Juni	Lesen (Sinnverständnis)	Sachtext „Feuerwehr“

Das FuN-Kolleg „Lehr- und Lernprozesse bei der Ausbildung und Entwicklung der Lese- und Schreibfähigkeit in der Primarstufe“

Die Einrichtung von Forschungs- und Nachwuchskollegs an Pädagogischen Hochschulen (FuN-Kollegs) wurde von der Landesregierung Baden-Württembergs beschlossen, um die Eigenständigkeit dieser Hochschulart auch im Bereich der Forschungs- und Nachwuchsförderung zu stärken und das spezifische Forschungspotenzial der Pädagogischen Hochschulen für schulnahe Forschung nutzbar zu machen. Das FuN-Kolleg „Lehr- und Lernprozesse beim Erwerb von Lese- und Schreibfähigkeit in der Primarstufe“ begann im Wintersemester 1999/2000 und endete im Wintersemester 2005/06. Beteiligt waren die Fächer Sprachbehindertenpädagogik und Erziehungswissenschaft der Pädagogischen Hochschule Ludwigsburg sowie die Fachdidaktik Deutsch der Pädagogischen Hochschule Schwäbisch Gmünd.

Die interdisziplinär angelegte Untersuchung sollte helfen, Lern- und Lehrprozesse beim Erwerb der Schriftsprache zu reflektieren (Crämer et al. 2003). Die Beteiligung der Sonderpädagogik (Sprachbehindertenpädagogik) gewährleistete, dass der Blick vor allem auf Kinder mit Lernschwierigkeiten gelenkt wurde. Der erziehungswissenschaftliche Beitrag bestand in der Untersuchung des kindlichen Fähigkeitskonzepts im Kontext des Schriftspracherwerbs. Auf der Basis von Lernbeobachtungen und der Analyse von Schüler- und Lehreräußerungen wurden Lernentwicklungen und -hürden im Anfangsunterricht sowie im weiterführenden Lesen im Zusammenhang mit dem Selbstkonzept von Schülerinnen ausgewertet und in ein Handlungskonzept umgesetzt.

Der Schwerpunkt des Teilkollegs „Ausbau fortgeschrittener Lesestrategien nach dem Erwerb der alphabetischen Phase. Förderung von Kindern mit Leseschwierigkeiten“ (Annegret von Wedel-Wolff, Manfred Wespel und Mitarbeiterinnen, Schwäbisch Gmünd) war die Entwicklung und Erprobung von Fördermaßnahmen zur Ausgestaltung der Lesestrategien mit den damit verbundenen Beobachtungsmöglichkeiten. Erforscht wurde, welche Lesestrategien sich bei Kindern mit Leseschwierigkeiten vom zweiten bis vierten Schuljahr feststellen lassen und welche Förderkonzeption sowie Fördermaterialien die Ausgestaltung der Lesestrategien und das Leseverstehen unterstützen. Dazu wurden an der Projektschule im zweiten, dritten und vierten Schuljahr Beobachtungsaufgaben zu den Lesestrategien und zum Leseverstehen sowie darauf aufbauend Fördermaßnahmen durchgeführt und eine Konzeption zur Förderung von leseschwachen Kindern entwickelt.

Im FuN-Teilkolleg „Leistung in der Grundschule – Wie Grundschulkinder ihre Schulleistungen sehen und verstehen“ (Edeltraud Röbe und Mitarbeiterinnen, Ludwigsburg) wurden Kinder in prägnanten Leistungssituationen teilnehmend beobachtet; ihre Äußerungen zur eigenen Leistung wurden als Ausdruck ihres Leistungsprofils in Wort und Bild dokumentiert. Die Untersuchung geht davon aus, dass die gesellschaftlichen und familalen Wandlungsprozesse auch die kindliche Leistungsbereitschaft und -fähigkeit beeinflussen können. Wenn heute die Bedeutung der Bildungsabschlüsse im öffentlichen und privaten Bewusstsein einen so hohen Stellenwert einnimmt, ist anzunehmen, dass sich dies im Umgang der Kinder mit der Leistungsthematik spiegelt.

2 Lern- und Lehrprozesse bei der Einschulung

2.1 Schriftspracherwerb aus Sicht der Lernenden

Eine Lehrerin fragt ein Kind anhand von Bildern mit und ohne ein bestimmtes Phonem, bei welchen Wörtern es den entsprechenden Laut hört. Statt einer Antwort hält sich das Kind die Bildkarten nacheinander ans Ohr und schüttelt bei jedem Bild verneinend den Kopf (Crämer/Schumann 2002).

In einem Alphabetisierungskurs äußern sich erwachsene Nullanfänger über Rechtschreibregeln. Peter (29 Jahre) meint: „Messer schreibt man mit <ss>, also schreibt man ein kleines Messer mit <s>." (Crämer/Schumann 1990, 217)

Petra (22 Jahre) wundert sich: „Eichhörnchen! So ein langes Wort für so ein kleines Tier." (Crämer/Schumann 1990, 217) Sie ist in ihrer sprachlich-kognitiven Entwicklung bereits auf einer fortgeschritteneren Stufe als das Schulkind und der Analphabet. Petra hat schon verstanden, dass die (mündliche) Sprache nicht die Realität selbst ist, sondern sie symbolisiert. Sie hat außerdem erkannt, dass Sprache aus einer inhaltlichen Aussage und einer sprachlichen Form besteht. Über diese Fähigkeiten verfügen die anderen beiden noch nicht, wie man an ihren (sprachlichen) Handlungen erkennen kann. Da sich Petra wundert, ist offensichtlich, dass sie über diese Erkenntnis noch nicht lange verfügt.

Der Anfangsunterricht im Lesen und Schreiben vermittelt oft den Eindruck, als würden alle Erstklässlerinnen einheitlich mit dem Erwerb der Schrift beginnen. Doch schon nach kurzer Zeit zeigen sich Unterschiede, die bereits bei Schuleintritt bestehen, denn es gibt Schulanfängerinnen, die schon lesen und schreiben können, während andere noch nicht die Funktion von Schrift erkennen.

Die Darstellung der notwendigen Voraussetzungen für den erfolgreichen Erwerb der Schriftsprache hängt von dem Verständnis des Lerngegenstands Schriftsprache ab. Wird der Schriftspracherwerb als Aneignung von Teilleistungen, wie visueller oder motorischer Fähigkeiten, verstanden, so wird als Lernvoraussetzungen auch die Förderung dieser Bereiche für den erfolgreichen Erwerb der Schriftsprache angesehen. Es gibt zahlreiche Materialien, mit denen der Erwerb dieser Teilleistungen geübt werden kann, ohne den Entwicklungsprozess einzelner Kinder zu berücksichtigen. Demgegenüber hat sich die Ansicht durchgesetzt, lesen und schreiben lernen aus dem Blick der Lernerinnen zu betrachten.

Kinder eignen sich Schriftsprache nicht nur in der Schule an, sondern unter bestimmten Bedingungen hat sie bereits vor Schuleintritt ihre Bedeutung (Füssenich/Geisel 2008). Die Aneignung der Schrift ist als Entwicklungsprozess zu sehen, bei dem sich das Kind schrittweise das System unserer Schrift erarbeitet und selbstständig Regeln zur Verschriftung gesprochener Sprache entdeckt. Somit rücken im Unterricht Lernverhalten und -strategien des einzelnen Kindes in den Mittelpunkt. Um lesen und schreiben zu lernen, ist zwar ein gewisser Entwicklungsstand an sprachlichen und kognitiven Fähigkeiten nötig, doch andererseits erweitert die Beschäftigung mit Schrift schon vorhandene Fähigkeiten.

Wie lässt sich nun erklären, dass Kinder schon zu Beginn der Einschulung gravierende Unterschiede in ihrer Zugriffsweise auf (Schrift-)Sprache zeigen? Kinder lernen nicht nur das System der Aussprache und der Grammatik sowie die Fähigkeiten auf den anderen Sprachebenen, sondern sie lernen auch, über Sprache nachzudenken. Kinder müssen metasprachliche Fähigkeiten erwerben, um (schrift-)sprachlich erfolgreich zu sein (Füssenich 1987).

2.1.1 Wissen über Sprache (Sprachreflexion): Metakommunikation und Extrakommunikation

Andresen (1985, 1998, 2002) und Augst (1978) unterscheiden zwischen metasprachlichen Fähigkeiten, die vor allem mit der mündlichen Sprache erworben werden, und solchen, die eher durch die Auseinandersetzung mit der Schriftsprache gelernt werden. Um das unterschiedliche Niveau dieser metasprachlichen Äußerungen zu verdeutlichen, unterscheidet Augst zwischen *Metakommunikation* und *Extrakommunikation*. Durch *metakommunikative Äußerungen* versuchen Kinder schon während des Erwerbs der mündlichen Sprache Kommunikationsschwierigkeiten im Gespräch zu beheben. Wenn ein Kind etwas nicht versteht, wird es nachfragen und den Dialog anschließend fortsetzen, wie in folgendem Beispiel:

> *Mutter: „Das Kind hat Sommersprossen."*
> *Kind: „Welche Sommersprossen? Es ist doch Winter."*

Zur *Extrakommunikation* gehören Äußerungen, die explizit sprachliche Phänomene thematisieren, ohne dass Kommunikationsschwierigkeiten vorliegen, wie in folgenden Beispielen:

> *Ein siebenjähriger Junge sieht ein Buch mit der Aufschrift* Angst. *Er liest den Titel und sagt: „Wenn das am Schluss ein <scht> hätte, würde das Wort* Angscht *heißen".*
>
> *K: „Schwarze Flecken ist ein Eigenschaftswort, weil die Kätzchen so aussehen."*

Im Unterschied zu metakommunikativen Äußerungen sprechen Kinder bei der Extrakommunikation über Sprache, obwohl keine unmittelbaren Kommunikationsschwierigkeiten vorliegen. Dieses Gespräch findet entweder aus eigenem Interesse statt, wie im ersten Beispiel, oder im Rahmen des Unterrichts, wie beim zweiten. Die sprachlichen Inhalte beziehen sich hier auf Konventionen der Rechtschreibung und auf die grammatische Kategorie „Eigenschaftswort". Dass Kinder über diese sprachlichen Inhalte reflektieren können, liegt daran, dass sie in der Lage sind, explizit sprachliches Wissen zu dekontextualisieren (Waller 1988). Je mehr Begriffe ein Kind erworben hat, um über Sprache zu sprechen, desto eher tritt Extrakommunikation auf. Dies lässt sich im zweiten Beispiel an dem Begriff *Eigenschaftswort* erkennen. Anhand der Begründung wird aber offensichtlich, dass das Kind noch sehr inhaltsbezogen argumentiert und dabei seine Unsicherheit mit dem Wortbegriff zeigt.

Die Fähigkeit zur Extrakommunikation setzt voraus, Sprache auf der Ebene der Metakommunikation zu reflektieren, weil dies erste Äußerungen der Auseinandersetzung *mit* Sprache sind. Bei der Extrakommunikation muss das Kind bereits über Begriffe verfügen, um über Sprache sprechen zu können. Dass es fließende Übergänge gibt, verdeutlicht das letzte Beispiel.

Bei vielen Kindern lassen sich kurz vor der Einschulung – und bei manchen Kindern schon früher – Ansätze zu extrakommunikativen Fähigkeiten erkennen: Sie entwickeln Freude an Sprachspielen, dabei tauschen sie bewusst Einheiten wie Silben oder Phoneme aus. Dies zeigt sich z. B. in Sprachspielen wie *Hagelstein*, *Stachelschwein* oder *Willi*, *Pilli*. Diese Äußerungen weisen darauf hin, dass Kinder die Fähigkeit erwerben, Sprache auch außerhalb von Kommunikationssituationen zum Gegenstand der Betrachtung zu machen.

Erste metakommunikative Fähigkeiten entwickeln sich vor allem mit dem Erwerb von semantischen Fähigkeiten (Füssenich 2002). Zwischen dem zweiten und dritten Lebensjahr erweitern Kinder ihre semantischen Fähigkeiten, was auch mit Wortschatzspurts umschrieben wird. In dieser Zeit bauen Kinder ihr Lexikon nicht nur in quantitativer Hinsicht auf, sondern sie erwerben Strategien, ihre semantischen Fähigkeiten zu erweitern. In den Dialogen zwischen Kindern und Erwachsenen nimmt das Gespräch über Sprache einen wichtigen Stellenwert ein. Kinder erwerben die Fähigkeit, über Sprache nachzudenken, vor allem dann, wenn in der Kommunikation mit anderen Menschen Verständigungsprobleme auftreten, die zu lösen sind. Vonseiten der Kinder zeigt sich dies z. B. darin, dass sie nachfragen, wenn sie einzelne Äußerungen nicht verstehen, oder dass ihnen Begriffe fehlen, um sich verständlicher zu machen.

Kinder bemühen sich um Verständlichkeit, was sich u. a. darin zeigt, dass sie folgende Verhaltensweisen einsetzen:

Sie fragen nach unbekannten Begriffen:	E: „Ich muss habilitieren." K: „Ich kenne die Tieren nicht."
... teilen mit, dass sie Äußerungen nicht verstehen:	„Was ist das?" oder „Ich kenne das nicht."
... geben Kommentare über Sprache ab:	E: „Sag der Tante Guten Tag." K: „Das ist keine Tante. Das ist eine Frau."
... korrigieren ihre eigenen Äußerungen:	„Blumentohl" zu Blumenkohl
oder die der Kommunikationspartnerin:	K: „Darf ich die Milch heute mal schnell trinken." E: „Das ist dein Bier." K: „Das ist kein Bier, das ist Milch!" E: „Ja, ich meinte, das ist deine Sache." K: „Dann sag's auch." (Augst 1978, 334)
... nehmen Überdehnungen vor:	„Hund" für alle Vierbeiner
... bilden Neuschöpfungen:	„Baumarm" für Ast

Dass Kinder sich nicht nur über die Sprache der Kommunikationspartnerinnen wundern und entsprechend ihrem Wissen korrigieren, sondern auch Selbstkorrekturen vornehmen, hat bereits Haarmann (1973) aufgezeigt. Er hebt die Bedeutungen von sprachlichen Korrekturen bei Schulanfängerinnen als Indiz für den „Zuwachs an individuellem Sprachvermögen" hervor. Aufgrund der Beobachtung von Kindern in kommunikativen Situationen stellt er verschiedene Formen spontaner Selbstkorrekturen fest: Sie treten bei Kindern auf, wenn

- falsche oder unzureichende Aussagen gemacht werden,
- sprachlich unzureichende Ausdrücke vom Kind verbessert werden,
- längere Äußerungen korrigiert werden oder
- der Satzplan verändert wird.

Diese Verhaltensweisen zeigen, dass Kinder sprachanalytisch tätig sind. Dabei segmentieren sie gesprochene Sprache und entdecken linguistische

Einheiten wie Wörter, Morpheme sowie Phoneme und operieren mit ihnen. Doch erwerben alle Kinder die Fähigkeit, über Sprache nachzudenken sowie Ansätze von metasprachlichen Fähigkeiten? Kinder mit Problemen beim Erwerb semantischer Fähigkeiten haben nicht nur einen geringen Wortschatz, sondern zeigen auch, dass sie über geringere Verhaltensweisen verfügen, ihre semantischen Fähigkeiten zu erweitern. In Situationen, in denen ihnen lexikalisches Wissen fehlt, sind folgende Verhaltensweisen zu beobachten (Füssenich 2002):

Rückgriff auf Verständigungsmöglichkeiten aus der vorsprachlichen Kommunikation:	„Ich will das da." Kind zeigt auf den gewünschten Gegenstand.
Schweigen:	E: „Hast du die Karte von dem Hund?" K: schweigt
Ausweichendes Verhalten:	Ein Kind weigert sich beim Kaufladen-Spiel, den Einkäufer zu spielen, weil es dann seine Einkaufswünsche präzise benennen müsste.
Ausweichende Antworten:	Bei einem Spiel wollte eine Erwachsene einem Kind den Unterschied zwischen Waage und Wiege erklären. Als das Beharren auf diesem Unterschied dem Kind zu viel wurde, fragte es: „Welches Zeichen bist du? Steinbock oder Waage?"
Antworten mit Ganzheiten:	E: „Was hast du gestern gemacht?" K: „Weiß nicht mehr."
Umschreibungen:	Einem Kind fehlte der Begriff „Fußballtrikot". Stattdessen sagte es: „Anziehen. Fußball."
Ersetzungen:	„Ich habe das Brötchen leer getrunken."

Neben Problemen im Bereich der Semantik verfügen diese Kinder meist über keine oder nur geringe Fähigkeiten, über Sprache nachzudenken. Dies hat zur Folge, dass sie nicht lernen, mit sprachlichen Einheiten wie Lexemen, Wörtern und Phonemen zu operieren. Darüber hinaus entwickeln sich auch nur unzureichend metasprachliche Fähigkeiten. In der Regel haben diese Kinder auch keine Freude an Sprachspielen und haben oft Schwierigkeiten, Reime zu erkennen. Dementsprechend werden sie in der Schule kaum in der Lage sein, Sprache aus dem Handlungszusammenhang zu lösen und über Sprache sprechen.

Fehlende metasprachliche Fähigkeiten und Schwierigkeiten auf der semantischen Ebene werden oft von Eltern, aber auch von Lehrerinnen, nicht als Problembereiche erkannt. So verschleppen viele Kinder diese Schwierigkeiten. Oft werden sie erst nach der Einschulung entdeckt. Dabei wird aber meist nicht der Bezug zur mündlichen Sprache gesehen, sondern diese Schwierigkeiten werden dann mit Merkschwäche oder Teilleistungsschwäche in Verbindung gebracht.

An welche metasprachlichen Voraussetzungen kann in der Schule nun angeknüpft werden? Ein Kind im Elementarbereich ist in der Regel noch nicht zur *Extrakommunikation* fähig, weil Sprache in diesem Alter nicht als Objekt, sondern ausschließlich in Kommunikationszusammenhängen erlebt wird. Die Schule kann nicht ohne weiteres mit der *Extrakommunikation* beginnen, sie sollte vielmehr an die metasprachlichen Äußerungen anknüpfen bzw. berücksichtigen, dass es Kinder gibt, die nur über geringe metasprachliche Fähigkeiten verfügen. Außerdem muss berücksichtigt werden, dass Schulanfängerinnen kaum über Begriffe verfügen, um extrakommunikativ über Sprache zu sprechen (Füssenich 2001).

Wenn Kinder in die Schule kommen, finden sie sich auf unterschiedlichen Stufen, die mündliche und die schriftliche Sprache zu erwerben. Dies betrifft ihre Zugriffsweisen, ihre Vorstellungen über Schrift und ihr individuelles Lernverhalten. Der Schriftspracherwerb stellt erhebliche Anforderungen an die sprachlich-kognitiven Fähigkeiten der Kinder. Sie müssen sich von der subjektiv erlebnisbezogenen Vorstellung von Sprache lösen und ihre Aufmerksamkeit auf formale Aspekte von Sprache lenken und sie müssen ihre mündliche Sprache erneut zum Gegenstand der Betrachtung machen. Mit der Schriftsprache lernen Schreibanfängerinnen eine zweite Symbolstufe der Sprache kennen.

Beim Lesen und Schreiben lernen muss das Kind die Einsichten in die Schriftsprache nahezu selbst rekonstruieren und die Beziehungen, die zwischen der mündlichen und schriftlichen Sprache bestehen, entdecken (Valtin 2000), wobei sich dieser Prozess vor allem auf zwei Aspekte bezieht:

- die Erkenntnis der kommunikativen Funktion von (Schrift-)Sprache
- die Einsicht in den Aufbau der Schrift

Ein erfolgreicher Schriftspracherwerb macht Sprache zum Gegenstand von Aufmerksamkeit und Reflexion (Haueis 2000, 142ff). Es handelt sich um unterschiedliche Grade von metasprachlichen Fähigkeiten. Zu Beginn des Schriftspracherwerbs handelt es sich mehr um *implizites* deklaratives Wissen, das durch *explizit* deklaratives Wissen abgelöst wird, z. B. zu wissen, ob Wörter groß oder klein geschrieben wird. Dabei ist zu unterscheiden zwischen metaspachlichen Fähigkeiten, die bei jeder Art des Schrifterwerbs eine Rolle spielen, und solchen, die für Alphabetschriften und insbesondere für den Erwerb des orthographischen Systems des Deutschen eine Rolle spielen. Dass Kinder hierzu in der Lage sind, setzt voraus, explizit sprachliches Wissen aus dem Handlungskontext herauslösen zu können.

2.1.2 Schriftspracherwerb als Teil der sprachlich-kognitiven Entwicklung

Der Schriftspracherwerb stellt erhebliche Anforderungen an die sprachlich-kognitiven Fähigkeiten von Schreibanfängerinnen. Durch die Schrift bilden sich bestimmte sprachliche Einheiten, z. B. der Begriff von einem Wort oder einem Satz, heraus. Erst durch den Schrifterwerb wird das Wort als eine isolierbare bedeutungstragende Einheit erfasst. In der Schule wird das Kind mit einem formalen Wortbegriff konfrontiert, während seine Alltagsvorstellung vom Wort handlungs- und kontextbezogen ist:

> „In den Verschriftungen der Kinder spiegeln sich ihre Einsichten vom Wortkonzept wider. Kinder gelangen erst allmählich zu der Erkenntnis, dass alle Redeteile aufgeschrieben werden, und sie schreiben zunächst die Wörter ohne Lücken hintereinander. Mit der Erkenntnis des Wortkonzepts setzen einige Kinder – und auch das ist eine originelle Regelbildung – Striche zwischen die Wörter, um Wortgrenzen zu markieren." (Valtin 2000, 54)

Dass Kinder bei ihren ersten eigenen Schreibungen noch keine Wortgrenzen einhalten, zeigen folgende Beispiele aus unserem Projekt:

<IchGomme ch esnisuspetsuspot>
(Ich komme jetzt nicht zu spät zu Sport.)
<IchwaRGesTRNINLAINERFAREN>
(Ich war gestern Inliner fahren.)

Ähnlich verhält es sich mit dem Begriff von Graphemen. Valtin weist darauf hin, dass Kinder mit Lese- und Schreibschwierigkeiten oft alle Buchstaben einzeln erkennen und schreiben können. Meist fehlt ihnen aber das Wissen über die Funktion der Buchstaben in einem Wort, denn sie erkennen nicht den Zusammenhang zwischen dem Phonem und dem entsprechenden Graphem, was aber sowohl für das Schreiben als auch für das Lesen notwendig ist.

Kinder müssen sich von der subjektiv erlebnisbezogenen Vorstellung über Sprache lösen und ihre Aufmerksamkeit auf formale Aspekte der Sprache lenken. Für Lernende bedeutet das, dass sie bewusst und willkürlich mit ihrer Sprache umgehen müssen. „Lesen- und Schreibenlernen ist ein kognitiver Konstruktionsprozess. Es wird das Haus der Sprache neu und großzügig eingerichtet. Das Wichtigste dabei ist das Schreiben selbst, das elementare Hantieren mit den neuen Bauteilen." (Günther 1993, 91)

„Das Schreiben konstruiert das Denken neu", schreibt Ong (1987, 81). Ist das Wort bei kleinen Kindern Bestandteil der Handlung, so löst es sich im Laufe der Entwicklung von dieser Handlung und wird als selbstständiges Zeichen benutzt. Das Kind eignet sich früh eine Reihe von Wörtern an, die es der Sprache der Erwachsenen entnimmt. Es bewahrt aber in Wirklichkeit den engen Zusammenhang mit der praktischen Handlung und bezeichnet weiterhin noch nicht den Gegenstand, sondern irgendein Merkmal desselben (Lurija 1982). Die dahinter stehenden eigenen Denkstrukturen von Kindern werden Erwachsenen erst bewusst, wenn Missverständnisse auftreten, Kinder nachfragen oder wenn sie aufgefordert werden, einen Begriff zu definieren. Vielfältige Beispiele für kindliche Denkstrukturen finden wir in der Fernsehsendung *Dingsda*. Sicherlich wird kein Erwachsener *romantisch* so umschreiben, wie Stephanie, 9 Jahre, dies in der Sendung vom 12.1.1988 macht:

> *„Meine Eltern, die waren es früher, als sie verliebt waren. Aber jetzt sind sie es nicht mehr, weil sie verheiratet sind. Jetzt lieben sie sich bloß noch."*

Dass Kinder dabei gute Beobachter sein können, zeigt folgende Definition von *verheiratet*:

> *„In der Früh stehn sie auf, dann frühstücken sie zusammen, sagen wir mal, bloß einer arbeitet. Dann geht er … dann verabschiedet er sich halt, und dann geht er … die andere zum Einkaufen, und dann kocht se was. Und am Mittag isst se dann alleine, und am Abend also, dann spült se nachmittags ab, und am Abend kommt dann der wieder heim, und dann will er natürlich Abendessen, und dann kriegt er au was."* (Karia/Rosenberg, 1986, 243)

In der kindlichen Entwicklung verändern sich die Bedeutungen von Wörtern. Das Kind lernt von seinen subjektiven Erlebnissen zu abstrahieren und entdeckt die objektiv bestehenden Beziehungen zwischen den bezeichneten Gegenständen. Zu Beginn des Schulalters werden dem bezeichneten Gegenstand Ober- und Unterbegriffe und andere Vernetzungen zugeordnet. Das Wort erhält somit kategoriale Bedeutung.

Dass bestimmte kognitiv-sprachliche Leistungen nicht möglich sind, solange Schrift nicht verfügbar ist, haben eine Forschergruppe aus Brüssel sowie der sowjetische Psychologe Lurija (1986) in den dreißiger Jahren gezeigt (auch Günther 1993). Die Brüsseler Forscher haben ihren Probanden mündliche Aufgaben wie „Lassen Sie den ersten Teil des Wortes Opa weg." gestellt. Durch den Vergleich der Leistungen von Erwachsenen mit und ohne Schriftkenntnissen und denen von Kindern konnten sie nachweisen, dass es das Verfügen über Schrift allein ist, das die Lösung solcher Aufgaben ermöglicht. Menschen ohne Schriftkenntnis waren nicht in der Lage, solche Aufgaben über das Zufallsprinzip hinaus richtig zu beantworten. Aus diesen Ergebnissen zieht Günther (1993, 86) den Schluss, dass es die zentrale Leistung der Schrift ist, Sprache zum Gegenstand der Betrachtung zu machen, sie ihrer Situationsgebundenheit zu entreißen und so neue kognitive Möglichkeiten zu schaffen.

Anfang der dreißiger Jahre führte Lurija (1986) mit Bauern aus Usbekistan und Kirgisien, die ohne jede Schriftkenntnis waren, eine Reihe von Experimenten durch, die zeigen, dass der Mensch unter den Bedingungen der reinen Mündlichkeit in einer alphabetisierten Gesellschaft die Wirklichkeit nicht in wissenschaftlichen Begriffen abbildet. Lurija legte den Probanden als erstes Zeichnungen von einfachen geometrischen Figuren vor. Bauern, die keinerlei Lese- und Schreibkenntnisse besaßen, benannten die einzelnen Figuren niemals mit ihren abstrakten Namen wie Kreis oder Rechteck. Vielmehr sahen sie in einem Kreis einen Teller, eine Münze oder den Mond. Die Figuren mussten immer etwas mit ihrer Erfahrungswelt zu tun haben. Von einem runden Gegenstand in ihrer unmittelbaren Umgebung abstrahierten sie nie die Eigenschaft *Rundheit* als solche.

Bei einem anderen Experiment zeigte Lurija seinen Probanden vier Gegenstände, von denen drei derselben Kategorie angehörten, der vierte hingegen einer anderen, wie die Wörter „Hammer – Säge – Holzscheit – Spaten". Die Antworten eines 39-jährigen Analphabeten zeigen den engen Bezug zur praktischen Handlung:

> *„‚Alle sind ähnlich. Ich denke, dass sie alle gebraucht werden. Sehen Sie, um zu sägen, ist eine Säge nötig. Und zum Zerkleinern braucht man den Spaten ... Alle sind nötig ...'*
>
> Einer hat aber nur drei Gegenstände ausgewählt, die sich ähnlich sind: Hammer – Säge – Spaten. Die Begründung:
> *‚Säge, Hammer und Spaten sind füreinander sehr nötig! ... Und das Holzscheit ist hier auch nötig!'*
>
> Warum wählte er diese aus und nahm das Holzscheit nicht dazu?
> *‚Wahrscheinlich hat er viel Holz! Wenn wir kein Holz haben, können wir überhaupt nichts machen.'" (Lurija 1986, 82f)*

Einige Untersuchungsergebnisse können auch heute durch Beobachtungen in Alphabetisierungskursen bestätigt werden. Für manche Menschen ohne Schriftkenntnisse ist z. B. der *Kreis* ein *Teller* oder die *Welt*. Wer Schrift nicht erworben hat, sieht oft auch keine Notwendigkeit, sich von der subjektiv erlebnisbezogenen Vorstellung von Sprache zu lösen. Folgende Äußerungen, die Crämer/Schumann (1990, 217) in einem Anfänger-Kurs gesammelt haben, zeigen dies:

> *Wenn in einer Schüssel viel Salat ist, schreibt man Salat mit <ll>.*
> *Wenn der Maler berühmt ist, schreibt man Maler mit <ll>.*

Die mangelnde Distanz zur Sprache zeigt sich auch in einer Äußerung eines Analphabeten, den Giese/Gläß (1984, 30) zitieren:

> *„Ich hatte Angst, mich mit meinem Nachbarn zu unterhalten, weil ich fürchtete, sie könnten hören, dass ich nicht lesen und schreiben kann."*

Sprache bewusst in kleinere Einheiten, wie zum Beispiel in Silben oder in Phoneme, zu gliedern, fällt Kindern, Jugendlichen und Erwachsenen ohne Schriftkenntnisse schwer:

> *So beginnt zum Beispiel für den 17-jährigen Uli das Wort Auto mit [t] und bei Bus hört er am Anfang ein [u].*

Ähnlich verhielt sich das Kind, von dem Crämer/Schumann (2002) berichten, das bei der Frage der Lehrerin, bei welchen Wörtern es einen entsprechenden Laut hört, die Bildkarten nacheinander ans Ort hält und verneinend den Kopf schüttelt.

Abstraktere Einheiten, wie Wort oder Satz, sind schriftunkundigen Menschen nicht bekannt. Stellt man ihnen zum Beispiel die Aufgabe, gemeinsam einen Satz zu formulieren, wobei der Reihe nach von jedem ein Wort hinzugefügt werden soll, merkt man, dass ein Wortkonzept noch nicht vorhanden ist. Viele können dieser Aufgabenstellung nicht nachkommen. Sie äußern nicht nur ein Wort, sondern größere Sinneinheiten.

Um die unterschiedlichen Entwicklungen von Kindern bei der Einschulung zu erfassen, wurden im FuN-Teilkolleg „Prävention von Analphabetismus in den ersten beiden Schuljahren" verschiedene Aufgaben mit dem Ziel ausgewählt, eine bessere Passung zwischen den Voraussetzungen der Kinder und den schulischen Angeboten vorzunehmen.

2.1.3 Beobachten als didaktische Aufgabe

Hüttis-Graff hält fest, dass in der Schule Lerndiagnosen meist zur Erhebung von Lernvoraussetzungen, zur Feststellung aktueller Lernentwicklungsstände und zur Überprüfung einzelner Leistungen verwendet werden. Um den Entwicklungsstand des Schriftspracherwerbs zu erfassen, würden zahlreiche Verfahren vorliegen. Sie nennt drei Gemeinsamkeiten:

- Die Diagnose erfolgt unabhängig vom eigentlichen Lernen.
- Die Schülerinnen bewältigen die Aufgaben alleine.
- Mit der Diagnose wird überprüft, welche Leistungen Schülerinnen erbringen.

> „Die Diagnose ist mithin nicht Teil des Lehr-Lern-Prozesses: Wie das jeweilige Kind sich Neues aneignet, also sein Lernen selbst, und wie es im Unterricht lernt, ist nicht Gegenstand dieser Verfahren.“ (Hüttis-Graff 1996, 31)

Die Konsequenz dieser von außen vorgenommenen Feststellung von Defiziten sei üblicherweise, dass dieses Nichtkönnen zum Gegenstand späterer Fördermaßnahmen werde. Dieses Vorgehen fuße auf einer vermeintlich objektiven Vorstellung vom Notwendigen für erfolgreichen Schrifterwerb. Vernachlässigt werde dabei, so Hüttis-Graff, dass der entscheidende Unterschied zwischen erfolgreichen und stagnierenden Lernerinnen nicht das mehr oder weniger vollständige Wissen oder Können sei, sondern der Einsatz in konkreten Lernsituationen.

Um Fähigkeiten und Schwierigkeiten in konkreten Lernsituationen zu erfassen, fordert sie ein erschließendes Beobachten im Unterricht. Nur so könne das Lernen der Kinder im Unterricht aufgegriffen und bestmöglichst unterstützt werden. Vor allem bei Kindern, denen das Lernen schwer falle, sei es wichtig, ihre Lernstrategien zu erfassen. Dies betreffe ihr Verständnis von Inhalt und Struktur des Lerngegenstandes, das zu individuellen Zugriffsweisen führt sowie ihr Lern- und Arbeitsverhalten. Außerdem müsse ihre emotionale und soziale Situation und die Funktion, die sie dem Erwerb des Unterrichtsgegenstandes beimessen, betrachtet werden. Dies alles kann nur wahrgenommen werden, wenn die Beobachtung selbst auch eigenständiges Lernen ermöglicht oder gar provoziert. „Die Beobachtungssituation ist dann zugleich Lernchance für das Kind und erfasst nicht alleine das Resultat vergangener Lernprozesse, sondern ist selbst Lernprozess oder ein Teil davon.“ (Hüttis-Graff 1996, 32)

Lernprozesse im Unterricht können auch nur durch Beobachtung von Unterricht wahrgenommen werden. Hierzu bieten sich zwei Formen der Beobachtung an: Entweder wird Lernen bei einer vorstrukturierten Aufgabenstellung beobachtet, die verdichtete Lernchancen enthält. Solche Beobachtungsaufgaben zeigen, wie sich Lerner mit einem Lerngegenstand auseinander setzen bzw. wie dieser sie herausfordert. Oder es wird das alltägliche Lernen im Unterricht beobachtet. Damit Unterricht Kindern Anknüpfungspunkte an ihre Erfahrungen bieten kann, ist bedeutsam, „wie die Lehrperson das wahrnimmt, was ein Kind oft nur mit Andeutungen zu verstehen gibt; ihre Haltung ist Grundlage für die Gestaltung des Unterrichts" (Hüttis-Graff 1996, 33).

Es geht darum, den subjektiven Blick von Kindern auf Schrift und Lernen in seiner Sinnhaftigkeit zu rekonstruieren, was Voraussetzung dafür ist, dass Kinder sich weiter auf Schrift einlassen. Um stärker den Blick des Kindes einzunehmen, formuliert Dehn (1994a, 21) folgende Fragen:

- Was kann das Kind schon?
- Was muss das Kind noch lernen?
- Was kann das Kind als Nächstes lernen?

Die erste Frage bezieht sich auf die Fähigkeiten von Kindern, ihre Zugriffsweisen, ihr Verständnis von Schrift sowie auf ihre Lernmöglichkeiten. Vor allem bei Kindern, die Lernschwierigkeiten zeigen, ist es nicht immer leicht, dieses Können wahrzunehmen, was allerdings eine Voraussetzung ist, dass Kinder eine Wertschätzung erhalten und sich auf das Lernen einlassen. Die zweite Frage betrachtet die Spanne zwischen dem Können des Kindes und dem zu lernenden Inhalt. Aus der Beantwortung beider Fragen ergibt sich die dritte: *Wie und was kann das Kind als Nächstes lernen?* Um dies zu beantworten ist die ergänzende Frage „*Was will das Kind lernen?*" sinnvoll, denn sie lenkt die Aufmerksamkeit auf den individuellen Sinn, den der Umgang mit Schrift für Kinder und ihre Lernmöglichkeiten hat.

Häufig beobachten Lehrerinnen erst Schwierigkeiten bei Kindern, wenn diese Wörter mühsam verschriften oder beim Lesen gravierende Probleme haben. Jedoch muss das Kind, bevor es das erste Wort schreibt und liest, komplexe Lernvoraussetzungen entwickeln, die im Folgenden näher beschrieben werden.

Kinder haben in der Regel ihre eigenen Vorstellungen davon, wie Schrift aufgebaut ist und wozu sie dient. Es gibt allerdings auch Kinder, die noch keinen Bezug zur Schrift haben oder die mit Schrift nur das häusliche Üben ihrer Geschwister verbinden. Der Umgang mit Schrift ist sehr unterschiedlich. Brügelmann (1985) geht davon aus, dass die Unterschiede dem Durchschnittsniveau von 4- bis 7-jährigen Kindern entsprechen. Vor allem diese Unterschiede in den naiven Erfahrungen mit Schrift würden bestimmen, wie Kinder mit dem Lernen zurechtkommen. Das Ausmaß der naiven Schrifterfahrung sei voraussagekräftiger für den Erfolg als Unterschiede in allgemeinen Grundfertigkeiten wie Feinmotorik, visuelle oder auditive Wahrnehmung. Wichtiger als einzelne Fertigkeiten seien dabei Einsichten in die soziale Funktion der Schrift, in ihre Aufbauprinzipien und Bausteine. Die in der Literatur dargestellten Möglichkeiten zur Erfassung von Wissen über mündliche und schriftliche Sprache zeigen in beeindruckender Weise, wie viel manche Kinder schon über Schrift wissen (Beier 1991; Brinkmann/Brügelmann 1997; Brügelmann 1985; Dehn 1991; Füssenich/Geisel 2008; Valtin 1986, 2000).

Aus den Beobachtungen vom Schulanfang, die Brügelmann (1985, 39f) aufführt, wähle ich zwei Kinder aus, die die unterschiedliche Entwicklung idealtypisch zeigen:

> *„Claudia wächst in einem schriftfernen Elternhaus auf. Am ersten Schultag baut sie aus Buchstabenwürfeln ein Haus. Sie kennt keine Buchstaben und kann auch ihren Namen nicht schreiben. Ihrer Meinung nach klingt „Kuh länger als Regenwurm". Als sie gefragt wird, ob sie „drei Häuser" aufschreiben könne, malt sie drei Strichhäuser. Beim Abzählen kann sie den Silbenrhythmus nicht einhalten. Bilderbücher blättert sie durch, ohne auf* oben/unten *oder* vorne/hinten *zu achten. Sie ist der Meinung, dass von den Wörtern* Auto, Auge *und* Fliege *die ersten beiden „am Ende gleich klingen".*
>
> Karin *lässt sich nicht mehr vorlesen. Sie liest die meisten Wörter selbst. Der Umfang ihres Sichtwortschatzes ist nicht mehr zu überschauen und der Wechsel von Groß- und Kleinbuchstaben bereitet ihr keine Schwierigkeiten. Kurze Texte kann sie sinnentnehmend lesen. Karins Schreibungen bilden die Lautung der Wörter bis ins Detail ab."*

Diese Kinder decken die Bandbreite dessen ab, womit eine Erstklasslehrerin rechnen muss. Valtin/Naegele (1993) stellten fest, dass Kinder, die schwache Leistungen im Lesen und Schreiben am Ende des ersten Schuljahres zeigen, bereits in den ersten Schulmonaten und bei Beobachtungsaufgaben zu Beginn der Einschulung auffällig waren. Unterschiede zwischen den Kindern zeigen sich in den Bereichen *Wahrnehmung von Schrift*, *Kenntnis von Begriffen* und *Einsicht in den Aufbau von Schrift*.

Wahrnehmung von Schrift: Neuhaus (1987, 150) versucht durch Beobachtung und Befragung herauszufinden, was Erstklässlerinnen einer Sonderschule für Sprachbehinderte, in der nach dem Lehrplan der Grundschule unterrichtet wird, über Schrift wissen und denken.

> *„Wenn tüchtig üben, dann in zweite Klasse kommen."*

ist die Äußerung von einem der befragten Schüler. Ähnlich antworten andere Kinder:

> *Th.: „Für die Schule, fürs erste Schuljahr kann man das gebrauchen."*
> *To.: „Damit ich nicht dumm bleibe, damit ich arbeiten kann."*

Lediglich eines der neun Kinder kommt auf die Idee, dass man auch einen Brief, einen Einkaufszettel oder seinen Namen schreiben kann. Insgesamt beschreiben die Kinder eine schriftarme Umgebung, in der sie aufwachsen. Schreiben wird fast ausschließlich mit dem schulischen Üben gleichgesetzt. Zu Hause schreiben auch nur die älteren schulpflichtigen Geschwister. Den meisten Kindern wird von den Eltern nicht vorgelesen. Für Kinder mit diesem schriftarmen Hintergrund ist es besonders wichtig, spätestens bei Schuleintritt die Funktion von Schrift kennen zu lernen. „Wer nicht weiß, was Lesen und Schreiben für ihn bedeutet, wer noch kein Interesse an Schriftzeichen entwickeln konnte, wird es schwer haben, Lesen und Schreiben zu lernen." (Dehn 1991, 4)

Kenntnis von Begriffen: Durch den Schriftspracherwerb machen Kinder Sprache zum Gegenstand der Betrachtung und sie lernen zunehmend, über Sprache zu sprechen, auch außerhalb konkreter Kommunikationssituationen. Sie müssen an ihre metasprachlichen Fähigkeiten und ihre Freude an Sprachspielen anknüpfen und im Rahmen des Unterrichts über Sprache sprechen, extrakommunikative Fähigkeiten entwickeln. Dies geschieht z. B. beim Erwerb der Phonem-Graphem-Korrespondenzen. Kinder werden mit einem neuartigen formalen Wortbegriff konfrontiert, während ihre Alltagsvorstellung vom Wort handlungs- und kontextgebunden ist. Dass Kinder in der Lage sind, extrakommunikativ über Sprache zu sprechen, setzt den Erwerb von bestimmten Begriffen voraus.

> *Bei Andreas (Füssenich 1992) stellte sich nach drei Monaten Schule heraus, dass er begrifflich nicht zwischen Zahlen (Ziffern) und Buchstaben unterscheiden konnte. Dies erstaunte die Lehrerin sehr, da schon mehrere Zahlen und Buchstaben eingeführt waren. In den folgenden Wochen wurden Andreas in Förderstunden regelmäßig Karten mit verschiedenen Zeichen (Zahlen, Buchstaben, Wörter) vorgelegt. Jedes Zeichen kam nicht nur in verschiedenen Varianten vor, z.B. verschiedene Buchstaben, sondern war auch in unterschiedlicher Filzstiftstärke geschrieben. Zu Beginn richtete sich Andreas beim Sortieren ausschließlich nach der Dicke des Filzstiftes und dem entsprechenden Druckbild. Erst nach und nach veränderte er seine Kriterien für die Zuordnung. In der nächsten Stufe entdeckte er jeweils die Oberbegriffe und konnte dementsprechend zuordnen. Mit zunehmender Schrifterfahrung wurden andere Zuordnungen gewählt. So wurde z.B. das große A dem Wort* Andreas *zugeordnet, „weil* Andreas *mit A anfängt."*

Neuhaus (1987) beobachtet im Unterricht, dass die Erstklässlerinnen unsichere Vorstellungen hinsichtlich der Bedeutung der Begriffe *Buchstabe* und *Wort* haben. Sie befragt Thorsten, was ein Wort ist. Seine Antwort lautet:

> *N.: „Kennst du ein Wort?“*
> *Th.: „Nee.“*
> *N.: „Kennst du denn einen Namen?“*
> *Th.: „Ja, Oma, Mama.“*
> *N.: „Und was ist Tisch? Ist das ein Buchstabe?“*
> *Th.: „Nein, Holz ist das. /h/ Holz.“*
> *N.: „Und Kissen?“*
> *Th.: „Ein Name.“*
> *N.: „Was ist denn Tafel? Ein Wort oder ein Buchstabe?“*
> *Th.: „Wo man drauf schreiben kann.“*

Schulanfängerinnen verfügen über viele Wörter, die auch Erwachsene gebrauchen. Sie benutzen diese und es entsteht der Eindruck der Verständigung (Füssenich 2002; Osburg 2003). So scheint es zumindest. Was aber verstehen sie wirklich? Wie weit stimmt das Verstandene mit dem Gemeinten überein? Welche Unterrichtsprobleme sich hieraus ergeben können, stellt Osburg (2003, 28f) dar und gibt Tipps, damit „Sprachfallen“ im Unterricht erkannt werden. Kinder bedienen sich häufig der gleichen Wörter wie Erwachsene, ohne damit den gleichen Inhalt zu verbinden. Deshalb vergisst man leicht, dass sie dennoch über wesentlich weniger Wörter, Begriffe und Erfahrungen verfügen als Lehrende. Schülerinnen verfügen häufig über hohe pragmatische Fähigkeiten, durch die verdeckt wird, dass sie dem Unterricht (z. B. der Aufgabenstellung) nicht folgen können.

Einsicht in den Aufbau von Schrift: Die Schriftsprache stellt Kinder vor eine neue Sprachsituation. Während die mündliche Sprache aus Interaktionszusammenhängen mit den Kommunikationspartnern erworben wird, ist der Erwerb der Schrift in der Regel an schulische Unterweisung gebunden. Ein Kennzeichen der Schrift ist das Nichtvorhandensein eines unmittelbaren Kommunikationspartners. Eine weitere Besonderheit der Schrift ist das Fehlen außersprachlicher Mittel wie Gestik, Mimik und Intonation. Damit Mitteilungen dennoch verständlich sind, müssen schriftsprachliche Formulierungen expliziter als lautsprachliche sein. Schriftsprache verlangt einen bewussteren Umgang mit Elementen der Sprache. Vor allem Schreibanfängerinnen machen sich die Lautform der Wörter bewusst. Beim Schriftspracherwerb muss das Kind das alphabetische Prinzip der Schrift konstruieren und damit innerhalb kurzer Zeit eine kulturelle Leistung nachvollziehen, für deren Entwicklung die Menschen lange Zeit benötigten.

> „Während fast überall auf der Welt Begriffsschriften entstanden sind, ist die Erfindung des Alphabets eine einmalige Leistung. Die geniale Idee, von der Bedeutung der Sprache zu abstrahieren, den Klangstrom in Lautklassen zu abstrahieren und durch einen kleinen Vorrat von Zeichen (26 Buchstaben) darzustellen, erfordert eine beträchtliche Abstraktion und Sprachbewusstheit.“ (Valtin 1998, 60)

Der Symbolcharakter der alphabetischen Schrift hat zur Folge, dass sich die graphische Form von Wörtern nicht dann ähnelt, wenn die bezeichneten Gegenstände, Handlungen etc. ähnlich sind, sondern dann, wenn sie ähnlich klingen: „Stange“ und „Rohr“ sind semantisch ähnliche Gegenstände, aber sie haben lautlich und in der graphischen Form wenig gemeinsam. Andererseits haben *Stange* und *Wange* inhaltlich wenig miteinander zu tun. Aber es gibt Ähnlichkeiten bei der Graphemfolge (Brügelmann 1984), weshalb sich die Wörter reimen. Wesentlich ist dabei, dass Kinder die Beziehung zwischen Laut- und Schriftstruktur verstehen, die sich nicht aus den jeweiligen Wortbedeutungen erklären lässt, und nachvollziehen, dass die lautliche Seite eines Wortes nichts mit der inhaltlichen Seite zu tun hat.

Alphabetische Schriften geben Merkmale der Phonemstruktur wieder, die unterhalb der Silbenebene liegen. Unsere Schrift gibt nur die lautlichen Merkmale wieder, die eine bedeutungsunterscheidende Funktion haben, und es werden viele lautliche Differenzierungen vernachlässigt. Für die Verschriftung nach den Regeln der deutschen Orthographie ist es wesentlich, ein Wort in Einheiten zu gliedern und ähnliche Phoneme zu differenzieren. Um diese Leistung zu vollbringen, müssen Schreibneulinge von der inhaltlichen Seite der Sprache abstrahieren und sich auf die Form von Sprache einlassen. Bosch (1937/1984) hat bereits auf diese komplexe Leistung von Kindern hingewiesen. Von ihm stammen auch Aufgaben folgenden Typs: Welches Wort ist länger, *Rotkehlchen* oder *Kuh*? Antworten Kinder mit dem Wort *Kuh*, wird deutlich, dass sie noch nicht in der Lage sind, die inhaltliche von der formalen Seite von Wörtern zu unterscheiden.

Zu Beginn des Schriftspracherwerbs fällt es Kindern nicht leicht, Sätze in Einzelwörter zu segmentieren, weil sie ursprünglich nach Sinneinheiten gliedern. Außerdem untergliedern sie einzelne Wörter weiterhin, wenn sie sich beim Lesen oder Schreiben ein Wort erarbeiten müssen. Da Silben den natürlichen Sprechrhythmus der Sprache bilden und sie Kindern durch Abzählverse und Lieder vertraut sind, eignet sich die bewusste Segmentierung in Silben gut, um auf die Phonemanalyse vorzubereiten. Dabei kommt es zu einer Verlangsamung der Sprache, so dass die Aufmerksamkeit verstärkt auf den lautlichen Aspekt gelenkt wird. Zu einem späteren Zeitpunkt der Lernentwicklung erleichtert die Silbengliederung den Lesevorgang und das Schreiben komplexer Wörter. Allerdings fällt es vielen Kindern nicht leicht, Wörter in Silben zu gliedern. Besondere Probleme bereiten einsilbige Wörter: Für einige Kinder besteht das Wort „Bus“ aus drei Silben. Ebenso problematisch können mehrsilbige Wörter sein. Beim Lesen werden Wörter mühsam Phonem für Phonem synthetisiert, anstatt sich den Lesevorgang durch die Strukturierung in größere Einheiten zu erleichtern. Dies gelingt auch nicht beim Verschriften von mehrsilbigen Wörtern. Hierbei kommt es vor allem bei Wörtern mit Verdoppelungen von Silben oder beim Aufeinanderfolgen von ähnlichen Silben zu Auslassungen und Vertauschungen („Papagei“ wird zu „Pagei“) (Füssenich 1998 und Kap. 3).

2.2 Beobachtungsaufgaben für die Einschulung

Um einen Einblick in die sprachlich-kognitiven Fähigkeiten von Schulanfängerinnen zu gewinnen sowie ihre ersten Erfahrungen mit Zeichen und Schrift zu untersuchen, haben einige Autorinnen zahlreiche Beobachtungsaufgaben entwickelt. Aus der Sichtung dieser Aufgaben wurden im FuN-Teil-Kolleg „Prävention von Analphabetismus in den ersten beiden Schuljahren“ sieben Aufgaben ausgewählt, die die Bereiche *Wahrnehmung von Schrift*, *Kenntnis von Begriffen* sowie *Einsicht in den Aufbau von Schrift* überprüfen. Um die Fähigkeiten einzelner Kinder zu erfassen, wurden alle Aufgaben mit den Kindern individuell durchgeführt; nur die Aufgabe *Leeres Blatt* wurde in der gesamten Klasse eingeführt. Die Kinder füllten das Leere Blatt in einer extra eingerichteten Schreib- und Malecke aus und warfen es anschließend in den dort stehenden Briefkasten.

1. *Wahrnehmung von Schrift* wird mit zwei Aufgaben überprüft: Das *Gezinkte Memory* (Brügelmann 1989a; Dehn/Hüttis-Graff 2006; Hüttis-Graff/Baark 1996) und *Embleme lesen* (Brügelmann 1987; Brinkmann/Brügelmann 1997; Richter/Brügelmann 1994, Scheunemann 1996; Schmid-Barkow 1999).
2. Um *Kenntnis von Begriffen* festzustellen, wurden die Aufgaben *Leeres Blatt* (Brügelmann 1984; Dehn/Hüttis-Graff 2006; Hüttis-Graff/Baark 1996) und *Zeichen kategorisieren* (Brügelmann 1987; Brinkmann/Brügelmann 1997; Kretschmann et al. 1998; Schmid-Barkow 1999; Scheunemann 1996; Valtin 1986) ausgewählt.
3. *Einsicht in den Aufbau von Schrift* überprüfen drei Aufgaben: *Reime erkennen, Silbensegmentierung* und *Phonemanalyse (Anlaute)* (Bielefelder Screening zur Früherkennung von Lese-Rechtschreibschwierigkeiten (BISC) 1999; Breuer/Weuffen 1993; Brinkmann/Brügelmann 1997; Crämer/Füssenich/Schumann 1996; Kretschmann 1987; Kretschmann et al. 1998; Richter/Brügelmann 1994; Scheunemann 1996, Schmid-Barkow 1999; Valtin 2000).

2.2.1 Wahrnehmung von Schrift

Auch wenn die Autoren Brügelmann, Dehn und Hüttis-Graff/Braak das *Gezinkte Memory* als eine Möglichkeit ansehen, Kinder auf ihrem Weg zur Schrift einschätzen zu können, gehen sie von unterschiedlichen Zielsetzungen und Spielformen aus. Brügelmann (1987, 149) überprüft, ob Kinder über Einsichten in die Korrespondenzen von Bild- und Schriftgleichheit verfügen. Deshalb hat er die Grundform aus Paaren von Bildkarten gewählt, auf deren sichtbarer Rückseite die jeweilige Bezeichnung als Wort aufgedruckt ist. Dehn/Hüttis-Graff (2006) und Hüttis-Graff/Braak (1996, 134) stellen eine andere Variante dar: Sie verfolgen das Ziel zu überprüfen, ob Kinder sich auf die Schrift einlassen, weshalb Kinder jeweils eine leere Karte und eine mit Schrift aufdecken müssen. Da Kinder bei der Vorgehensweise von diesen Autorinnen bereits bestimmte Einsichten in Phonem-Graphem-Zuordnungen beherrschen müssen, haben wir uns für die Spielform von Brügelmann entschieden, denn bei der Einschulung können diese Fähigkeiten noch nicht erwartet werden.

Bei der Grundform des *Gezinkten Memorys* geht es nicht darum, dass Kinder die einzelnen Wörter lesen können, sondern darum, ob Kinder eine Beziehung zwischen den Schriftzeichen auf der Oberseite und den verdeckten Bildern auf der Unterseite herstellen und ob sie wissen, dass die *Bezeichnung* einer Abbildung durch eine bestimmte Folge von Buchstaben ausgedrückt wird (Brügelmann 1987).

Ziel ist, herauszufinden, welche Strategie Kinder beim Spiel verfolgen. Es wird von einem Kind mit einer erwachsenen Person gespielt, die sich beim Spiel auf das Entwicklungsniveau des Kindes einstellt. Dabei darf sie keinerlei Hinweise auf die Schrift geben. Als Beobachtungskriterien nennt Brügelmann (1987, 150):

- Beachten Kinder die Schrift?
- Welche Merkmale der Schrift nutzen Kinder?
- Wie reagieren Kinder auf unerwartete Ergebnisse beim Aufdecken einer Karte?
- Wie verändert sich die Strategie von Kindern bei der Wiederholung des Spiels?

Durch die Wahl der Wörter lässt sich feststellen, nach welchen Strategien ein Kind vorgeht. Es wurden im Projekt Wörter ausgewählt, die unterschiedlich lang sind (Hut – Schmetterling), mit demselben Graphem beginnen (Bär – Boot) oder sich nur in einem Graphem unterscheiden, aber an unterschiedlichen Stellen im Wort (Boot – Brot, Mund – Mond, Hase – Nase). Das *Gezinkte Memory* wird in der Grundform mit 14 Kartenpaaren gespielt. Dabei werden die Wörter *Bär*, *Boot*, *Brot*, *Eis*, *Hase*, *Hund*, *Hut*, *Mond*, *Mund*, *Nase*, *Puppe*, *Regenschirm*, *Schmetterling*, *Sonne*, als Bild und auf der Rückseite mit Schrift vorgelegt.

Mit den Kindern, die sich an Schrift orientieren, wird am Ende des Spiels ein Gespräch darüber geführt („Erklär doch mal, wie du das eben gemacht hast!“).

Bei der Aufgabe *Embleme lesen* wird erfasst, wie sich Kinder an Schrift orientieren. Als Beobachtungskriterien nennt Brügelmann 1987, 144:

- Woran erkennen Kinder Schrift?
- Erlesen sie die Buchstabenfolgen?
- Benennen sie einen vertrauten Schriftzug?

Abb. 1: Embleme lesen

Richter/Brügelmann (1994) legen Kindern Embleme aus der Werbung vor, die ihnen vertraut sein müssten. Daneben befinden sich jeweils vier verschiedene Schreibungen des Produkts. Aufgabe der Kinder ist es, die richtige Schreibung zu markieren. Da wir in unserem Projekt schon den Vergleich von Schreibungen durch das *Gezinkte Memory* überprüfen, wurde diese Beobachtungsaufgabe modifiziert. Es wird Kindern ein Blatt mit zwölf Emblemen vorgelegt, wobei fünf Embleme keine Schrift enthalten, wie der *Mercedesstern*, das *Postzeichen*, das *Toilettenzeichen für Herren und Damen*, das *Rote Kreuz* und das *Verkehrsschild nur für Fußgänger*. Die anderen sieben Embleme enthalten Schrift: *Lego*, *Nutella*, *Langnese-Eis*, *RTL*, *McDonald's*, *Coca-Cola* und *Apotheke*. In der zweiten Staffel wurden das Emblem der *ARD* durch das von *RTL* sowie das von *Playmobil* durch das von *Lego* ersetzt (Abb. 1).

Kindern wird ein Blatt mit diesen Emblemen vorgelegt und sie werden gebeten, einen Spielstein auf die ihnen bekannten Embleme zu legen und sie zu benennen. Als richtig gelten folgende Nennungen:

McDonald's	McDonald's, Pommes, Restaurant, Café
Mercedesstern	Mercedesstern, Mercedes, Auto, sämtliche Automarken, Hochzeitsauto, Schild für's Auto
RTL	RTL, Werbung, Fernsehen, Fernsehkanal, -sender, Sport, Programm, Sendung, Name einer Sendung oder eines Senders, Film
Langnese	Langnese, Eis, (Eis-)Laden, Eisdiele, -wagen, -zeichen, Pizzeria, Name einer Eissorte, Restaurant, da kann man Eis kaufen, Eisverkäufer

Apotheke	Apotheke, Medizin, da kriegt man Saft/Medizin/ Tabletten, wenn man krank ist
Fußgängerweg	Fußgängerweg, Schild und Umschreibung (aus der Umschreibung sollte hervorgehen, dass das Kind nicht nur das abgebildete Bild beschreibt, sondern wirklich eine Vorstellung von dem Verkehrszeichen auf der Straße hat), Fußgänger, -zeichen, -schild, Verkehrszeichen, Straßenschild
Post	Post(-haus), Bank, Briefkasten, Briefträger, Postmann, Postauto, wo man Briefe/Pakete hinbringt
Coca Cola	(Coca) Cola, Wirtschaft, Restaurant, Cafe, Cola-Kiste, Cola-Flasche, Spezi, Fanta
Nutella	Nutella, Schokolade, Duplo, Kinderriegel, Kinderschokolade, für Kinder zum Essen, das hab ich gegessen
Rotes Kreuz	Rotes Kreuz, Krankenwagen, Krankenhaus, Doktor, vom Arzt, Notarzt, Sanitäter, Unfall-Klinik, wenn man krank ist
Damen/Herren	WC, Klo, Umkleide(-Kabine), Toilette, da dürfen Männer/Frauen rein
LEGO	LEGO, Spielsachen, zum Spielen

Anhand folgender Kriterien wird ausgewertet (Brinkmann/Brügelmann 1999; Füssenich 2002):

- Erkennen Kinder die Embleme außerhalb des vertrauten Kontextes?
- Kennen sie die abgebildeten Zeichen und können sie sie benennen?
- Welche Verhaltensweisen zeigen sie, wenn sie die Bezeichnung nicht kennen?

2.2.2 Kenntnis von Begriffen

Bei der Aufgabe *Leeres Blatt* werden Kinder aufgefordert, das Blatt mit ihrem Namen zu versehen und das aufzuschreiben und zu malen, was sie möchten. Die Kinder erhalten für die Aufgabe so viel Zeit, wie sie benötigen.

Die Auswertung wird nach folgenden Kriterien vorgenommen:

- Eigenes geschrieben
- Auswendig Gelerntes geschrieben
- Einzelne Buchstaben geschrieben
- Keine Buchstaben/Wörter geschrieben
- Nichts geschrieben (ein leeres Blatt abgegeben).

Namen sowie Wörter aus dem Unterricht, die als Ganzes gespeichert sind, und auch eintrainierte Schreibungen, gehören zur Kategorie *auswendig Gelerntes*. Eigenständige Verschriftungen, die daran zu erkennen sind, dass sie meist nicht der Norm der Rechtschreibung entsprechen, sondern von Kindern selbst konstruiert sind, werden der Kategorie *Eigenes* zugeordnet. Bei dieser Kategorie wird noch unterschieden, ob Kinder einzelne Wörter oder einen Satz verschriften.

Bei der Aufgabe *Zeichen kategorisieren* werden den Kindern 18 Karten mit je sechs Zahlen (Ziffern), Buchstaben und Wörtern vorgelegt, die sie in entsprechende Schachteln legen müssen. Dabei variiert in jeder Kategorie die Abbildung und die Dicke der Schrift. Die Auswertung erfolgt auf der Grundlage der richtigen Zuordnung.

2.2.3 Einsicht in den Aufbau von Schrift

Um zu überprüfen, ob Kinder sich auf die lautliche Seite der Sprache einlassen, werden drei Beobachtungsaufgaben eingesetzt. Erstens wird überprüft, ob sie in der Lage sind, *Reime* zu erkennen. Dabei werden ihnen zehn Aufgaben mit jeweils drei Wörtern und entsprechenden Bildkarten gezeigt, von denen sich jeweils zwei Wörter reimen. Sie werden aufgefordert, die Reimwörter zu benennen. Um Anhaltspunke zu bekommen, ob sie noch inhaltlich anschaulich (Lurija 1982) denken und handeln, wird bei den Aufgaben zu einem der Reimwörter ein Wort ausgewählt, das einen semantischen Bezug zu diesem Wort hat. Kinder, die noch inhaltlich-anschaulich denken und sich nicht auf die formale Seite der Sprache einlassen, antworten, dass die Wörter *Maus* und *Bär* ähnlich klingen, weil beides Tiere sind. Nach einem Übungsitem werden den Kindern Bilder von folgenden Wörtern vorgelegt und sie sollen die Reimwörter erkennen:

Haus – Maus – Bär
Wurm – Leiter – Turm
Keller – Teller – Eis
Sonne – Mond – Tonne
Löffel – Suppe – Puppe
Kasse – Glas – Tasse
Nase – Hase – Auge
Ohr – Hund – Mund
Nuss – Auto – Bus
Mantel – Dose – Hose

Da Silben den natürlichen Sprechrhythmus der Sprache bilden und den meisten Kindern durch Abzählverse und Lieder vertraut sein dürften, eignet sich im Bereich der Überprüfung der lautlichen Seite als zweite Aufgabe die *Silbensegmentierung*, um auf die *Phonemanalyse (Anlaute)* vorzubereiten. Um festzustellen, ob Kinder Wörter in Silben segmentieren, werden ihnen Bildkarten vorgelegt. Die dazu gehörigen Wörter sollen in Silben unterteilt werden. Diese Wörter bestehen aus ein bis fünf Silben. Zur Veranschaulichung der Aufgabe werden drei Übungsbeispiele vorgesprochen, die aus unterschiedlich langen Wörtern bestehen. Folgende Bilder werden vorgelegt:

Einsilbige Wörter	*Bus, Haus*
Zweisilbige Wörter	*Auto, Pinsel*
Dreisilbige Wörter	*Tomate, Ananas, Papagei*
Viersilbige Wörter	*Schokolade, Regenbogen*
Fünfsilbiges Wort	*Lokomotive*

Die Wörter *Ananas* und *Papagei* enthalten zusätzlich noch die Schwierigkeit, dass eine Silbe vollständig, wie bei *Papagei*, oder teilweise, wie bei *Ananas*, wiederholt wird.

Mit der dritten Beobachtungsaufgabe, der *Phonemanalyse (Anlaute)*, wird überprüft, ob Kinder ihre Aufmerksamkeit auf die eigene Artikulation lenken und Wörter in lautliche Segmente zerlegen. Den Kindern werden zehn Abbildungen vorgelegt, die jeweils zu benennen sind. Sie müssen entscheiden, ob ein Wort mit einem bestimmten Phonem beginnt oder nicht. Es werden den Kindern zehn Abbildungen vorgelegt, die jeweils benannt werden, und die anschließende Frage lautet: „Hörst du [p] bei Pinsel?" Dabei werden die Laute und nicht die Buchstaben gesprochen. Die Kinder müssen nur mit „Ja" oder „Nein" antworten. Bei den Wörtern *Sonne*, *Ameise*, *Igel*, *Pinsel*, *Leiter* sind die vorgegebenen Laute korrekt, bei den Wörtern *Maus*, *Hund*, *Oma*, *Giraffe*, *Löwe* sind sie nicht korrekt.

Bei allen drei Aufgaben zur Überprüfung von Segmentierungsfähigkeit dürfen Kinder Fehler machen. Wenn von den jeweiligen zehn Aufgaben nicht mehr als zwei falsch sind, wird das Ergebnis als richtig bewertet.

2.3 Ergebnisse aus dem FuN-Teilkolleg „Prävention von Analphabetismus in den ersten beiden Schuljahren"

In einer Klasse gehören Miriam und Peter bei der Einschulung zu den leistungsstarken Kindern. Dies zeigt sich vor allem bei den Segmentierungsaufgaben, denn sie können fast alle Aufgaben beim *Reimen*, bei der *Silbengliederung* und bei der *Phonemanalyse (Anlaute)* lösen. Beim *Gezinkten Memory* orientieren sie sich an der Schrift. Beim *Leeren Blatt* schreiben sie auswendig Gelerntes. Dass Miriam nur sieben von zwölf *Emblemen* erkennt, Peter dagegen zehn, ist erstaunlich. Dabei kann Miriam Buchstaben, Zahlen und Wörter differenzieren, während Peter nur Zahlen richtig zuordnet.

Ercan und Torsten sind Kinder, die von Anfang an besondere Beachtung benötigen. Sie können die *Segmentierungsaufgaben* nicht bewältigen. Beim *Leeren Blatt* schreibt Torsten auswendig Gelerntes (den eigenen Namen und ein Fibelwort) und Ercan bringt ein paar buchstabenähnliche Formen aufs Blatt. Bei der Aufgabe *Zeichen kategorisieren* ordnen sie nur die Zahlen richtig zu, sie orientieren sich beim *Gezinkten Memory* nicht an der Schrift und *Embleme* erkennen sie nur in begrenztem Umfang.

In einer anderen Klasse wiederholt Pinar das erste Schuljahr. Beim *Leeren Blatt* schreibt sie ihren Namen, zwei weitere Wörter sowie Buchstabenreihen und malt Menschen und ein Haus. Beim *Gezinkten Memory* orientiert sie sich an der Schrift. Auf die Frage, wie sie es geschafft habe, die Karten „abzuräumen“, antwortet sie: „Wegen die gleichen Zahlen.“ Obwohl sie schon ein Jahr zur Schule geht, verwechselt sie noch begrifflich Zahlen und Buchstaben. Beim *Zeichen kategorisieren* ordnet sie allerdings Buchstaben und Zahlen korrekt zu, hat aber Probleme, diese Zeichen von Wörtern zu unterscheiden. Beim *Reimen* findet sie drei von zehn Reimpaaren heraus. Sie nimmt ansonsten überwiegend semantische Zuordnungen vor: Ihrer Meinung nach reimen sich: *Haus – Bär*, *Leiter – Turm*, *Sonne – Mond*, *Glas – Tasse*, *Nase – Auge*, *Auto – Bus* sowie *Mantel – Hose*. Sie kann diese Zuordnungen sogar begründen: „*Sonne* und *Mond* haben die gleiche Farbe. *Auto* und *Bus* sind beides Fahrzeuge.“ Bei der *Silbensegmentierung* schafft sie acht von zehn Aufgaben. Sie kann das Wort *Regenbogen* nicht untergliedern und *Lokomotive* ebenfalls nicht, weil sie letzteres nicht kennt. Die Aufgabe der Phonemanalyse beherrscht sie.

Bei den Kindern der Schule für Sprachbehinderte zeigen sich im Vergleich zu den Kindern der Grundschule in einigen überprüften Bereichen Unterschiede: Bei der Aufgabe *Leeres Blatt* können einzelne Kinder ihren Namen nicht schreiben, andere beherrschen dies zwar, schreiben aber ansonsten wenige Buchstaben. Eigenes und auch auswendig Gelerntes wird nur von einzelnen Kindern gekonnt. Die Fähigkeit, *Embleme* zu erkennen, ist unterschiedlich ausgeprägt: Von Kindern, die kaum welche kennen, wie Bastian und Faru, bis hin zu Kindern, die fast alle kennen, wie Jochen. Auch die Fähigkeiten beim *Zeichen kategorisieren* und beim *Gezinkten Memory* sind unterschiedlich ausgeprägt. In einer anderen ersten Klasse der Schule für Sprachbehinderte können nur zwei von 13 Kindern begrifflich zwischen Buchstaben, Zahlen und Wörtern unterscheiden, ein Teil der Kinder kennt Zahlen und andere können diese Aufgabe überhaupt nicht lösen. Insgesamt sind die Kinder bei den Segmentierungsaufgaben schwächer als die Erstklässlerinnen der Grundschulen.

2.3.1 Wahrnehmung von Schrift

Gezinktes Memory: An der Schule für Sprachbehinderte gibt es Kinder, die scheinbar noch nie Memory gespielt haben und mit dem Spiel an sich Schwierigkeiten haben. In den Grundschulen können alle Kinder Memory spielen.

Beachten Kinder die Schrift? Kinder, die die Schrift nicht nutzen, und trotzdem beim Memory-Spiel Paare finden, begründen dies mit ihrer guten Merkfähigkeit oder sie wissen nicht, wie sie die Karten bekommen haben: „Hab's mir gemerkt." oder „Ich weiß nicht."

Beim *Gezinkten Memory* beachten zwei Drittel der Grundschulkinder die Schrift, von den Kindern der Schule für Sprachbehinderte dagegen etwa nur die Hälfte. Loretta meint: „Ich habe nicht gelesen, sondern die Wörter verglichen." Christian liest die Wörter laut vor, bevor er die zweite Karte umdreht und sie anschließend leise liest. Frank fragt am Anfang, ob man da lesen muss. Jonathan sagt zwar zu Beginn des Spiels „Ach, da steht's.", findet aber am Anfang wenig Paare, mit der Zeit orientiert er sich erfolgreich an der Schrift.

Welche Merkmale der Schrift nutzen Kinder? Die Kinder orientieren sich vor allem an der Wortlänge. Miriam: „Lesen kann ich vielleicht, da stehen überall Namen drauf. Da ist so ne lange Schrift (meint *Regenschirm* und *Schmetterling*), die sind beide gleich lang. Ganz gleich." (Sie zeigt auf die beiden Karten, auf denen *Eis* steht.) Manche orientieren sich auch an den Anlauten: George ordnet *Hut* zu *Hund* und *Mond* zu *Mund*. Einzelne vergleichen das Ende des Wortes: Daniela legt *Hund* zu *Mond*, *Brot* zu *Boot* und *Hase* zu *Nase*. Frank findet alle Reimpaare und orientiert sich u. a. an den „Pünktchen". Annabell: „Ich schau nach den Wörtern, wie die anfangen."

Wie reagieren Kinder auf unerwartete Ergebnisse beim Aufdecken einer Karte? Fritz verwechselt *Mond* und *Mund* und *Nase* und *Hase*. Sein Kommentar lautet: „Das kann man so leicht verwechseln, das reimt sich auch." Nachdem Adolfo *Mund* zu *Mond* zugeordnet hat, verändert er seine Strategie. Er orientiert sich erst einmal nicht mehr an der Schrift, sondern spielt normales Memory. Als er das Wort *Brot* liest und dementsprechend richtig zuordnet, orientiert er sich wieder an der Schrift und ist dabei erfolgreich.

Wie verändert sich die Strategie von Kindern während des Spiels? Peter nimmt nach dem dritten Paar die Schrift wahr. Daniel erkennt als erstes die langen Wörter. Beim dritten Paar kann er sich bei allen Wörtern an der Schrift orientieren. Julia orientiert sich sofort an der Schrift, bemerkt sogar den Unterschied zwischen *H* und *N*, nimmt aber trotzdem nicht alle Karten korrekt auf. Andere Kinder orientieren sich zwar an der Schrift, vergessen sie aber beim weiteren Spiel.

Auf die Frage „Erklär mal, wie du das gemacht hast.“ antworten die Kinder:

> *„Buchstaben sind gleich … Wenn's gleich ist, dann nehm ich's.“*
>
> *„Das ist im Prinzip ganz leicht – die gleichen Buchstaben.“*
>
> *„Ich glaub, man muss immer auf die Wörter gucken. Ich guck halt immer auf die gleichen Buchstaben.“*
>
> *„Ich seh, ob das gleich ist … die Buchstaben.“*
>
> *„Hab ich gesehen an den gleichen Buchstaben.“*
>
> *„Da steht was drauf … das sind die Gleichen.“*
>
> *„Guck einfach die Buchstaben ab! Manchmal krieg ich's hin, manchmal nicht.“*
>
> *„Weil ich das immer les.“*
>
> *Christian, der die Wörter zum Teil laut vorliest, meint: „Weil ich lesen kann, weil mein Papa es mir beigebracht hat.“*

Einige Kinder zeigen anhand ihrer Begründungen, dass sie begrifflich nicht zwischen Zahlen und Buchstaben unterscheiden können: „Ich guck nach den Zahlen. Da braucht man nur lesen.“ „Ich habe immer geguckt, dass es gleich viele Zahlen sind.“

Embleme lesen: In allen Klassen ist die Bedeutung von Emblemen bekannt, auch wenn die Anzahl der Benennungen unterschiedlich ist. Kinder ordnen im Durchschnitt acht von zwölf Emblemen zu, wobei Benennungen wie „Eisladen“ für *Langnese* als richtig bewertet wurden (Kap. 2.3). In allen Schulen gibt es Kinder, die fast alle Embleme kennen, aber auch Kinder, denen eher wenige bekannt sind.

Marius benennt fünf Embleme korrekt: *McDonald's, Mercedes, Verkehrsschild, Lego, Cola*. Bei den anderen Emblemen teilt er nicht mit, dass er sie nicht kennt. Stattdessen greift er ein Merkmal heraus und benennt dies: „Buchstaben“ zu *RTL*, „Trompete“ zur *Post* und „Wort“ zu *Nutella*. „Mann/Dame“ zu *WC*, „Schild“ zu *Verkehrsschild* und „Kreuz“ zu *Rotes Kreuz*. Zu *Langnese* sagt er „Lutscher“.

Dieses Verhalten deutet auf Probleme beim Bedeutungserwerb hin (Füssenich 2002). Ähnliche Ersetzungen nimmt Karsten vor: „Lenkrad“ für den *Mercedes-Stern*, „Klo“ für *Apotheke* und „Kuchen“ für *McDonald's*. Er kann ebenfalls fünf Embleme benennen: *Coca-Cola, Post, Krankenwagen, Fußgängerstraße, Eis* und *Fernsehen.* Yildiz kennt auch nur fünf Embleme: *McDonald's, Mercedes, Coca-Cola,* „krank“ (*Rotes Kreuz), Lego*, „Spielzeug“ sagt er zur *Apotheke*. Zu den anderen Emblemen gibt er keinen Kommentar ab. Ercan kennt ebenfalls fünf Embleme: *McDonald's*, *Coca-Cola*, „Eins" für *ARD*, *Klo*, *Apotheke*. „Kind laufen" sagt er zum *Verkehrsschild* und „Dass man weiß, welches Auto das ist", sagt er zum *Mercedes-Stern*. Die Embleme für *Post*, *Nutella*, *Playmobil* und *Rotes Kreuz* kennt er nicht.

In einer Klasse der Schule für Sprachbehinderte sind drei Kinder, die nur zwei bzw. drei Embleme kennen. Faru kennt *McDonald's* und *Coca Cola*. Bei den restlichen schweigt er. Bastian kennt *McDonalds*, *WC* und *Straßenschild*. Er sagt „Waschbecken" zur *Apotheke*. Zu den anderen Emblemen äußert er sich nicht. Armin gehört zu den ganz wenigen Kindern, die *McDonald's* nicht kennen. Ihm ist das *Damen/Herren-Zeichen*, *Nutella* und das *Verkehrsschild* bekannt. „Sparkasse" sagt er zur *Apotheke* und „Auto" zur *Post*. Die anderen Embleme scheinen ihm fremd zu sein. Kinder mit derartigen geringen Kenntnissen von Emblemen haben bisher nicht nur die Schrift kaum wahrgenommen, sondern haben vermutlich auch geringe Fähigkeiten in der Begriffsbildung.

2.3.2 Kenntnis von Begriffen

Leeres Blatt: In der ersten Staffel wurde das *Leere Blatt* von den Kindern erst nach drei bis vier Schulwochen bearbeitet. Es fiel auf, dass die Kinder vor allem einzelne Wörter untereinander schreiben (Abb. 2).

Um den Einfluss der schulischen Unterweisung auszuschließen, wurde

Abb. 2: Leeres Blatt von Ulrike

Abb. 3: Leeres Blatt von Marcel

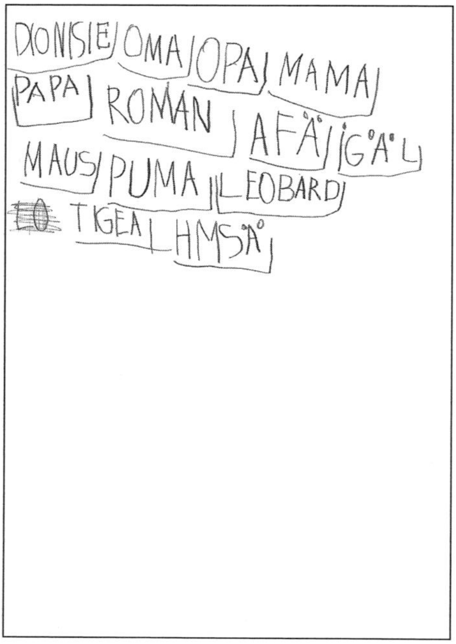

Abb. 4: Leeres Blatt von Dionisie

Abb. 5: Leeres Blatt von Ercan

den Kindern der zweiten Staffel das *Leere Blatt* bereits in der ersten Schulwoche zum Ausfüllen vorgelegt. Die Schreibungen der Kinder unterschieden sich nicht wesentlich von denen der ersten Staffel. So gut wie alle Kinder schreiben in großen Druckbuchstaben.

Die Ergebnisse beim *Leeren Blatt* sind sehr unterschiedlich. Wie die meisten Kinder schreibt Marcel (Abb. 3) seinen Namen, die von Familienangehörigen (z. B. Oma) und einige auswendig gelernte Wörter (z. B. Mimi).

Dionisie (Abb. 4) schreibt ebenfalls seinen Namen, <MAMA, PAPA> und die Namen seiner Geschwister. Er verschriftet aber auch eigene Wörter: <AFÄ, IGÄL, PUMA, LEOBARD, TIGEA, HMSÄ>. Diese Schreibungen zeigen, dass der Junge die mündliche Sprache schon hervorragend in Schrift umsetzen kann.

Ercan (Abb. 5) schreibt weder seinen Namen noch andere auswendig gelernte Wörter. Er schreibt/malt buchstabenähnliche Zeichen.

Manche Kinder schreiben nicht einmal einen Buchstaben, während Ulrike fast 30 Wörter schreibt (Abb. 2). Viele Kinder malen auch noch etwas auf das Blatt (Abb. 6).

Einige Kinder schreiben nicht eigenständig, sondern entdecken in ihrer Umgebung Schrift, die sie abschreiben; z. B. Claudia: <Quizkarten stecken in jedem FLOHKISTE-Heft>. Denis schreibt vor allem Zahlen in Form von Rechenaufgaben (Abb. 10).

Tanyel (Abb. 7) reproduziert vermutlich mit Eltern oder Verwandten

Abb. 6: Leeres Blatt von Monika

Abb. 7: Leeres Blatt von Tanyel

Abb. 8: Leeres Blatt mit Buchstabenreihen

Abb. 9: Leeres Blatt von Christian

Abb. 10: Leeres Blatt von Denis

eingeübte Schreibungen, wie <ich kanlesen Schule ist Schön>, denn er ist einer der Wenigen, der korrekt die Groß- und Kleinschreibung und Wortgrenzen einhält. Hinzu kommt, dass er das erste Schuljahr wiederholt und sicher nicht so korrekt schreiben kann.

In einigen Klassen sind Kinder, die ihren Namen nicht schreiben können. Diese Kinder haben oft Buchstabenreihen geschrieben und gemalt (Abb. 8). Es macht den Eindruck, als hätte man ihnen diese zu Hause antrainiert. Anabell schreibt sogar das Alphabet auf. Ralf und Egon können ihren Namen nicht schreiben, stattdessen schreiben sie ein paar Buchstabenreihen, der eine <OPU> und der andere <CAO>, ansonsten malen sie. In den Klassen der Schule für Sprachbehinderte kann Johannes die ersten Buchstaben seines Namens schreiben: <JOHA>, Bastian und Fabi schreiben die ihnen bekannten Buchstaben ihres Namens, allerdings in anderer Reihenfolge: <ABEi> und <Faib>. Thomas verschriftet seinen Namen als <THOAAMZ>. Christian (Abb. 9) ist der einzige, der einen kleinen Text schreibt: <MAiNFROiT/ANTON/DU BiSTSONET/iCHMAGDiCH> (Mein Freund Anton. Du bist so nett. Ich mag dich.) Interessant ist, dass er vor <Anton>, <du> und <ich> die Wortgrenzen durch Schrägstriche markiert.

Unter den fast 30 Wörtern von Ulrike sind viele, die sie selbst konstruiert hat (Abb. 2): <BRIFKASTEN, MOOND, WASER, WISE, SCHULRANSEN, SBIZER, LINIAL>. Dass sie bereits Rechtschreibregeln erkennt, zeigt u. a. die Verdoppelung des Vokals und die Auslautverhärtung im Wort <MOOND>. Gina schreibt: <BAL, SAIL, SWESTA, BRUDA, HUNT, VACE, CUCU, SWAIN, SULRANCEN, AMBAT, CETE, FEST>.

Die meisten Kinder schreiben auswendig Gelerntes, den eigenen Namen, manchmal den Nachnamen, die Namen der Geschwister oder anderer aus der Familie und Wörter ihres Fibellehrgangs. Der Name der Fibelmaus *Mimi* ist offensichtlich das Lieblingswort vieler Kinder. Manche Kinder schreiben auch oder nur Zahlen (Abb. 10).

Zeichen kategorisieren: Den meisten Schulanfängerinnen ist zum Zeitpunkt der Beobachtungen bei der Einschulung der Unterschied zwischen Buchstaben und Wörtern nicht klar, was wir aber auch erwartet haben. In jeder Klasse sind Kinder, die sicher mit dem Zahlbegriff sind.

Einige Kinder können Wörter richtig einordnen, dagegen nicht zwischen *Zahlen* und *Buchstaben* unterscheiden. Dieses Ergebnis ist überraschend, denn grundsätzlich muss es für Kinder nicht logisch sein, dass ein- und mehrstellige Zahlen zu derselben Kategorie gehören, während zwischen Einzelbuchstaben und Wörtern zu unterscheiden ist. In den Klassen der Sonderschulen lag die Anzahl der „Kenner" etwas unter der Hälfte. In diesen Klassen sind häufig mehr Kinder, die weder Buchstaben, Zahlen noch Wörter begrifflich auseinander halten können.

Miriam und Charlotte aus einer Grundschulklasse ordnen alle Zeichen richtig zu. Obwohl Fabian schon eine Grundschulförderklasse besucht hat, unterscheidet er zwischen den geforderten Begriffen nicht. Er sortiert allerdings Zahlen richtig ein, ordnet aber auch noch Wörter zu:

Buchstaben	*A, D, K, S, MAMA, BALL, HAUS*
Zahlen	*1, 936, 5, 21, 87, 526, O, SONNE, LATERNE, APFEL*
Wörter	*E*

Daniel ist sicher bei der Zuordnung der Zahlen. Bei der Unterscheidung zwischen Buchstaben und Wörtern zeigt er aber Unsicherheiten:

Buchstaben	*S, MAMA, HAUS, BALL; APFEL, A*
Zahlen	*1, 5, 21, 87, 526, 963*
Wörter	*SONNE, LATERNE, E, D, K*

Auch Paul kennt nicht die geforderten Begriffe. Er nimmt folgende Zuordnung vor:

Buchstaben	*E, 936, 21*
Zahlen	*5, A, BALL*
Wörter	*MAMA, HAUS, SONNE, APFEL, LATERNE, S, K, D, O, 1, 87, 526*

Marcel weiß, was eine Zahl ist, deshalb ordnet er sie richtig zu. Für ihn ist nur *MAMA* ein Wort. Alle anderen Wörter und die Buchstaben gehören für ihn zu Kategorie Buchstaben. Julia ordnet alle Wörter richtig zu. Buchstaben und Zahlen verwechselt sie, obwohl für sie die Zahl *526* auch ein Wort ist. Da die Kinder auch bei diesen Aufgaben Fehler machen dürfen, wird die Zuordnung zu Wörtern als richtig bewertet.

2.3.3 Einsicht in den Aufbau von Schrift

Reime erkennen: In jeder Klasse sind Kinder, die sicher die Reimpaare erkennen, aber auch solche, die so gut wie gar keine Reime heraushören. Weit mehr als die Hälfte der untersuchten Kinder kann aus den Worttripeln mindestens acht von zehn Reimen erkennen. Insgesamt sind in den Klassen für Sprachbehinderte mehr Kinder, die zwar Reime erkennen, aber mehr Fehler machen als Kinder der Grundschulklassen. Torsten zeigt an seiner Reaktion, dass er die Aufgabenstellung nicht versteht und er traut sich auch nichts zu. Sein Kommentar: „Ich kann das nicht." Wahrscheinlich mehr durch Zufall ordnet er *Hund* und *Mund* richtig zu. Alle anderen Reimpaare erkennt er nicht.

Gustavios nimmt ausschließlich eine Zuordnung nach semantischen Kriterien vor: *Teller – Eis, Sonne – Mond, Löffel – Suppe, Glas – Tasse, Nase – Auge, Ohr – Mund, Auto – Bus, Mantel – Hose.*

Die meisten Kinder ordnen viele Reimpaare sicher zu, lassen sich aber auch durch Wörter, die einen semantischen Bezug zu einem Wort des Reimpaares haben, verunsichern. So erkennt Timo die Reimpaare *Haus – Maus, Keller – Teller, Suppe – Puppe, Nase – Hase, Hund – Mund, Dose – Hose* richtig. Bei den Reimpaaren *Sonne – Tonne, Kasse – Tasse, Nase – Hase, Nuss – Bus* geht er nach semantischen Kriterien vor und ordnet nach inhaltlich-anschaulichen Kriterien: *Sonne – Mond, Glas – Tasse, Nase – Mund, Auto – Bus.* Anhand der Daten ist nicht zu erkennen, ob es bestimmte Reimpaare sind, bei denen die Kinder eher eine semantische Zuordnung vornehmen.

Silbengliederung: Knapp die Hälfte der Kinder gliedert die meisten vorgegebenen Wörter in Silben. Einige wenige Kinder machen keinen einzigen Fehler. Manche verstehen die Aufgabenstellung nicht. Torsten gehört zu dieser Gruppe. Auch bei den anderen Aufgaben zur Segmentierung zeigt er gravierende Schwierigkeiten: Er findet nur ein Reimpaar und beim Heraushören der Anlaute setzt er die Ratestrategie ein. In fast jeder Klasse sind auch Kinder, die kein Wort in Silben segmentieren können. So zum Beispiel Jan und zwei weitere Kinder dieser Klasse. Da sie vor allem bei der Phonemanalyse sehr gut abschneiden, ist anzunehmen, dass sie zum Erhebungszeitpunkt ihre Aufmerksamkeit auf Phoneme richten und nicht gleichzeitig den Wechsel zur Silbengliederung vollziehen können.

Charlotte ist in der Lage, die ein- und zweisilbigen Wörter (*Bus*, *Haus*, *Auto*, *Pinsel*) und das dreisilbige Wort *Papagei* richtig zu segmentieren. Ein weiteres dreisilbiges Wort untergliedert sie in „Ana-nas". Die vier- und fünfsilbigen Wörter kann sie nicht segmentieren. Genau das gleiche Ergebnis zeigt Martina. Sie untergliedert die langen Wörter in: „Loko-mo-tive", „Schoko-lade", „Regen-bogen", „Pap-gei" und „Ana-nas". Dilek beherrscht die Silbengliederung auch bei den mehrsilbigen Wörtern. Ihr bereiten vor allem die einsilbigen Wörter Schwierigkeiten. Ercan bereiten die ein-, vier- und fünfsilbigen Wörter Probleme. Das Wort *Bus* hat für ihn drei Silben: „Bu-u-us". Christian untergliedert das Wort *Haus* in „Hau-us", Marius *Bus* in „Bu-hus". Fritz hat ebenfalls nur mit den einsilbigen Wörtern Schwierigkeiten. Er spricht sie als „Bu-hus" und „Ha-ha-haus" aus. Adrian spricht die einsilbigen Wörter betont gedehnt und dadurch werden sie zu mehrsilbigen. Jennifer macht aus einem fünfsilbigen Wort ein sechssilbiges: „Lo-ko-mo-mo-ti-ve".

Phonemanalyse (Anlaute): In jeder Klasse sind viele Kinder, die keine Schwierigkeiten haben, Anlaute herauszuhören. Dies trifft auch auf die Kinder der Schule für Sprachbehinderte zu. Kinder, die Unsicherheiten beim Heraushören der Anlaute zeigen, haben mit unterschiedlichen Anlauten ihre Schwierigkeiten. Es lassen sich nicht bestimmte Anlaute aufzeigen, die besondere Schwierigkeiten bereiten.

In allen Klassen sind Kinder, die – bedingt durch die Aufgabenstellung – zur Rate-Strategie neigen: Sebastian beantwortet die ersten drei Fragen zu den Anlauten korrekt. Auf die vierte Frage antwortet er auch mit „Nein", was richtig ist, behält diese Antwort aber bei den nächsten sechs Fragen bei, so dass insgesamt seine Antworten nicht gezählt werden können. Da er sowohl bei den Reimen als auch bei der Silbensegmentierung bestens abschneidet, ist nicht darauf zu schließen, dass er Probleme mit der Segmentierung von Sprache hat. Ercan hört ebenfalls die drei ersten Anlaute korrekt und verfällt dann in die Strategie des Neinsagens. Es ist zu vermuten, dass er die weiteren Anlaute nicht heraushören kann, denn er erkennt weder Reime noch die Silbensegmentierung. Allerdings fällt bei der Überprüfung auf, dass er einige Wörter in der deutschen Sprache nicht kennt. Seine Erstsprache ist Türkisch. Friederike zeigt ebenfalls die Ratestrategie, obwohl auch sie bei den ersten Wörtern Anlaute bestimmen kann. Bei der Silbensegmentierung hat sie erhebliche Probleme. Marcel antwortet auf jede Frage mit „Ja“, hat somit zwar fünf Zufallstreffer, wenn man aber seine Strategie ansieht, ist offensichtlich, dass er entweder die Aufgabenstellung nicht versteht oder die Aufgabe nicht lösen kann. Da er auch bei den beiden anderen Aufgaben zur Segmentierung gravierende Probleme hat, ist anzunehmen, dass er Anlaute nicht heraushört.

2.4 Konsequenzen für das Lehren

2.4.1 Der Blick auf Kinder mit Förderbedarf

Aus den Ergebnissen der Beobachtungsaufgaben zur Einschulung lassen sich für den Anfangsunterricht zahlreiche Konsequenzen ziehen. In jeder Eingangsklasse gibt es Kinder, die den Symbolcharakter von Schrift nicht erkennen. In allen Klassen sind Kinder, die begrifflich nicht zwischen Zahlen, Buchstaben und Wörtern unterscheiden können. Die Segmentierungsfähigkeit ist unterschiedlich weit entwickelt. Es gibt Kinder, die Reimpaare nicht erkennen, Sprache nicht in Silben gliedern können und Anlaute nicht sicher herauszuhören.

Um auf diese unterschiedlichen Entwicklungen einzugehen, benötigen sie kein einheitliches Training basaler Fähigkeiten, sondern einen Unterricht, der ihnen die Funktion der Schrift näher bringt, den Zusammenhang zwischen mündlicher und geschriebener Sprache aufzeigt, ihnen die entsprechenden Begriffe vermittelt und ihren individuellen Entwicklungsstand berücksichtigt. Schwartz (o. J.) spricht von einer Passung zwischen schulischen Anforderungen und den Fähigkeiten der Kinder. Die Förderung orientiert sich an normalen Entwicklungsprozessen und am aktuellen Entwicklungsstand des Kindes.

Für Mann (2001a, 108ff) gehört zur Erfassung der kindlichen Fähigkeiten und Schwierigkeiten das Erkunden der Ressourcen und Hilfsmöglichkeiten: Dies beinhaltet auch die Frage, ob Lehrende durch ihre Hilfestellung Kindern helfen können, ihre Schwierigkeiten zu überwinden. Abzuklären sei ebenfalls, ob sich Probleme fächerübergreifend zeigen, die Lehrkräfte berücksichtigen müssten und aufgrund derer Kinder für die Inhalte des Unterrichts motiviert werden. Weiterhin müsse beachtet werden, ob Kinder Zusatzübungen im Unterricht oder außerhalb der Schule benötigen. In diesem Fall müssten Lehrerinnen genau nachfragen, unter welchen Bedingungen die Hausaufgaben erledigt werden:

- Ist es für Kinder in Ordnung, wie die Eltern mit den schulischen Leistungen umgehen? Können Zusatzaufgaben erledigt werden, ohne dass Konflikte zu Hause auftreten?
- Stehen andere Personen zur Verfügung, bei denen sich Kinder wohl fühlen, um Hausaufgaben und eventuelle Zusatzaufgaben zu erledigen?

- Trauen sich Kinder zu, die Zusatzübungen selbstständig mit Anleitungen und Rückmeldungen der Lehrkraft zu erledigen?

Förderunterricht werde in allen Bildungsplänen ermöglicht. Er wird aber, so Mann (2001a, 108), nicht überall geplant. Allerdings sei es ein Missbrauch von Förderunterricht, wenn eine Gruppe von Kindern regelmäßig eine Zusatzbeschulung erhalte. Stattdessen brauche die Lehrkraft flexible Eingreifstunden. Erst dadurch könne sie es wagen, auch Eingreifsignale einzelner Kinder zu beachten:

> „Dann aber geben ihr diese Stunden gute Möglichkeiten, all ihre Kompetenz und Kreativität zu entfalten, um den betroffenen Kindern frühzeitig über besondere Schwierigkeiten hinwegzuhelfen und ihnen so die weitere aktive Mitarbeit im Regelunterricht zu ermöglichen. Kinder, die aufgrund besonderer Schwierigkeiten irgendwo stecken bleiben, fallen sehr bald aus dem Lernprozess heraus und vergeuden diese Lernzeiten mit Warten auf Hilfe, Ausweichverhalten oder Abschauen der Ergebnisse von anderen Kindern. Wenn man diese Zeitvergeudung durch frühzeitiges Eingreifen vermeidet, kann man auf die Dauer-Zusatzbeschulung durch Förderunterricht gut verzichten.“ (Mann 2001a, 108)

Den unterschiedlichen Entwicklungen wenden sich Lehrerinnen schon immer zu und versuchen mit viel Geduld, Kinder mit ungünstigen Voraussetzungen zu fördern. Jedoch sind die Fördermaßnahmen nicht immer hilfreich, so Hüttis-Graff (1997, 8), denn das Lernen bleibe dem Kind fremd, wenn die Förderung Lernen auf den Erwerb von Techniken reduziere, die Möglichkeit selbstständigen Lernens eingeschränkt und die Helferbeziehung verstärkt werde. Da Kinder eigene Lernwege gingen, könnten auch nur sie selbst Schwierigkeiten überwinden. Unterricht könne nur Anregungen geben.

> „Nicht Schwierigkeiten zu bearbeiten, sondern die *Lernmöglichkeiten* für Kinder zu erweitern ist deshalb Kern verschiedener aktueller Konzepte. Sie eröffnen unterschiedliche Lernweisen im Umgang mit dem Lerngegenstand, stärken Eigenaktivität und -verantwortung der Kinder, orientieren sich an ihren Bedürfnissen oder sichern – gegenstandsunabhängig – die psychische Basis des Lernens.“ (Hüttis-Graff 1997, 8)

Da auch dann nicht vorausgesetzt werden könne, dass sich der *inhaltliche Bezug* und das *Lernen-Wollen* von alleine ergäben, müsse der Unterricht dafür sorgen, dass der Lerngegenstand in den Horizont des Kindes gelange. Erst wenn das Lernen aus eigenem Interesse entstehe, sei es für das Kind subjektiv sinnvoll. Dehn (1996) weist darauf hin, dass die Perspektive des Kindes zu verstehen, nicht bedeuten könne, dass das Lehren nur dem Lernen zu folgen habe.

> „Ziel ist, in der Spannung zwischen dem Anspruch der (schulischen) Norm und den Schwierigkeiten in der Lernentwicklung des Kindes ein Unterrichtskonzept zu formulieren – jeden Tag in der Schule –, das die jeweils mögliche Passung von Lernprozess und Lehrverfahren erprobt." (Dehn 1996, 16)

Das Beobachten der Kinder, ihre vielleicht ungewöhnlichen Lernweisen, Vorstellungen, Ängste und Ausweichverhalten wahrzunehmen und zu akzeptieren ist die Grundlage für den anderen Blick. Viele Ansatzpunkte des Lernens, und auch von Lernschwierigkeiten, zeigen nicht Arbeitsergebnisse, sondern treten dann zutage, wenn man das Kind beim Handeln beobachtet, „entweder neben dem Unterricht oder im Unterricht beim alltäglichen Lernen oder bei vorstrukturierten Aufgaben, die verdichtete Lernchancen enthalten" (Hüttis-Graff 1997, 9). Dehn (1996) und Hüttis-Graff (1997) nennen vier Bereiche, die den Blick auf das Kind ermöglichen:

- **Sich vom Handeln leiten lassen**
  Um Kinder differenziert beobachten zu können, müssen sich Lehrende vom Handeln leiten lassen. Das bedeutet, dass es jeden Tag möglich sein muss, sich einzelnen Kindern zuzuwenden und trotzdem die Klasse im Blick zu haben. Dies gelingt besser, wenn regelmäßig kurze Phasen am Schulvormittag eingeführt werden, in denen Kinder selbstständig Aufgaben bearbeiten.
- **Den eigenen Blick relativieren**
  Wenn Schwierigkeiten unüberwindbar scheinen, ist es sinnvoll, sich Unterstützung von anderen Lehrkräften zu holen, die den eigenen Blick relativieren und erweitern können. Vor allem muss sich der fremde Blick auf das Lernen und Lehren im Unterricht richten. Dies macht Lehrende zugleich zu Lernenden, und sie bekommen Anregungen, wie sich das eigene Unterrichtskonzept an Kindern mit Schwierigkeiten ausrichten kann.
- **Mit Schrift die Intention des Kindes sichern**
  Situationen müssen geschaffen werden, in denen Schrift selbst für Kinder einen Lernsog entfaltet. Haben Kinder den Zugang zur Schrift und zum Schreiben gefunden, können gezielte Anforderungen gestellt werden, die ihr Interesse berücksichtigen und gleichzeitig ihr Wissen erweitern.
- **Situationen mit Lernsog inszenieren**
  Kinder lernen, wenn sie etwas Wichtiges erreichen wollen. Anregungen zum Lernen im Deutschunterricht sind Situationen, in denen sie erfahren, dass Schrift für sie persönlich wichtig wird. Kinder erfahren dies vor allem beim Schreiben von Texten. Dehn (1996) spricht von elementarer Schriftkultur, womit vor allem der Gebrauch von Schrift gemeint ist.

Grust (1997) beschreibt ihren veränderten Blick als Lehrerin auf Kinder mit Schwierigkeiten. Früher habe sie gedacht: „Das kannst du noch nicht, noch immer nicht. Das musst du noch tüchtig üben." und: „Es (das Kind, I. F.) stört, deshalb muss ich erzieherische Maßnahmen treffen." (Grust 1997, 14) Heute bemühe sie sich, Zugriffsweisen von Kindern mit Lernschwierigkeiten zu erkennen und versuche, Lernangebote zu finden, die diese Kinder ergreifen, so dass sie auch etwas lernen. Am Beispiel eines Jungen beschreibt sie, wie sie nicht nur seine Schwierigkeiten wahrgenommen, sondern auch durch gezielte Beobachtung sein Interesse und seine Fähigkeiten erkannt hat. Mit diesem anderen Blick versuche sie nun, ihre Unterrichtskonzeption auf Kinder mit Lernschwierigkeiten auszurichten, wobei sie sich vor allem drei Ziele setze:

- Es muss immer um Inhalte und Zusammenhänge gehen, die das Interesse dieser Kinder wecken. Die Fragen müssen sie so stimulieren, dass sie gar nicht dazu kommen, sich selbst Hindernisse in den Weg zu legen.
- Die Aufgabenstellung muss sich möglichst zwingend aus dem Sachzusammenhang ergeben und Kinder sollten sich Aufgaben auswählen können.
- Bei der Vorbereitung der Aufgaben an diese Kinder denken, damit auch sie ein Ergebnis vorzeigen können, denn auch sie haben ein Recht, „bei mir jeden Tag ein bisschen „größer" zu werden, im Verhalten und im Können" (Grust 1997, 14).

Die folgenden Vorschläge für das Lehren gehen von den Beobachtungsaufgaben für die Einschulung aus und es wird dargestellt, wie diese Materialien für die Förderung eingesetzt werden können. Weitere Vorschläge für den Anfangsunterricht zeigen sich in Brügelmann (1984), Brinkmann/Brügelmann (1999), Dehn (2006), Dehn/Hüttis-Graff (2006) und Kap. 3.

2.4.2 Wahrnehmung von Schrift

Das *Gezinkte Memory* kann genutzt werden, um Kindern die Funktion von Schrift näher zu bringen, denn Memory spielen die meisten Kinder gerne. Es wird wie ein Memory ohne Schrift gespielt, d.h. Schriftkenntnisse sind nicht erforderlich. Dabei geht es nicht darum, Wörter zu erlesen, sondern erste Einsichten in Funktion und technische Logik der Schrift zu gewinnen und im Spiel zu erweitern. Das Spiel provoziert durch die umseitige Beschriftung der Bilder, vermittelt die Erfahrung, dass Schrift Bedeutung trägt und erschließt somit den Kindern die inhaltliche Dimension der Schrift. Lassen sich Kinder auf Schrift ein, ist es leichter, Karten zu finden. Ist eine Strategie gefunden, lassen sich viele Karten aufdecken.

Durch die Auswahl der Wörter wird auch die komplexe Beziehung zwischen Schrift und der gesprochenen Sprache angesprochen. Bei der Erweiterung der ausgewählten Wortpaare (Kap. 3.2) kann das Spiel dem momentanen Können von Kindern angepasst werden. Einfache Wörter, die sich deutlich in ihrem Wortbild voneinander unterscheiden, ermöglichen Kindern, deren Beachtung als eine Strategie zu entdecken:

- Wörter mit unterschiedlicher Länge bewirken eine veränderte Zugriffsweise.
- Wörter mit gleichen Anfangsgraphemen zwingen das Kind, seine Aufmerksamkeit auf bestimmte Wortteile zu lenken. Minimalpaare mit ähnlich klingenden Phonemen, wie /u/ oder /o/ oder stimmhaften und stimmlosen Konsonanten, verfeinern die Aussprache.
- Durch eine Erweiterung der Spielform rückt die Phonem-Graphem-Zuordnung in den Vordergrund.
- Erfolgt die Zuordnung vom *Bild* aus, wird an die mündliche Sprache angeknüpft und das Kind muss sich zunächst am Anfangsgraphem orientieren und anschließend an Wortmitte und Wortende.
- Erfolgt die Zuordnung vom *Wort* aus, zeigt das Auffinden des entsprechenden Wortes die Fähigkeit des sinnentnehmendes Lesens.

Weiterhin kann das Spiel in der Form variiert werden, dass ein Bild zu einer Anlaut-Karte oder umgekehrt zugeordnet wird.

Durch die unmittelbare Selbstkontrolle beim Umdrehen der beschrifteten Karten werden Bestätigung, Widerspruch oder Nichtpassung (Hüttis-Graff/Baark 1996) ermöglicht. Diese Rückmeldung fordert die eigenen Zugriffsweisen zu überdenken und zu erweitern. Außerdem kann das Spiel von mehreren Kindern gleichzeitig gespielt werden, die in ihrer Auseinandersetzung mit Schrift unterschiedlich weit entwickelt sind und sich somit gegenseitig Anregungen geben. Dabei lernen Kinder durch Nachahmung und ihre eigene Vorgehensweise zu verändern und zu erweitern.

Informationen werden nicht nur durch die mündliche Sprache und Schrift mitgeteilt, sondern auch durch *Embleme.* Deshalb lässt sich die Wahrnehmung von Schrift auch durch das Erkennen von *Emblemen* aufzeigen. „Zeichen regelgerecht und situationsgerecht zu verwenden, ist ein lebenslanger Prozess. Jedes Zeichensystem (Piktogramme, Schrift, Zahlen, Noten, aber auch Fahrpläne usw.) hat seine eigenen Regeln." (Brinkmann/Brügelmann 1999) Schon vor der Schule, so die Autorinnen, machen Kinder Erfahrungen mit Zeichen, wie Gestik, Bilder, Verkehrsschilder, doch seien sie nicht allen Kindern gleich vertraut. Entsprechend unterschiedlich sei ihr Symbolverständnis. Sie schlagen vor, z.B. Zeichen auf einem Plakat zu sammeln und dadurch wichtige Impulse zu geben sowie die Aufmerksamkeit und das Nachdenken über Zeichen anzuregen. Wichtig wäre dabei zu erkennen, dass „Schrift und andere Zeichen als willkürlich vereinbarte

Symbole zum Teil Gemeinsamkeiten haben, die sie von anderen Bildern und Zeichnungen als gegenständlich-analoge Darstellungen unterscheiden, dass sie zum Teil aber auch unterschiedlichen Regeln folgen" (Brinkmann/Brügelmann 1999, o. S.). Schrift und Zahlsystem hätten ebenfalls ihre eigene Logik. So lesen wir unsere Schrift von links nach rechts, Zahlen aber zum Teil von rechts nach links wie <16> oder in Sprüngen wie <136>. Beim Lesen anderer Zeichen und Spuren könnten Kinder ihre aktive Sinnerwartung und ihre Deutungsfähigkeiten schulen und sie würden lernen, dass symbolische Darstellungen von verschiedenen Personen unterschiedlich verstanden würden, dass es aber auch Gemeinsamkeiten der Verständigung gäbe. Weitere Bezeichnungen würden sich ebenfalls finden lassen und Kinder könnten erkennen, dass sie nur nach Absprache mit anderen verständlich sind. Dies könne z. B. durch das Vereinbaren von Geheimschriften gezeigt werden. Wie andere Zeichen stehe auch Schrift „für etwas".

2.4.3 Kenntnis von Begriffen

Bei den Beobachtungsaufgaben zur Einschulung wird das *Leere Blatt* den Kindern vorgelegt, um zu prüfen, ob sie eine Vorstellung von der Funktion der Schrift haben. Für die Förderung und den Unterricht macht es Sinn, ihnen das *Leere Blatt* erneut vorzulegen, womit verdichtete Lernchancen für sie entstehen, die Gelegenheit zur elementaren Schriftkultur bieten. Durch die Aufforderung zu schreiben und eventuell auch zu malen werden Vorgaben gemacht:

> „Die Kinder sollen *schreiben*, d.h. das Anspruchsniveau wird für alle hoch angesetzt. Dabei können die Kinder sich auf ihr (auch außerhalb der Schule erworbenes) Können beziehen. Und zwar auf das, was *sie* möchten, was *ihnen* wichtig ist (und nicht das, was von der Schule erwartet wird). Damit wird ihr bisher Gelerntes und der eigene lebensweltliche Bezug, den sie zur Schrift entwickelt haben, auch für die Schule als wichtig anerkannt. Deshalb empfinden Kinder die Aufgabe auch nicht als Überforderung, und es macht für sie Sinn, sich auf dem Leeren Blatt mit Schrift auseinander zu setzen." (Hüttis-Graff/Baark 1996, 134)

Diese Lernmöglichkeiten können noch dadurch unterstützt werden, dass mehreren Kindern gemeinsam ein *Leeres Blatt* gegeben wird. Durch das Einbringen der eigenen Fähigkeiten, durch Zeigen, Zuschauen und Austausch lernen Kinder von- und miteinander. Die Zusammenarbeit beim *Leeren Blatt* sei, so Hüttis-Graff/Baark, zugleich Chance und Herausforderung zum Lernen: Chance zur Thematisierung dessen, was ihnen wichtig sei und Herausforderung durch die Auseinandersetzung mit anderen Kindern.

Bei den Beobachtungsaufgaben zur Einschulung wurde anhand von Antworten – vor allem aber bei der begrifflichen Unterscheidung zwischen Buchstaben, Zahlen und Wörtern – deutlich, dass es in allen Klassen Kinder gibt, die Aufgaben nicht lösen können, weil sie Verständnisprobleme hatten. Damit Kinder möglichst viel verstehen, gibt Osburg (2003, 31) Reflexionshilfen für Lehrerinnen:

- Formulierung von Aufgabenstellungen
- Reflexion des eigenen sprachlichen Verhaltens
- Erweiterung begrifflichen Wissens bei Kindern

Bezogen auf die schulischen Begriffe, wie *Buchstaben*, *Zahlen* und *Wörter*, benötigen viele Kinder eine regelmäßige wiederkehrende Klärung dieser Begriffe, was z. B. mit den Karten der Beobachtungsaufgabe *Zeichen kategorisieren* möglich ist.

2.4.4 Einsicht in den Aufbau von Schrift

Reime erkennen: Aus dem Kindergarten kennen Kinder Lieder und Gedichte. An diese Erfahrungen wird angeknüpft. Dabei lässt sich die Aufmerksamkeit der Kinder zunächst beiläufig und später gezielt auf die Reimwörter richten. Brinkmann/Brügelmann (1999) weisen daraufhin, dass es Kindern in vertrauten Versen leicht falle, Lücken am Ende von Zeilen zu füllen. Der Rhythmus stütze die Erinnerung der Verse und damit den Reim. Als Beispiel nennen sie: „Der Regen*wurm*, der Regen*wurm* will fernsehen auf dem Fernseh*turm*." Küspert/Schneider (2006, 35–40) führen verschiedene Reime auf: Sie nennen beispielsweise Reime mit Tiernamen, wie „Eine Katze hat 'ne … (Tatze)" oder „Ein Reh stand im … (Schnee)", und Handlungsreime, wie „Der Hahn kräht und die Mutter näht." oder „Der Hund wacht und das Baby lacht."

Danach lassen sich die Aufgabe auch auf einzelne Wörter begrenzen und als Kreisspiel durchführen. Die in den Beobachtungsaufgaben zur Einschulung ausgewählten Reimwörter lassen sich hierzu verwenden. Ein Kind bekommt ein Wollknäuel, ruft z. B. „Haus" und wirft das Knäuel einem Kind zu, das ein entsprechendes Reimwort nennt. Im Rahmen von Domino-Spielen und anderen Spielvarianten wird das Reimen in den Mittelpunkt gestellt. So können z. B. Bilder von Reimwörtern angelegt werden.

> „Um herauszufinden, welche Bilder bei diesem Domino aneinander gelegt werden müssen, muss man sich die Bezeichnungen der abgebildeten Gegenstände sehr genau vorsprechen und überprüfen, welche Wörter am Ende gleich klingen. Das erfordert von den Kindern ein Nachdenken über Sprache und eine bewusste Durchgliederung des Sprachstroms." (Brinkmann/Brügelmann 1999)

Manchen Kindern falle dieser Umgang mit Sprache schwer. Man könne ihnen aber dabei helfen, wenn das Schriftbild hinzugezogen werde.

Kinder sehen durch die Schrift formale Gemeinsamkeiten und Unterschiede und lernen darüber, sie auch zu hören (vgl. auch die Ausführungen zum *Gezinkten Memory* und zur *Phonemanalyse (Anlaute))* Die einfachste Spielform besteht darin, dass z. B. ein Domino-Spiel mit Reimwörtern ausgewählt wird, auf dem sowohl Bild als auch Schrift (große Druckbuchstaben) abgebildet sind. Kinder müssen sich *nur* – wie beim *Gezinkten Memory* – am Schriftbild orientieren, um Reimwörter zu erkennen. In der nächsten Stufe wird die Schrift weggelassen und die Kinder müssen nach dem Klang der Wörter auswählen. Sollten sie schon lesen können, lässt sich auch eine Bildkarte im Wechsel zur Schriftkarte anlegen.

Silbengliederung: Silben bilden den natürlichen Sprechrhythmus der Sprache und sind Kindern als rhythmische Einheit durch Abzählverse und Lieder vertraut. Sie eignen sich deshalb gut, um die Aufmerksamkeit von Kindern auf den Klang von Sprache zu lenken, was gleichzeitig auf die Phonemanalyse vorbereitet. Dabei kommt es zu einer Verlangsamung der Sprache, so dass die Aufmerksamkeit verstärkt auf den lautlichen Aspekt gelenkt wird. Zu einem späteren Zeitpunkt der Lernentwicklung erleichtert die Silbensegmentierung den Lesevorgang und das Schreiben komplexer Wörter.

Küspert/Schneider (2006) schlagen vor, die Silbengliederung über das Klatschen des eigenen Namens und den von anderen Kindern einzuführen. Mann (2001b, 68) gibt Anregungen, wie die Silbengliederung von Wörtern zum Unterrichtsgegenstand werden kann. Diese Ideen können auch mit dem Bildmaterial der entsprechenden Aufgabe aus den Beobachtungsaufgaben zur Einschulung durchgeführt werden. Kinder sammeln Bildmaterial (z. B. aus Zeitschriften oder Bilder von Gegenständen) und malen zu den Abbildungen Silbenbögen auf, wobei sich die Lehrenden im Stichprobenverfahren von einzelnen Kindern noch einmal vormachen lassen, wie die Kinder diese Aufgabe gelöst haben. Außerdem könnten Kinder Gegenstände sammeln und diese nach der Silbenanzahl sortieren. Weiterhin könnte ‚Fang den Hut' gespielt werden, wobei statt des Würfels Bildkarten benutzt werden. Die Bildkarten liegen verdeckt auf dem Tisch. Ein Kind nimmt die oberste Karte, benennt das Wort und geht bei jeder Silbe mit seinem Hütchen ein Feld weiter. Besonders motiviert seien Kinder, wenn sie merken, dass jedes Bild unterschiedlich benannt werden kann und sie damit bestimmen, wie viele Felder sie weiterlaufen dürfen (z. B. *Zug*, *Eisenbahn*).

Die bewusste Analyse von Wörtern in Silben bereitet manchen Kindern Schwierigkeiten. Sie können beispielsweise das synchrone Silbenklatschen und -zählen nicht leisten und auch nicht bei Spielangeboten die Anzahl von Silben herausfinden. Nach Crämer (2001) ist für diese Kinder folgende Übung (Abb. 11) sinnvoll:

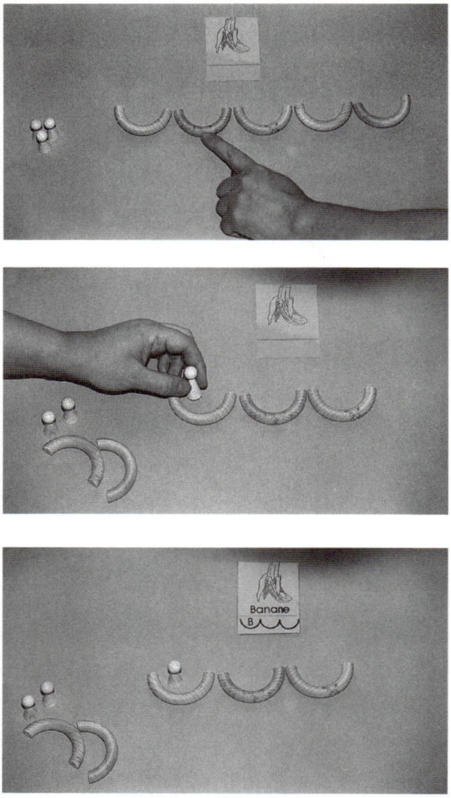

Abb. 11: Silbengliederung

Es werden Kindern Holzbögen unter Bildkarten gelegt. Die Kinder bewegen ihren Finger beim Silbensegmentieren entlang der Holzbögen. So ermitteln sie die Silbenzahl des Wortes und die überzähligen Bögen können zur Seite gelegt werden. Es kann eine Übung zur Lautanalyse anschließen, bei der jede einzelne Silbe auf den zu analysierenden Laut hin abgehört wird. Mit einem Spielkegel wird die Position eines Lautes in einer Silbe angezeigt. Durch Umdrehen der Bildkarte kann das Kind sein Ergebnis kontrollieren.

Bei der Auswahl der Wörter ist neben der Berücksichtigung der bereits benannten Kriterien darauf zu achten, dass anfangs keine einsilbigen und auch keine zu langen Wörter gewählt werden. Ergänzend lässt sich hinzufügen, dass die Wörter keine Mehrfachkonsonanzen, z.B. *Schmetterling*, enthalten und vor allem zu Beginn nach Möglichkeit die Konsonant-Vokal-Struktur aufweisen sollen, wie das Wort *„Schokolade"*. Wie die Ergebnisse der Beobachtungsaufgaben zur Einschulung zeigen, neigen einige Kinder dazu, die einsilbigen Wörter durch gedehntes Sprechen („Ba-ha-hall") künstlich zu verlängern. Wenn Kinder die Silbensegmentierung der zwei- und dreisilbigen Wörter sicher beherrschen, könnten ein- und mehrsilbige Wörter hinzugenommen werden.

Beim Erlesen von Wörtern bietet die Silbengliederung Strukturierungshilfen. Dabei kann die Schrift auch unterstützende Funktion beim Erkennen von Silben haben (Abb. 12). Beim Silbenpuzzle (Brinkmann/Brügelmann 1999) werden die Anforderungen dadurch reduziert, dass Bilder als Sinnerwartung und die einzelnen Silben vorgegeben werden.

Wenn Kinder mit der Reihenfolge der Silben Schwierigkeiten haben, bietet sich folgende Übung an (Abb. 13). Weitere Anregungen zur Untergliederung von Wörtern in Silben finden sich in den meisten Unterrichtswerken zum Anfangsunterricht.

Phonemanalyse (Anlaute): Kinder lernen von Anfang an, dass Wörter aus einzelnen Graphemen bestehen, denen Phoneme zuzuordnen sind. Phoneme sollten Kinder zuerst am Wortanfang heraushören und anschließend am Wortende. Am schwierigsten ist das Phonem in der Wortmitte zu hören. Der Schwierigkeitsgrad der Aufgaben zur Phonemanalyse muss gestaffelt werden, damit Kinder nicht überfordert sind. Crämer (2001, 16) nennt als einfachste Aufgabe ein Würfelspiel (Abb. 14), bei dem zunächst nur entschieden werden muss, ob ein Phonem in einem Wort enthalten ist. Bei dieser Aufgabe sollte das Phonem nur in Verbindung mit einem Vokal (*Bus, Gabel)* auftauchen, da es in Konsonantenhäufungen (*Brot, Blume*) schwerer wahrzunehmen ist.

Wenn die Phonemanalyse und die Silbengliederung beherrscht werden, schließen sich Übungen an, in denen das /b/ in Konsonantenhäufungen wahrgenommen wird. Hierzu werden z. B. Wörter mit <Br> und <Bl> am Wortanfang angeboten (s. Abb. 15).

Abb. 12: Silbenpuzzle

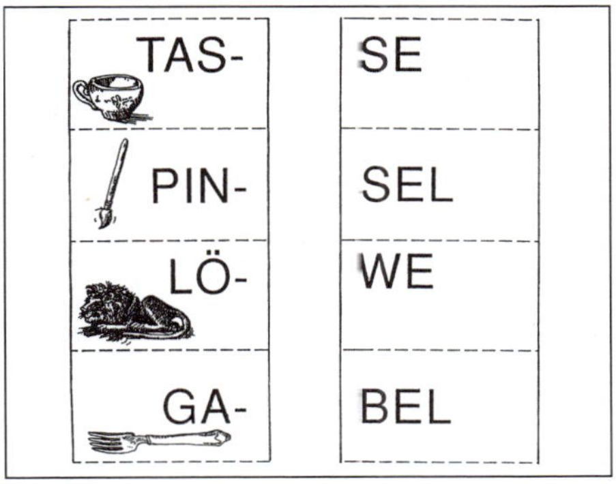

Abb. 13: Silbenpuzzle mit Vorgabe der ersten Silbe

> „Auf einer Bildseite steht oben das Wort ohne den Anfang (__ume oder __ille). Aus Wäscheklammern mit aufgeklebten Wortanfängen (Bl oder Br) wird der passend ausgewählt und auf die Bildkarte gesteckt. Auf der Rückseite der Karte steht das vollständige Wort zur Kontrolle". (Crämer 2001, 16)

Kindern mit Schwierigkeiten macht die Arbeit mit Minimalpaaren die besondere Beziehung zwischen Laut- und Schriftsprache bewusst. Durch den Austausch nur eines Elements ändert sich die Wortbedeutung. Crämer (2001, 22) nennt folgende Minimalpaare, die z. B. bei der Einführung des Graphems <b> hilfreich sind. Es ist sinnvoll, dass sowohl Bild als auch Schrift genutzt werden, weil die Schrift die mündliche Sprache visualisiert:

Bach	*Buch*	*Bein*	*Baum*	*Butter*	*Bauer*
Dach	*Tuch*	*Stein*	*Schaum*	*Mutter*	*Mauer*

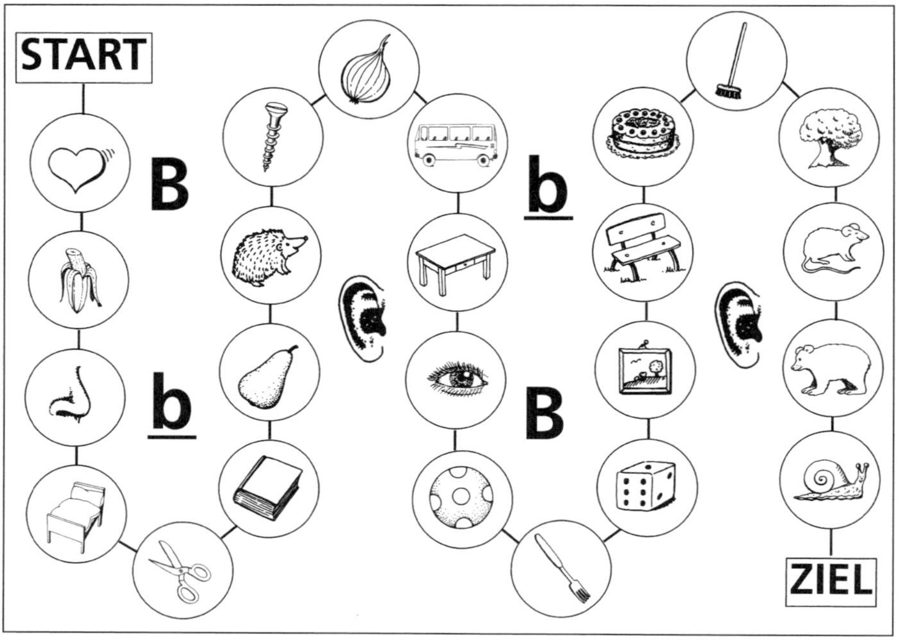

Abb. 14: Würfelspiel

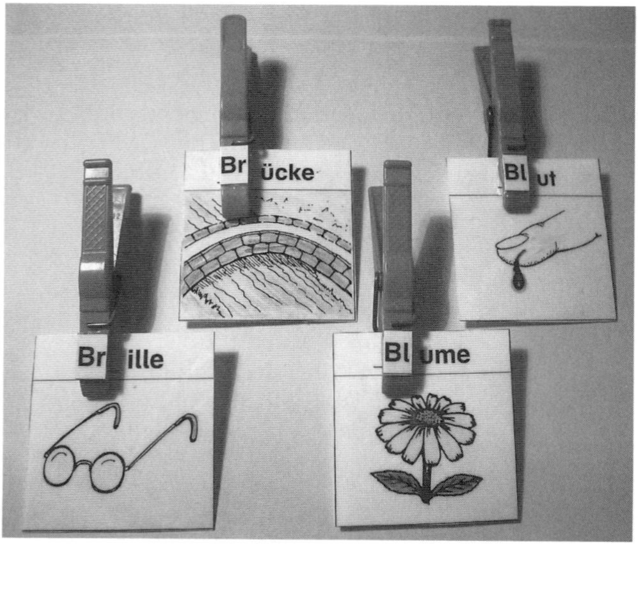

Abb. 15: Zuordnung von Anlauten

Die Arbeit mit Wortfächern – so Crämer (2001) und Crämer/Füssenich/Schumann (1996) – führt zu einer intensiven Phonemanalyse (Abb. 16). Dabei muss das Kind aus vorgegebenen Graphemen ein Wort zusammensetzen. Bild und Buchstaben sind ungeordnet auf Pappstreifen vorgegeben und mit einer Musterklammer zusammengefasst. Zuerst müssen Kinder das Bild suchen und anschließend das Wort auf die darin enthaltenen Laute abhören sowie die Buchstabenstreifen in der richtigen Reihenfolge ordnen.

Abb. 16: Wortfächer

> „Zu beachten ist, dass mehrgliedrige Buchstaben wie <au>, <ei>, <eu>, <sch>, <ch>, <ck> und Doppelkonsonanten wie <ll>, <mm>, <tt> immer auf einem Streifen stehen müssen, damit diese von den Kindern als feste Einheiten und orthographische Regelmäßigkeiten wahrgenommen werden können." (Crämer 2001, 16)

Ergänzend wird noch erwähnt, dass zu Beginn das Wort durch die entsprechende Abbildung bekannt sein müsse, da Kinder sonst raten, um welches Wort es sich handelt.

Im Anschluss an derartige Übungen schlägt Crämer zur Synthese (2001) das Lesespiel „Wer bekommt die Schachtel?" vor. Bei diesem Spiel erhalten drei Kinder Wortkarten aus einer Streichholzschachtel, die mit einem Bild beklebt ist (Abb. 17).

Das Kind, auf dessen Wortkarte das passende Wort steht, bekommt die Schachtel (Hüttis-Graff 1992). Die graphische Ähnlichkeit der Wörter provoziert die Kinder zu intensivem, genauem Erlesen und löst lernförderliche Diskussionen aus, wenn Kinder beweisen wollen, dass ihr Wort das richtige ist. Bei der Wortauswahl ist zu beachten, dass auch die „falschen" Wörter immer sinnvoll sind und nicht Pseudowörter benutzt werden, da die Syntheseprozesse der Kinder immer zu sinnvollen Wörtern führen müssen. Der Schwierigkeitsgrad der Aufgaben lässt sich gut über die Ähnlichkeiten der Wörter steuern (leicht: *Bus/Bär/Buch*; schwierig: *Bett/Brett/Blatt*).

Mann (2001a, 68) gibt Anregungen, welche Möglichkeiten im Unterricht bestehen, um zu überprüfen, ob Kinder die Phonemanalyse beherrschen: Wenn derartige Übungen in der Klasse durchgeführt werden, sollen Leh-

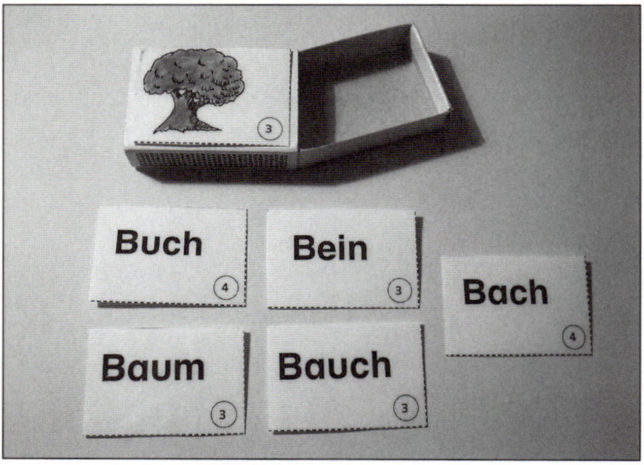

Abb. 17: Sinnentnehmendes Lesen: Wer bekommt die Schachtel?

rende ein Wort nennen und Kinder beurteilen, ob das gesuchte Phonem in diesem Wort vorkommt. Dabei lasse sich beobachten, dass nur wenige Kinder sofort aufzeigten und die richtige Lösung wüssten. Die meisten Kinder würden sich das Wort zunächst vorsprechen, bevor sie eine Entscheidung träfen. Diese Kinder könnten die Aufgabe nicht alleine vom Hören lösen und nutzen deshalb ihre eigene Aussprache. Beim Sprechen des Lautes haben sie nicht nur wahrgenommen, wie sich das Phonem anhöre, sondern auch, wie es sich „anfühle".

Daneben gäbe es aber auch Kinder, die gar nicht wüssten, wie sie diese Aufgabe lösen sollen und sich nur an ihrer Umgebung orientierten. Diese Kinder fielen auf, wenn die Übung als Schlafspiel gestaltet werde: Alle Kinder legen den Kopf auf den Tisch. Die Lehrkraft nennt zunächst Wörter, die nicht mit dem gesuchten Phonem beginnen. Wenn schließlich ein Wort genannt wird, das mit dem vereinbarten Phonem beginnt, wachen alle Kinder auf. „Kinder, die keine Möglichkeit wissen, das Phonem selbstständig zu erkennen, blinzeln entweder, um sich an den anderen zu orientieren, oder heben erst den Kopf, wenn sie die Bewegung der anderen hören." (Mann 2001a, 69) Diese Kinder benötigen Hilfestellungen bei der Phonemanalyse (Crämer/Füssenich/Schumann 1996, 15; Mann 2001a, 69).

Die Einbeziehung aller Sinne durch die Verwendung von Handzeichen und Spiegel fördert die genaue auditive Analyse. Es ist sinnvoll, einzelne Laute mit Kindern zu besprechen und die Artikulationsstelle möglichst genau zu beschreiben. Dies bietet sich allerdings nur bei Phonemen an, deren Artikulation „sichtbar" ist (z. B. /f/, /l/). Lautgebärden und Handzeichen erweisen sich als wichtige Unterstützung, die eigene Aussprache bewusster wahrzunehmen. Sie sind ein Zwischenschritt in der Übersetzung der Aussprache in die Schriftsprache, da sie sich als Körperbewegungen leichter einprägen als die abstrakten Grapheme. Es ist sinnvoll, nach Handzeichen zu suchen, die die Mundstellung oder Artikulationsstelle zeigen. Beispielsweise wird der runde Mund beim [o] durch Bildung eines Kreises mit Daumen und Zeigefinger um dem Mund – oder einer Kippbewegung des geknickten Zeigefingers vor dem Kehlkopf beim [k] dargestellt (z. B. Schulte 1980):

> „Nicht geeignet sind Handzeichen, die die Form des Buchstabens nachbilden (Daumen und Zeigefinger formen ein <L>), da sie nicht den Lautbezug der Schrift thematisieren. Genauso wenig eignen sich Handzeichen, die über Sinnlaute bestimmte Assoziationen wecken wollen, wie eine abwehrende Geste des Ekels für den Laut [i] oder ein Streicheln der Wange für [ai].“ (Crämer 2001, 14f)

Zusätzlich kann die eigene Artikulation einzelner Laute im Spiegel beobachtet und bewusst gemacht werden.

Exkurs: Fördernde Bedingungen durch den Einsatz von Schrift

Der Aussprache des Kindes kommt für die Aneignung der Phonem-Graphem-Korrespondenzen eine besondere Bedeutung zu. Zugleich mag die Auseinandersetzung mit der Schrift die weitere Entfaltung der Lautsprache verändern (Hansen 1929; Füssenich 1991 und 2004b; Osburg 1997). Durch die Gegenständlichkeit der Schrift kann Sprache einer wiederholten Betrachtung und bewussten Analyse unterzogen werden, was bei der Flüchtigkeit der lautsprachlichen Äußerungen kaum möglich ist. Beim Schrifterwerb werden bestimmte Regeln gelernt, die sich rückwirkend auch positiv auf die Sprachentwicklung auswirken können. Stellt das Kind eine Diskrepanz zwischen seiner lautlichen Produktion und dem entsprechenden Begriff in der Schrift fest, muss es seine Aufmerksamkeit von der Inhaltsseite auf die formale Seite richten.

Die Schrift zwingt das Kind, sich selbst den Prozess des Sprechens stärker bewusst zu machen und eventuell eine Korrektur der Aussprache vorzunehmen. Die Fähigkeit zur bewussten phonematischen Analyse von Sprache entsteht durch den Erwerb von Schriftsprache. Welche Schwierigkeiten Kinder mit Aussprachestörungen beim Erwerb der Phonem-Graphem-Korrespondenzen haben und welche fördernden Bedingungen durch Schrift möglich sind, arbeitet Osburg (1997) heraus. Sie setzt anhand konkreter Beispiele die individuelle mündliche Sprache zur geschriebenen Sprache in Beziehung. Das Heranführen eines Kindes mit Aussprachestörungen an die Schrift stellt nicht generell eine fördernde Bedingung dar, sondern nur dann, wenn dieses Heranführen den Möglichkeiten und Fähigkeiten eines Kindes angepasst ist. In der Förderung, in der Kinder mit der geschriebenen Sprache konfrontiert werden, gelte es, diese Bedingungen zu hinterfragen, damit sie sich nicht „gegen die Kinder“ (Osburg 1997, 171) richtet. Um diese fördernden Bedingungen zu schaffen, sollte z. B. bei der Einführung von Graphemen Folgendes beachtet werden (Crämer/Füssenich/Schumann 1996):

- Aussprachestörungen von Kindern müssten genau diagnostiziert sein (Hacker 2002).
- Die Reihenfolge der eingeführten Grapheme sollte Aussprachestörungen von Kindern berücksichtigen. Da in der Regel eher Frikative als Plosive betroffen sind, ist es bei diesen Kindern nicht sinnvoll, Phonem-Graphem-Korrespondenzen zuerst anhand von Frikativen zu vermitteln.
- Das Ziel beim Erwerb der Grapheme muss es sein, dass die Lernenden den Zusammenhang zwischen Phonemen und Graphemen erkennen.
- Bei der Auswahl von Anlautwörtern (auch Kap. 3) ist zu berücksichtigen, dass diese Wörter Kindern den Erwerb der Phonem-Graphem-Korrespondenzen erleichtern. So sollten es z. B. keine zu langen Wörter sein und sie dürfen keine Mehrfachkonsonanz am Wortanfang enthalten.
- Kinder müssen beim Erwerb der Phonem-Graphem-Korrespondenzen die Aussprachestörungen überwinden, weil sie sonst nicht lesen und richtig schreiben lernen.

Die positive Funktion der Schrift wurde z. B. bei folgendem Kind genutzt (Füssenich 2003): Martin (M) ersetzte Frikative am Wortanfang durch Plosive, obwohl Frikative bereits in der Wortmitte und am Wortende in seinem Lautinventar vorkamen. Beim Schule spielen wurde der große Buchstabe <F> eingeführt. Martin und seine Mitschüler erhielten ein Lesebuch, in dem *Feuer*, *Fuß* und *Fußball* abgebildet und die entsprechenden Wörter in großen Druckbuchstaben zu lesen waren. Beim Wort *Fuß* las das Kind zuerst *Puß*. Im anschließenden Dialog mit der Lehrerin (L) nutzte das Kind das Schriftbild und ersetzte [p] durch [f]:

M: Guck mal, Puß.
L: Wie heißt das?
M: Puß.
L: Wie fängt das Wort an?
M: E.
L: Nein, das ist kein E, der sieht so ähnlich aus. Das ist ein
M: F.
L: Wie heißt das Wort, wenn es mit F beginnt?
M: Puß.
L: Nein.
M: Fuß.
L: Genau.

Im Kindergarten wurde Schule gespielt und über ausgewählte Grapheme die Aussprache des Kindes verändert. Im ersten Halbjahr des ersten Schuljahrs wurde das Spielen mit Sprache ein Förderaspekt. So erhielt der Junge z. B. ein Rätsel aus Minimalpaaren, die entsprechend seiner Probleme mit der Aussprache ausgewählt wurden. Seine Aufgabe bestand darin, die Anlaute zuzuordnen (Abb. 18).

Abb. 18: Rätsel mit Minimalpaaren

3 Lern- und Lehrprozesse im ersten Schuljahr

3.1 Zielsetzungen des ersten Schuljahres

Seit einigen Jahren sind die deutschen Bildungspläne in der Diskussion, der Ruf nach Bildungsstandards wurde laut. Als Konsequenz wurde z. B. für Baden-Württemberg ein neuer Bildungsplan entwickelt (Bildungsplan Baden-Württemberg 2004), der zum Schuljahr 2004/05 in Kraft trat und viele Änderungen mit sich brachte. In diesem neuen Bildungsplan werden Ziele nicht für Klasse 1, sondern für Klasse 2 formuliert (siehe Kap. 4.1); auf diese Weise soll Entwicklungsunterschieden Rechnung getragen, Handlungsspielräume sollen erweitert werden.

Die anhaltende Bildungsplandiskussion soll jedoch an dieser Stelle nicht aufgenommen werden. Zentral ist hier zunächst die Frage, welche Fähigkeiten Kinder bis zum Ende der *ersten* Klasse entwickeln können. Rückt man die Entwicklungsschritte des Schriftspracherwerbs in den Mittelpunkt (Kap. 3.1.2), lassen sich für Klasse 1 folgende Ziele nennen:

Schülerinnen sollten die im Unterricht behandelten *Phonem-Graphem-Korrespondenz-Regeln* (kurz: *GPK-Regeln*, d. h. Regeln der Beziehung zwischen Lauten und Buchstaben) beherrschen, lauttreue Wörter verschriften sowie einfache Texte synthetisierend und sinnverstehend lesen können. Sie müssen die Fähigkeit, Sprache zu gliedern und den Blick mehr und mehr auf deren formale Aspekte zu richten, ausbilden und vertiefen. Zudem sollten sie Erlebnisse verständlich erzählen und diese lauttreu verschriften können. In Klasse 1 geht es folglich darum, dass Kinder lernen, gesprochene in geschriebene Sprache umzusetzen; zunächst orientiert an der eigenen Aussprache, zunehmend erste orthographische Regelungen einhaltend, z. B. die Schreibung von Endungen *-er*, *-el*, *-en*. Weitere orthographische Regeln sind nicht Gegenstand des ersten Schuljahres.

Terminologie

Vor dem Einstieg in die Thematik „Schriftspracherwerb“ müssen zunächst einige Begriffe präzisiert werden.

Im Zusammenhang „Schriftsprache“ wird häufig der Begriff *lauttreu* verwendet. Als lauttreu gelten Schreibungen, die abhörbar sind: hörbaren Lauten können auf einfache Weise Schriftzeichen zugeordnet werden. Landläufig werden Schwierigkeiten beim Schriftspracherwerb oft einer mangelnden Lauttreue der deutschen Orthographie zugeschrieben. Dies geschieht im Großen und Ganzen zu Unrecht, auch wenn es keine volle

1:1-Zuordnung gibt, also nicht grundsätzlich dasselbe Graphem für ein bestimmtes Phonem geschrieben wird. Häufig wird daher von einer Laut-Orientierung, nicht von Lauttreue gesprochen. D. h. die deutsche Orthographie ist phonemisch (phonologisch), nicht phonetisch orientiert (Bierwisch 1976, 52), also an systematischen, bedeutungsunterscheidenden Lauteinheiten, nicht am konkret produzierten Laut. So gibt es z. B. für das Phonem /f/ vier verschiedene Schreibungen: <f, v, ff, ph> (z. B. *Faden*, *viel*, *hoffen*, *Phase*); für /t/ können <t, d, tt, dt, th> stehen (z. B. *gut*, *Hund*, *Ratte*, *Stadt*, *These*); jedoch sind einige davon sehr häufig, einige selten, andere hängen von Regeln ab. Naumann (1989, 82ff) ermittelt in einer Untersuchung für die deutsche Orthographie eine Lauttreue zwischen 73 und 90%, je nach Lauttreue-Definition. Bei der letztgenannten Zählung gelten die ableitbare Auslautverhärtung (z. B. <Hun**d**> wegen <Hunde>), bei den Vokalschreibungen die <ie>-Schreibung (z. B. l**ie**b) sowie Vokalkürze mit Doppelkonsonanz (z. B. <Ba**ll**>) als lauttreu. Doch selbst wenn man bei strenger Lauttreue-Definition von „nur" 73% lauttreuen Wörtern ausgeht, spricht alles dafür, Schreibanfängerinnen zu ermutigen: „beachte die gesprochene Lautfolge" bzw. „schreib, wie du schreibnützlich sprichst" (*phonologisches Prinzip*, Naumann 1989, 50), denn vornehmlich sind Schreibungen an der gesprochenen Sprache orientiert. In Anlehnung an Modelle zum Schriftspracherwerb (Kap. 3.1.2) werden solche lauttreuen bzw. lautorientierten Schreibungen im Folgenden als *alphabetisch* bezeichnet.

Der Begriff *Orthographie* bzw. *Orthographieerwerb* ist hier weit gefasst. Der Orthographieerwerb beginnt nicht erst mit dem Erlernen von Rechtschreibregeln z. B. den Regeln zur Konsonantenverdopplung. Die ersten Regeln der Orthographie, die Schreibanfängerinnen erwerben müssen, sind die GPK-Regeln. Zu Beginn des Orthographieerwerbs sind Schreibanfängerinnen mit der für sie neuen Aufgabe konfrontiert, gesprochene in geschriebene Sprache umzusetzen. Dabei geht es noch nicht um Orthographie im strengen Sinne. In Anlehnung an Dehn (1983) soll diese Tätigkeit des alphabetischen Schreibens als *verschriften* bezeichnet werden (auch Thomé 2003, 370).

GPK-Regeln setzen ein Graphem in ein Verhältnis zu einem *Phonem*, das die kleinste bedeutungsunterscheidende Einheit, d. h. *systematische* Lauteinheit der Sprache, darstellt (z. B. *Tasse* vs. *Kasse*). Der Graphembegriff wird seit langem diskutiert, es gibt nach wie vor unterschiedliche Auffassungen bzw. Definitionen (H. Günther 1988, 68ff; Volmert 2000, 182ff), doch diese Diskussion soll hier nicht aufgenommen werden. Für didaktische Zusammenhänge ist m. E. ein pragmatischer Graphembegriff, wie er bei May (2002b, 21) zu finden ist, sinnvoll: Als *Grapheme* werden einzelne Buchstaben oder Gruppen von Buchstaben verstanden, die in orthographischer Hinsicht jeweils eine Einheit bilden, d. h. in der Regel einen Laut repräsentieren. Daher gelten als Grapheme sowohl Diphthonge (z. B. <au, ei, eu>), mehrgliedrige Konsonanten für einfache Phoneme (z. B. <ch,

sch>), aber auch die Grapheme für Phonemfolgen (z. B. <pf, qu>), Vokale mit Längezeichen (z. B. <ah, aa, ieh>) sowie Doppelkonsonanten als Kürzezeichen (<ll, mm ck, tz>).

3.1.1 Unterrichtskonzepte zum Schriftspracherwerb

Es gibt ganz unterschiedliche Wege, mit einer Klasse die für das erste Schuljahr definierten Ziele zu erreichen. An dieser Stelle soll nicht diskutiert werden, welcher Lehrgang empfehlenswert ist, oder ob unabhängig von einem Lehrgang gearbeitet werden sollte, d.h. ob eine Öffnung des Unterrichts hinsichtlich Methoden und Materialien anzustreben ist. Eine kritische Betrachtung von Fibellehrgängen und Anregungen für eine Öffnung des Unterrichts finden sich z. B. in Brügelmann/Brinkmann (1998). Doch für welchen Weg sich eine Lehrkraft auch entscheidet, notwendig ist ein didaktisches Konzept, das methodisch umzusetzen ist. Unterricht muss so gestaltet sein, dass die unterschiedlichen Voraussetzungen aller Kinder berücksichtigt werden (Kap. 2), so dass alle Kinder – im Rahmen ihrer individuellen Möglichkeiten – Fortschritte erzielen können. Schriftspracherwerb ist aber nicht die Aneignung einer Kultur*technik*, sondern vielmehr das Erlernen einer kulturellen *Tätigkeit* (Hanke 2006, 785). Der *Gebrauch* der Schrift könne allerdings kaum gelehrt werden, Ziel des Anfangsunterrichts sei daher, Rahmenbedingungen zu schaffen, die ein eigenaktives Entdecken und (Re-)Konstruieren von Schrift ermöglichen bzw. provozieren. Zu diesem Zweck sollten Schülerinnen vielfältige Möglichkeiten des Umgangs und der Auseinandersetzung mit der Schriftsprache erhalten, die jeweils in einen funktionalen Kontext einzubetten seien (Hanke 2003, 797). Welche Bereiche zu einem Anfangsunterricht gehören, der diese Rahmenbedingungen schafft, macht das Konzept nach Brinkmann/Brügelmann (1999, 27) deutlich, das auf **vier Säulen** beruht (Abb. 19):

- Gemeinsames (Vor-)Lesen von Kinderliteratur
- Systematische Einführung von Schriftelementen und Leseverfahren
- Aufbau und Sicherung eines Grundwortschatzes
- Freies Schreiben von eigenen Texten

Für den Unterricht fordern Brügelmann/Brinkmann (1998, 99) Aktivitäten *parallel* in allen vier Bereichen, von denen keiner für sich allein ausreiche, da Lese- und Schreibanfängerinnen Erfahrungen und Zugänge aus verschiedenen Perspektiven bräuchten:

- Lust auf Bücher und aufs Lesen sollen Kinder beim **gemeinsamen (Vor-) Lesen von Kinderliteratur** bekommen. Für viele Kinder, vor allem auch für Kinder mit Migrationshintergrund, gehört dies nicht zum Alltag,

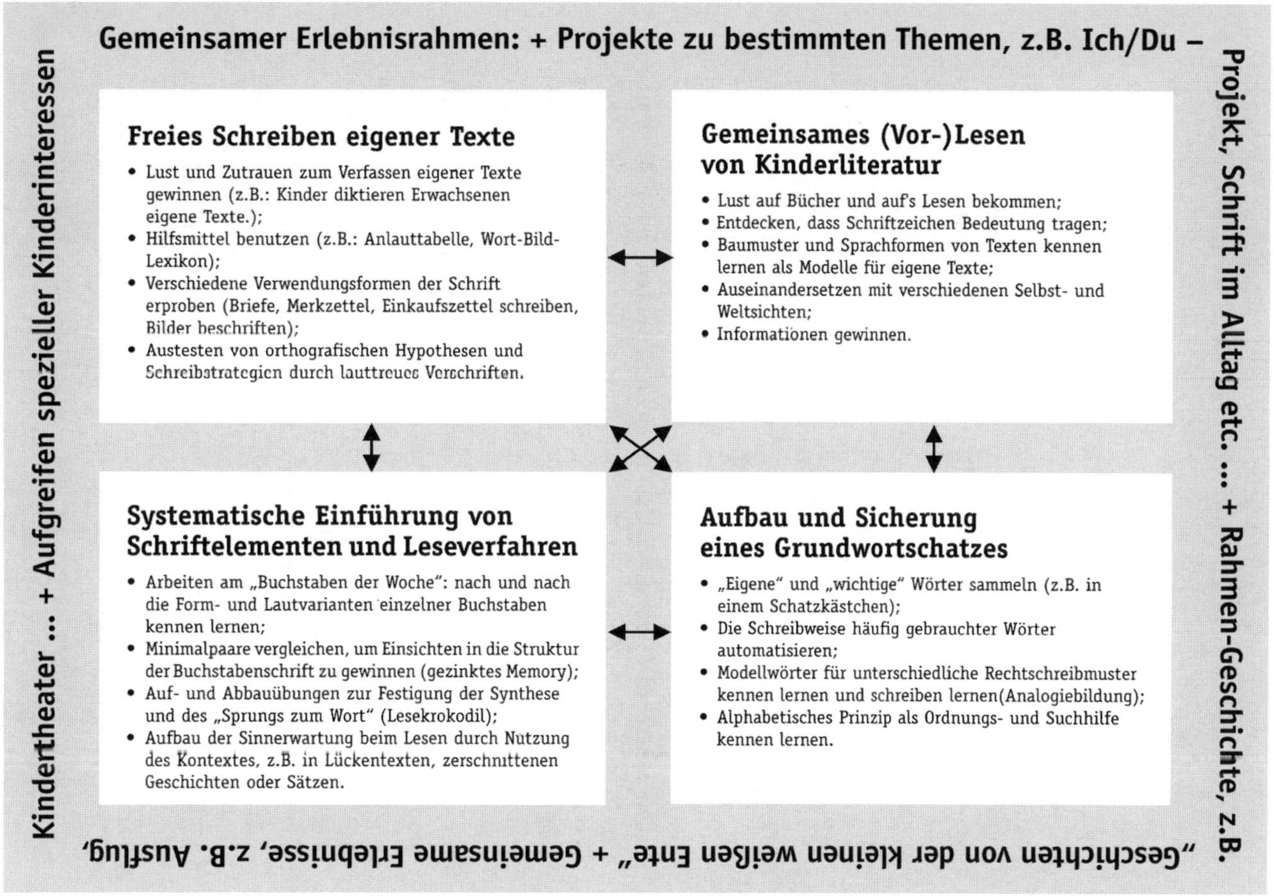

Abb. 19: Vier-Säulen-Modell (Brinkmann/Brügelmann 1999, 27)

und sie müssen erst entdecken, dass Schriftzeichen Bedeutung tragen. Andere Kinder können dagegen bereits Informationen aus (vor-)gelesenen Texten gewinnen oder solche Texte als Modelle für ihre eigenen Texte nutzen, hinsichtlich Baumuster und Sprachform. Nur regelmäßiges (Vor-)Lesen kann die Kompetenzen aller Kinder auf den verschiedenen Niveaustufen stärken.

- Zum systematischen Einführen von Schriftelementen und **Leseverfahren** gehören die Einführung von Buchstaben – z. B. als „Buchstabe der Woche" – und der Vergleich ähnlicher Wörter, damit Lese- und Schreibanfängerinnen die Struktur der Schrift durchschauen. Auf- und Abbauübungen können zur Festigung der Synthese dienen und durch provozierte Nutzung des Kontextes, z. B. in Form zerschnittener Texte, kann die Sinnerwartung beim Lesen gefördert werden. Dieser Bereich wird von Brügelmann/Brinkmann (1998, 100) auch als „Einüben von Teilleistungen" bezeichnet. Dabei geht es jedoch nicht um den sukzessiven Aufbau von Fertigkeiten im Sinne eines Teilleistungskonzepts (z. B. Schenk-Danzinger 1991), also z. B. das Training der auditiven Wahrnehmung durch Übungen zur Unterscheidung von Geräuschen oder das Training der visuellen Wahrnehmung anhand von Formen und Figuren. Wenn solche Fähigkeiten dem Schriftspracherwerb dienen sollen, können sie immer nur schriftbezogen, an sinnvollem Material geübt werden. Vielmehr müssen die Techniken des Lesens und Schreibens (z. B. Synthese und Analyse) automatisiert werden, um eine Beschleunigung des Prozesses zu erzielen, damit technische Schwierigkeiten reduziert und Kapazitäten frei werden für den Inhalt. „Je früher bestimmte Teilschritte automatisiert werden, umso eher kann man sich auf Sinnstiftung konzentrieren" (Stern 2003, 575).
- Eine weitere Säule – aber eben keine ausschließliche! – bilden **Aufbau und Sicherung eines Grundwortschatzes**, der für Lesen- *und* Schreibenlernen gleichermaßen bedeutsam ist. Die Schreibweise häufig gebrauchter Wörter soll automatisiert werden, aber auch das Wiedererkennen beim Lesen. Die Analogiebildung wird unterstützt durch Modellwörter für unterschiedliche Rechtschreibmuster. Nicht zuletzt geht es darum, eigene, persönlich wichtige Wörter zu sammeln. Die persönliche Bedeutsamkeit des Wortmaterials, an dem gearbeitet wird, spielt eine nicht zu unterschätzende Rolle, wie Richter (1994) im Hinblick auf geschlechtsspezifische Lernunterschiede hervorhebt.
- Das **Verfassen eigener Texte** sollte nicht erst dann beginnen, wenn ein Kind in der Lage ist, die für den Text notwendigen Wörter korrekt zu schreiben, sondern es gehört von Anfang an zum Unterricht. Beim eigenständigen Schreiben können Kinder alphabetisches Verschriften oder auch erste orthographische Muster erproben, also Schreibstrategien (weiter-)entwickeln. Ziel ist jedoch auch, dass Kinder Lust am und Zutrauen zum Verfassen eigener Texte gewinnen. Dabei können Kinder

Abb. 20: Didaktische Landkarte (Brinkmann/Brügelmann 1999, 3)

Hinweis: Lehrerinnen und Lehrer in mehrsprachigen Klassen sollten die Zusammenarbeit mit Kollegen und Kolleginnen anderer Muttersprachen suchen, um Aspekte aus deren Sprachen kennenzulernen, die das Schreiben beeinflussen.

ihre Texte zunächst auch diktieren. Das Schreiben sollte nicht auf eine Textsorte beschränkt bleiben; sinnvoll ist vielmehr, verschiedene Verwendungsformen von Schrift anzubieten, vom Beschriften von Bildern über Merkzettel bis hin zu Briefen und Geschichten.

Die vier Säulen (Brinkmann/Brügelmann 1999) sind nicht als voneinander isoliert existierende Bereiche zu interpretieren, sondern sie stehen zueinander in Wechselwirkung. Die systematische Einführung von Schriftelementen, also z. B. der Vergleich von Wortstrukturen, unterstützt gleichzeitig den Aufbau des Grundwortschatzes, weil Kinder auch im Grundwortschatz Wortbausteine wiederfinden und sich Schreibungen so leichter erklären und merken können. Kinder, die Geschichten nicht über das Vorlesen kennen lernen, sind weniger in der Lage, selbst eine Geschichte aufzuschreiben. Persönlich wichtige Wörter, die in den eigenen Texten der Kinder vorkommen, werden in den Grundwortschatz aufgenommen.

Vor dem Hintergrund dieses Vier-Säulen-Konzepts lässt sich die „Didaktische Landkarte zum Lesen und Schreibenlernen“ verstehen (Brinkmann/Brügelmann 1999, 3). Sie setzt sich aus acht gleichgeordneten Lernfeldern zusammen, zu denen der Unterricht in allen Phasen Angebote enthalten sollte (Abb. 20).

- Zeichenverständnis: Symbole vereinbaren, verwenden, verstehen
- Aufbau von Schrift: Selbstständiges Erlesen und Verschriften durch Einsicht in die Parallelität von Schriftkette und Lautfolge
- Funktion der Schriftverwendung: Soziale Formen und persönlicher Nutzen des Lesens und Schreibens
- Lautanalyse: Sprachlaute unterscheiden, ausgliedern, verbinden
- Buchstabenkenntnis: Buchstaben in Formvarianten erkennen und verschiedenen Lauten zuordnen
- Gliederung in Bausteine: Gliederung von Wörtern in Teile – Zusammenfassung von Buchstaben in Gruppen
- Sicht-Wortschatz: Häufige Wörter rasch erkennen und „blind“ schreiben
- Verfassen und Verstehen von Texten: Schrift als Informationsquelle und Darstellungshilfe

Hervorzuheben ist, dass die gleichgeordneten Lernfelder im Unterricht nicht nacheinander „abgearbeitet“, sondern wiederholt eingebaut werden sollten. Nach Brinkmann/Brügelmann (1999, 4) lässt sich die Idee des „linearen Lehrgangs“ durch die Vorstellung einer Spirale mit sich wiederholenden Durchgängen innerhalb der einzelnen Lernfelder, allerdings bei steigendem Niveau, ersetzen. Für das Lernfeld „Zeichenverständnis“ könnte dies z. B. bedeuten, dass zunächst Embleme betrachtet werden (Kap. 2), dann aber innerhalb der Klasse Symbole für Arbeitsformen und Tätigkeiten (Sitzkreis, lesen, still arbeiten etc.) vereinbart werden. Diese können immer differenzierter werden, z. B. Symbole für bestimmte Aufgaben oder Übungsformen (z. B. Abschreibübung: genau ansehen, merken, schreiben und kontrollieren). Bei der Lautanalyse wird die Unterscheidung ähnlich klingender Laute zunächst vermieden („Ranschburg'sche Hemmung“: ähnliche Inhalte stören einander beim Lernen und Behalten), später kann aber der Fokus verstärkt auf minimale Lautunterschiede gerichtet werden. Dies gilt ebenso für die visuelle Unterscheidung von Buchstaben (Buchstabenkenntnis). Anregungen, wie die „Didaktische Landkarte“ *methodisch* umgesetzt werden kann, finden sich, geordnet nach den acht Lernfeldern, in der Ideen-Kiste von Brinkmann/Brügelmann (1999) sowie in Brügelmann/Brinkmann (1998).

Öffnung des Unterrichts heißt jedoch nicht, dass Kinder sich selbst überlassen sind. Im Vordergrund steht das selbstständige, selbsttätige und selbstentdeckende Lernen, das aber von der Lehrperson genau im Blick behalten wird. Gerade offener Unterricht ermöglicht die Beobachtung von Lernprozessen einzelner Kinder und die Unterstützung von Kindern mit besonderen Schwierigkeiten.

3.1.2 Modelle zum Schriftspracherwerb

Schriftspracherwerb ist nicht ausschließlich unmittelbare Folge des Unterrichts, sondern das Ergebnis der geistigen Tätigkeit der Lernenden; letztendlich müssen die Lernprozesse vom Kind selbst geleistet werden. Dabei ist es jedoch die Aufgabe der Lehrenden, zum richtigen Zeitpunkt geeignete Hilfen anzubieten, die sich an den tatsächlich stattfindenden Lern- und Entwicklungsprozessen orientieren (Thomé 2003, 369). Zum Verständnis der Lese- und Schreibprozesse von Anfängerinnen ist es notwendig, die Entwicklungsstufen zu kennen, die beim Schriftspracherwerb durchlaufen werden. Nur so ist es möglich, bestimmte „Fehler" als notwendige Entwicklungsschritte zu interpretieren und die Annäherung an Lese- und Rechtschreibstrategien zu erkennen (Brügelmann/Brinkmann 1998, 26; Dehn 2006, 15f), sie aber auch abzugrenzen von Anzeichen besonderer Schwierigkeiten beim Schriftspracherwerb (Dehn 2006, 33ff).

In den vergangenen 20 Jahren wurden einige Modelle zum Schriftspracherwerb entwickelt. Grundsätzlich ist der Erklärungswert von Modellen begrenzt, da sie stark vereinfachen und individuelle Abweichungen außer Acht lassen müssen. Doch bei aller Individualität von Entwicklungen lässt sich eine gemeinsame Struktur feststellen, die in diesen Modellen dokumentiert ist. Auch wenn Lernwege individuell verlaufen, lässt sich eine Abfolge von Entwicklungsschritten konstatieren, die von allen Schreibanfängerinnen – gleich welchen Alters! – durchlaufen wird, in individuellem Tempo und mit individuellen Sprüngen. Feilke (2001, 14) macht deutlich, dass die Schritte der Aneignung in ihrer Abfolge und Logik nicht durch die Individualität von Lernenden, sondern durch die strukturelle Genese des anzueignenden Bereichs bestimmt sei. Die Struktur unserer Schriftsprache erfordert demnach eine bestimmte Abfolge von Aneignungsphasen.

Frith (1985) beschreibt in ihrem Sechsstufenmodell, wie die Entwicklung von Fertigkeiten beim Lesen und Schreiben wechselseitig aufeinander einwirken. Sie geht davon aus, dass in der ersten Phase des Schriftspracherwerbs Wörter aufgrund herausragender graphischer Merkmale wiedererkannt und mit ihrer Bedeutung verbunden werden. Diese Form des Worterkennens wird als *logographisch* (bzw. *logographemisch*) bezeichnet; der eigene Name kann als typisches Beispiel für das logographische Erkennen eines Wortes gelten. Die Reihenfolge der Grapheme ist in dieser Phase noch sekundär, ebenso wie der Klang des Wortes; es findet keine Graphem-Phonem-Zuordnung statt. Während der zweiten Entwicklungsphase wird nach Frith nicht nur logographisch rezipiert, sondern auch produziert. Da aber bei der logographischen Strategie die Reihenfolge der Grapheme sekundär ist, empfinden Lernende die Methode beim Schreiben als ineffektiv. In der dritten Phase orientieren sie sich daher für die Produktion von Schriftsprache zur *alphabetischen Strategie*, bei der GPK-Regeln erworben werden, Lernende fangen an, abgehörten Lauten Grapheme zuzuordnen (z.B.

	lesen				**schreiben**
1a	logographemisch$_1$	L1	↓		(symbolisch)
1b	logographemisch$_2$	L2	→	L2	logographemisch$_2$
2a	logographemisch$_3$	L3	↓	A1	alphabetisch$_1$
2b	alphabetisch$_2$	A2	←	A2	alphabetisch$_2$
3a	orthographisch$_1$	O1	↓	A3	alphabetisch$_3$
3b	orthographisch$_2$	O2	→	O2	orthographisch$_2$

Abb. 21: Sechsstufenmodell des Schriftspracherwerbs *von Frith (1985)*

[ha:zə] → <Hase>). Für das Lesen bleibt die logographische Strategie zunächst erhalten, d.h. Wörter werden weiterhin an bestimmten optischen Merkmalen erkannt, ohne dass ein Zusammenhang von Graphem zu Phonem hergestellt wird. Ist die alphabetische Strategie bei der Produktion von Schrift auf fortgeschrittenem Niveau angelangt, wird die Strategie auch bei der Rezeption von Schrift angewandt; auch unbekannte Wörter können erlesen werden. Beim Lesen fremder Wörter werden Lernende dann mehr und mehr mit orthographischen Besonderheiten konfrontiert, die nach der Vervollkommnung der *orthographischen Strategie* abgespeichert und für die Produktion abrufbar sind (z. B. [ʃte:ən] → <stehen>). Nach Frith ist die sechste Phase des Schriftspracherwerbs folglich das Lesen und Schreiben auf orthographischem Niveau. K.-B. Günther (1986, 361f) erweitert dieses Modell von Frith um zwei weitere Phasen: die *präliteral-symbolische Phase* geht allen anderen Phasen voraus, am Ende des Schriftspracherwerbs steht die *integrativ-automatisierte Phase*, also der Schriftsprachgebrauch kompetenter Leser- und Schreiberinnen, die alle Strategien kontextabhängig nutzen. Als markantes Element der präliteral-symbolischen Phase erachtet K.-B. Günther die Bildanschauung: die Reduktion vom dreidimensionalen Körper auf zweidimensionale Flächen erfordere ein höheres Maß an Abstraktionsfähigkeit als vorangegangene Wahrnehmungsleistungen.

Zur Entwicklung solcher Modelle wurden meist Kinder beobachtet, die vor Schuleintritt lesen und schreiben lernten, also nicht schriftsprachlich unterwiesen wurden (auch: Scheerer-Neumann 1989). Ob und inwieweit Schulkinder beim Schriftspracherwerb die beschriebenen Stufen durchlaufen, ist auch abhängig von der Lehrmethode. So werden Kinder, die ohne Kenntnisse der Schriftsprache eingeschult und dann nach einem Fibellehrgang unterrichtet werden, die GPK-Regeln kaum über das Schreiben entdecken.

Auch wenn die dargestellten Modelle von Frith und K.-B. Günther die Vorgänge beim Schriftspracherwerb nur sehr grob skizzieren, so zeigen sie doch, dass lesen und schreiben lernen keine voneinander trennbaren Prozesse sind (zur Kritik an Modellen z. B. Löffler 2002, 162ff), wie auch schon bei der Erläuterung des Vier-Säulen-Konzepts (Brinkmann/Brügelmann 1999, 27) deutlich wurde. Für die genauere Beobachtung der Lernprozesse im Schriftspracherwerb ist jedoch die *getrennte* Betrachtung von Orthographieerwerb und Leselernprozess hilfreicher.

Orthographieerwerb: Thomé (2003) hat unter Berücksichtigung der bis dahin vorliegenden Theorien und Modelle den Orthographieerwerb skizziert; er macht dabei mögliche Übergeneralisierungen in den einzelnen Phasen deutlich. Seine Ausführungen sollen im Folgenden kurz zusammengefasst und erläutert werden. Unter 3.3 wird diese Entwicklung noch einmal an Beispielen aus dem FuN-Teilkolleg „Prävention von Analphabetismus in den ersten beiden Schuljahren" konkretisiert.

In seinen Ausführungen nimmt Thomé (2003, 370f) eine Zweiteilung des Graphemsystems vor. Die jeweils häufigsten Grapheme als Schriftzeichen für ein Phonem werden als *Basisgrapheme* bezeichnet (z. B. <f> für /f/ in *fallen*). Die statistisch selteneren Grapheme, die sich auf dasselbe Phonem beziehen, werden als markierte (d. h. orthographische) Grapheme verstanden und als *Orthographeme* bezeichnet (z. B. <v> für /f/ in *viel*). So stellt das einfache <a> das Basisgraphem für das /a:/ dar (für lang gesprochenes *a*, häufigste Schreibung z. B. *sagen*, *raten*), während <ah> und <aa> Orthographeme für dasselbe Phonem sind (Ausnahmeschreibungen, z. B. *fahren*, *Saal*). In den meisten Fällen ist die Unterscheidung offensichtlich, in anderen muss die Beziehung des Graphems zum korrespondierenden Phonem hergestellt werden: Das <g> in *Garten* ist Basisgraphem, weil es für das Phonem /g/ steht, das <g> in *Berg* ist Orthographem, weil es für das Phonem /k/ steht (Auslautverhärtung!).

Thomé führt aus, dass Kinder Schrift zunächst auf graphischer Ebene imitieren, indem sie das Schreiben älterer Geschwister oder Erwachsener nachahmen, z. B. beim Schreiben von „Kritzelbriefen". Wenn Kinder den Symbolwert von Schrift entdecken und bemerken, dass Schreiben eine bedeutsame Tätigkeit darstellt, befinden sie sich in der **präliteral-symbolischen Phase** des Schriftspracherwerbs. Die meisten Kinder schreiben in dieser Phase den eigenen Namen, den sie sich immer wieder vorschreiben lassen und kopieren, d. h. sie schreiben zunächst nach Vorlage. Erst später richtet sich ihr Interesse auf die Bedeutung der Zeichen. Mit dieser Fokussierung erfolgt der Eintritt in die **protoalphabetisch-phonetische Phase**, in der vor allem leicht identifizierbare Basisgrapheme verschriftet werden, und zwar so, wie sie die Schreibende auditiv wahrnimmt. Auf der *Stufe rudimentärer Verschriftungen* bestehen solche Verschriftungen aus den für das Kind besonders hervortretenden Merkmalen, also z. B. <M> für *Mama*.

Eine Steigerung im Hinblick auf die Anzahl der verschrifteten Elemente tritt auf der *Stufe der beginnenden lautorientierten Schreibung* ein. Die verschrifteten Wörter lassen bereits ein Buchstabengerüst erkennen (Skelettschreibungen). Typischerweise werden Silbenanfänge verschriftet, z.B. <EHSTHERESA> für „ich heiße Theresa". Auf der nächsten Stufe, der *Stufe der phonetisch orientierten Schreibung*, haben die Wörter bereits lesbare Form. Dabei orientieren sich die Schreibanfängerinnen an der eigenen Aussprache – also auch am Dialekt – und verschriften z.B. <OAN> für *Ohren*.

Eine Einsicht in komplexere Zusammenhänge von Phonemen und Graphemen gewinnen Schreibanfängerinnen in der **alphabetischen Phase.** In dieser werden Wörter, die aus Basisgraphemen bestehen, schon vollständig korrekt verschriftet, und Wörter, die Orthographeme enthalten, an den entsprechenden Stellen vereinfacht (z.B. <Hunt>). Innerhalb dieser Phase sind die Verschriftungen auf der *Stufe der phonetisch-phonologischen Schreibung* komplett, jedoch noch eher phonetisch orientiert (<wasa> für *Wasser*). Auf der *Stufe der phonologisch orientierten Schreibung* sind erste Schritte der Überwindung der phonetischen Orientierung feststellbar. Schreiberinnen beginnen, die phonologische Wortstruktur zu berücksichtigen und verschriften z.B. Endungen wie *-er* (<waser> für *Wasser*, aber auch Übergeneralisierungen: <Omer> für *Oma*). In der alphabetischen Phase sind entwicklungsbedingte Fehlschreibungen wie <hunt> für *Hund* positiv zu werten. Dies gilt allerdings nicht für Fehlschreibungen wie <libe Oma>; diese bezeichnet Thomé (2003, 373) als „im Kontext der Entwicklung völlig überflüssig" und wertet sie als Hinweise auf „ungünstige unterrichtliche oder außerschulische Einflüsse". Die Regelschreibung für das lange Phonem /i:/ ist <ie> (über 80%), die Verschriftung des /i:/ als <i> werde durch Übungswörter wie *Igel*, *Lisa* etc. hervorgerufen. Geht man allerdings davon aus, dass Schreibanfängerinnen lange und kurze Vokale nicht sicher differenzieren können, kann man diese Fehler auch darauf zurückführen.

In der **orthographischen Phase** erlangen Schreibanfängerinnen die Fähigkeit, auch komplexe orthographische Anforderungen zu bewältigen, d.h. es werden auch Orthographeme erfasst. Dabei werden erfolgreiche Verallgemeinerungen vorgenommen, es kommt jedoch auch zu Übergeneralisierungen (<kald> für *kalt*), die zeigen, dass eine Auseinandersetzung mit dem Gegenstand Schriftsprache stattfindet. Auf der *Stufe der semi-arbiträren Übergeneralisierung* werden Orthographeme verwendet, allerdings häufig willkürlich, ohne sinnvolle Positionierung: Am Beispiel <vrisst> (*frisst*) zeigt sich die Missachtung der Regel: vor <r> steht bei Lautung /f/ nie ein <v>. Die *Stufe der silbisch oder morphologisch orientierten Übergeneralisierung* ist bestimmt durch die Orientierung an vermeintlichen Morphemen. Die silbischen bzw. morphologischen Verhältnisse werden dabei vernachlässigt und es kommt zu Schreibungen wie <vertig> für *fertig* (Übergeneralisierung: Anfangsmorphem <ver>). Zum Ende der orthographischen Phase nehmen die Übergeneralisierungen weiter ab, die Schreiberinnen erreichen die *Stufe der korrekten Schreibung mit wenig Übergeneralisierungen* (Beispiel <neblich>: Übergeneralisierung Endmorphem *-lich* analog zu *vergesslich*). Sind die beschriebenen Entwicklungsstufen durchlaufen, geht man von einer *hierarchischen Parallelität der Entwicklungsphasen* aus, d.h. einzelne Schreibstrategien werden nicht abgelegt, sondern existieren parallel und werden wortspezifisch eingesetzt.

Stellt man die Ausführungen von Thomé mit den eingangs formulierten Zielen für Klasse 1 in Beziehung, sollten sich Schülerinnen bis zum Ende des Schuljahres dem Ende der alphabetischen Phase nähern.

Phasen und Stufen des Orthographieerwerbs (nach Thomé 2003)

Präliteral-symbolische Phase
- Imitieren von Schrift auf graphischer Ebene

Protoalphabetisch-phonetische Phase
- Auffällige Basisgrapheme werden verschriftet

Stufe der rudimentären Verschriftungen
- Interesse richtet sich auf die Bedeutung der Zeichen

Stufe der beginnenden lautorientierten Schreibung
- Skelettschreibungen: Schreibungen, die ein Buchstabengerüst erkennen lassen
- Verschriftung der Silbenanfänge, Beispiel: <EHSTHERESA> für „Ich heiße Theresa"

Stufe der phonetisch orientierten Schreibung
- Wörter in lesbarer Form
- unzureichende Kenntnis der GPK-Regeln
- Orientierung an der eigenen Aussprache (auch Dialekt), z.B. <OAN> für *Ohren*

Alphabetische Phase
- Phonem-Graphem-Beziehungen werden erfasst
- Wörter, die aus Basisgraphemen bestehen, werden verschriftet
- Wörter, die Orthographeme enthalten, werden an den entsprechenden Stellen vereinfacht (<hunt>)

Stufe der phonetisch-phonologischen Schreibung

- Schreibung komplett, jedoch noch phonetisch orientiert (<wasa> für *Wasser*)

Stufe der phonologisch orientierten Schreibung

- Anwendung des phonologischen Prinzips und erste Regelungen wie -el, *-en, -er*
- entwicklungsbedingte Fehlschreibungen (<farn> für *fahren*)

Orthographische Phase

- Fähigkeit zu einfachen Verschriftungen bis zur Bewältigung komplexer orthographischer Anforderungen, d.h. auch Orthographeme werden erfasst
- erfolgreiche Verallgemeinerung
- Übergeneralisierung (<kald> für *kalt*)

Stufe der semi-arbiträren Übergeneralisierung

- Verwendung von Orthographemen, allerdings häufig ohne sinnvolle Positionierung, Beispiel <vrisst>: Missachtung der Regel: vor <r> steht bei Lautung */f/* nie ein <v>

Stufe der silbisch oder morphologisch orientierten Übergeneralisierung

- Orientierung an vermeintlichen Morphemen
- Erkennen von Morphemen
- Vernachlässigung der silbischen bzw. morphologischen Verhältnisse (<vertig>)

Stufe der korrekten Schreibung mit wenig Übergeneralisierung

- Beispiel <neblich>: Übergeneralisierung Endmorphem *-lich* (vgl. *vergesslich*)

Hierarchische Parallelität der Entwicklungsphasen

- Strategien existieren parallel und werden wortspezifisch genutzt.

Leselernprozess (Erwerb von Lesestrategien): In der Leselernforschung wurde in den 70er Jahren des vergangenen Jahrhunderts zunächst der *Lesevorgang* betrachtet. Coltheart (1978) differenziert zwei unterschiedliche Wege: *direktes* (visuelles) und *indirektes* (phonologisches) Lesen. Beim direkten Lesen wird ein Wort aufgrund seiner visuellen Merkmale erkannt. Der aktivierten Lexikoneintragung werden dann die Wortbedeutung (semantischer Code) und seine lautlichen Merkmale (phonologischer

Code) zugeordnet; lautes Lesen des Wortes wird möglich. Beim indirekten Vorgehen gliedert die Leserin das Wort in Grapheme, die phonologisch kodiert werden, d. h. die Schriftzeichen werden in Laute übertragen. So kann lautes Lesen erfolgen. Coltheart geht davon aus, dass beide Zugriffsweisen nebeneinander existieren, person- und situationsabhängig. Auf der Basis u. a. dieser Forschungsergebnisse unterscheidet Scheerer-Neumann in ihrem Zwei-Wege-Modell des Worterkennens den direkten und den indirekten Weg. Sie beschreibt den direkten Weg als wortspezifischen (lexikalischen) Zugang, den indirekten Weg als regelgeleitete Übersetzung von Schriftzeichen in Laute (Scheerer-Neumann 1987, 226).

Modelle zum Lesevorgang sagen jedoch nichts über den *Leselernprozess* aus. Wie im Modell von K.-B. Günther (1986) konstatiert, steht das Erkennen von Symbolen am Anfang des Schriftspracherwerbs, später folgt das – logographische – Wiedererkennen von Wörtern. Scheerer-Neumann (2001, Tab. 3) nennt für den Leselernprozess als nächste Stufe das *logographische Worterkennen mit lautlichen Elementen*, d. h. es findet ein erstes Erkennen der GPK-Regeln statt. Der Kontext ist bis zu dieser Phase oft wichtig bzw. notwendig, d. h. ohne einen Sinnzusammenhang werden die Wörter nicht erkannt bzw. mit ähnlich aussehenden verwechselt. Mit dem weiteren Erkennen von GPK-Regeln tritt das Kind in die Phase des *beginnenden Erlesens* ein. Lernende scheitern jedoch noch an langen Wörtern und Wörtern mit Konsonantenhäufungen. Der Kontext ist vor allem bei schwierigen Wörtern wichtig, häufige Fehler sind das Erlesen von Wörtern mit ähnlichen Graphemen oder „Nichtwörter". Als *vollständiges Erlesen* bezeichnet Scheerer-Neumann die alphabetische Strategie. Wenn die GPK-Regeln weitestgehend bekannt sind, kann der Kontext in den Hintergrund treten, es werden jedoch häufig „Nichtwörter" gelesen. Mit größerer Routine ist das *Erlesen mit größeren funktionalen Einheiten* möglich. Silben, Morpheme, Signalgruppen und häufig wiederkehrende Wörter werden simultan erfasst, dabei können orthographische Strukturen genutzt werden. In dieser Phase, wenn nicht mehr jedes Graphem in einen Laut umgesetzt wird, bekommt der Kontext wieder eine größere Bedeutung und wird flexibel genutzt. Stellt man zwischen dem Modell zum Leselernprozess und den eingangs formulierten Zielen für Klasse 1 einen Bezug her, sollten Schülerinnen am Ende ihres ersten Schuljahres die alphabetische Lesestrategie weitestgehend beherrschen und beginnen, größere funktionale Einheiten simultan zu erfassen. Am Ende des Leselernprozesses steht nach Scheerer-Neumann das *automatische wortspezifische Worterkennen*. Analog zum Orthographieerwerb werden die verschiedenen Lesestrategien oder -taktiken wortabhängig eingesetzt. Wie dieser Einsatz bei kompetenten Leserinnen aussieht, verdeutlichen die folgenden Textbeispiele.

Tab. 3: Stadien der Leseentwicklung (Scheerer-Neumann 2001, 72)

Stadien der Leseentwicklung		
Dominierende Lesestrategie	*Einfluss des Kontextes*	*Häufige Fehler*
1. Erkennen von Symbolen	Kontext oft wichtig	
2. Logographisches Worterkennen	Kontext oft notwendig	Andere Wörter
3. Logographisches Worterkennen mit lautlichen Elementen	Kontext oft notwendig	Andere Wörter mit z. B. gleichem Anfangsgraphem
4. Beginnendes Erlesen (Kind scheitert noch an langen Wörtern und Wörtern mit Konsonantenhäufungen)	Kontext bei schwierigen Wörtern wichtig	Wörter mit ähnlichen Graphemen, Wortteile, Nichtwörter
5. Vollständiges Erlesen (alphabetische Strategie)	Kontext weniger wichtig	Nichtwörter
6. Erlesen mit größeren funktionalen Einheiten (z. B. Silben, Morpheme, Signalgruppen, häufige Wörter), Nutzung orthographischer Strukturen	Kontext wieder wichtiger, wird flexibel genutzt	Wieder häufiger andere Wörter
7. Automatisches wortspezifisches Worterkennen	Kontext wird flexibel genutzt	Andere Wörter (nur wenige Fehler)

Lesestrategien (Taktiken des Lesens): Ein kleines Experiment:

Textbeispiel 1

Gmäeß eneir Sutide eneir elgnihcesn Uvinisterät, ist es nchit witihcg in wlecehr Rneflogheie die Bstachuebn in eneim Wrot sheetn , das ezniige was wcthiig ist, ist daß der estre und der leztte Bstabchue an der ritihcegn Pstoiion snid. Der Rset knan ein ttoaelr Bsinöldn sien, tedztorm knan man ihn onhe Pemoblre Iseen. Das ist so, wiel wir nciht jeedn Bstachuebn enzelin leesn , snderon das Wrot als gseatems.

Dieser Text zog Ende 2003 als E-Mail über die Server des Landes. Er geht von einer Art „Wortbild-Theorie" aus und rückt damit eine der vier Taktiken bzw. Strategien in den Vordergrund, die geübte Leserinnen nutzen – und die sukzessive von Leseanfängerinnen erlernt werden müssen. Doch ausschließlich über das Erkennen ganzer Wortgestalten könnten wir diesen Text nicht entschlüsseln. Zudem geht die Wortbild-Theorie laut Brügelmann (1989b, 104) davon aus, dass eine „typographische Verstümmelung" von Wörtern das Lesen erheblich erschwert. Wörter können gemäß der Wortbild-Theorie also nur dann als Ganze wiedererkannt werden, wenn sie genau so wie abgespeichert auftreten. Wenn Sie nun auch die folgenden zwei Textbeispiele lesen und dabei überlegen, wie Sie beim Lesen jeweils vorgehen bzw. welcher Text aus welchen Gründen eher leicht oder schwierig zu lesen ist, erkennen Sie die vier grundlegenden Lesestrategien bereits selbst.

Textbeispiel 2

redlib
nebah eis nohcs lamnie tethcaboeb, hcan nehclew neiretirk rednik, srednoseb nenniregnäfnaesel, rehcüb nelhäwsua? lhazna dnu tätilauq red redlib dnis rüf eis nie rhes segithciw muiretirk. ej rhem redlib nie letipak tlähtne, otsed reginew txet ssum neseleg nedrew. sedej dlib mi txet tllets rüf nenniregnäfnaesel enie esuapsgnulohre mi hcon nednegne-tsna ssezorpesel rad. redlib nereirtsulli ned txet, neztütsretnu sad nehetsrevtxet dnu nekcew eid gnutrawrennis.

Textbeispiel 3

Vorlesen

Lesen Sie gerne vor? Wahrscheinlich lesen Sie Kindern gerne vor, aber einen schwierigen Text überlassen Sie vielleicht lieber anderen – vor allem bei einem lesekompetenten Auditorium. Vorlesen stellt eine besondere Form des Lesens dar. Je schwieriger der Text, desto wichtiger ist die Vorbereitung. Liest man einen unbekannten schwierigen Text vor, kann man sich in der Regel nicht gleichzeitig auf korrektes Vorlesen und den Inhalt konzentrieren, was bedeutet, dass man später kaum weiß, was man gelesen hat.

Beim ersten Textbeispiel „Gmäeß eneir Sutide“ werden dem Text zufolge gespeicherte Wortbilder beim Wiedererkennen der Wörter genutzt – und zwar ohne Rücksicht auf die Buchstabenfolge. Angelpunkte seien der jeweils erste und letzte Buchstabe. Dazwischen spielen Ober- und Unterlängen wohl eine Rolle, allerdings nicht im Detail, sondern eher grob. Kurze Wörter sind im Text in korrekter Form gedruckt; diese ermöglichen uns ein schnelles Herstellen der Bezüge innerhalb des Satzes, darüber hinaus hilft uns der Kontext. Entscheidend für das Textverstehen ist also nicht das Wiedererkennen bekannter Wörter bzw. Wortteile, sondern vielmehr die Einbettung der einzelnen Wörter in einen vertrauten Satzbau sowie die Sinnerwartung der Leserin (Brügelmann 1989b, 107). Satzbau und Kontext sind auch für die beiden folgenden Textbeispiele leitend; ohne die Möglichkeit, eine Sinnerwartung zu entwickeln, wären die Texte kaum lesbar. Der zweite Text „redlib“ bereitet meiner Erfahrung nach den meisten Leserinnen Schwierigkeiten, weil sie gezwungen sind, im Text hin und her zu springen: zunächst an das Ende eines Wortes, um es von hinten nach vorne zu lesen, dann an das Ende des folgenden Wortes und so fort. Beim Lesen der einzelnen Wörter von hinten nach vorne muss jedem Graphem ein Phonem zugeordnet werden – lesen wie eine Anfängerin. Der dritte Text fällt meist leichter als der zweite, denn die Beibehaltung der Groß- und Kleinschreibung ermöglicht es uns, die grammatische Struktur des Textes zur Hilfe zu nehmen. Hat man sich erst „eingelesen“, ist es sogar möglich, einzelne – meist kürzere – Wörter oder Wortteile als Ganzes wahrzunehmen und „im Gedächtnis“ zu spiegeln.

Deutlich geworden sind somit vier Taktiken, die geübte Leserinnen anwenden, von Brügelmann (1981) benannt als

- Zuordnung von Lautfolgen zu Buchstabenfolgen
- Ausnutzen bekannter Wort(teil)gestalten
- Ausnutzen von syntaktischen Begrenzungen
- Ausnutzen von Sinnstützen

Lesenlernen besteht folglich nicht nur aus dem Erlernen der Synthese, auch wenn das Erlernen der Synthese im ersten Schuljahr den Schwerpunkt des Leselernprozesses bildet. Lesen sollte, wie bereits unter 3.1.1 festgehalten, immer als sinnvolle, sinnentnehmende Tätigkeit erlebt werden. Aus diesem Grund ist es notwendig, dass Kinder früh lernen, beim Lesen eine Sinnerwartung zu entwickeln. Die kann z. B. mit Bildern zum Text, aber auch über eine gemeinsame Vorbesprechung der im Text behandelten Thematik erreicht werden. Wichtig ist allerdings, dass Kinder sich nicht vornehmlich auf den Sinnzusammenhang stützen und so zu „Ratelesern" oder „Kontextspekulanten" werden, wie Brügelmann/Brinkmann (1994, 49) sie nennen. Eine andere Spezies unter – eher schwachen – Leserinnen sind „Wortbildjäger", die versuchen, sich Wörter unabhängig vom Lautbezug zu merken, und „Buchstabensammler", die zwar Buchstaben benennen, aber nicht wissen, was sie lesen (Brügelmann 1983, 24; Brügelmann/Brinkmann 1994, 50f). Ziel ist die Integration der verschiedenen Taktiken, die Beschränkung auf eine oder zwei muss im Leselernprozess überwunden werden.

Hinsichtlich der Taktik, einer Graphemfolge eine Lautfolge zuzuordnen, kann eine weitere Differenzierung vorgenommen werden: die sukzessive Synthese ist zu unterscheiden vom gedehnten Lesen (Dehn/Hüttis-Graff 2006, 93ff und 137). Bei der sukzessiven Synthese setzt eine Leserin die einzelnen Grapheme in Laute um, setzt dabei aber zwischen den einzelnen Lauten kurz ab (z. B. r'o's'a), was das Synthetisieren schwierig macht, vor allem bei längeren Wörtern. Beim gedehnten Lesen werden die einzelnen Laute hingegen lang und somit zusammengezogen, was die Worterkennung erleichtert (z. B. rrrooosssaaa). Relevant ist diese Unterscheidung vor allem im Hinblick auf die Auswertung von Lesebeobachtungen (Kap. 3.2).

Nach Dehn (2006, 33ff) unterscheiden sich gute und schwache Leserinnen nicht unbedingt in der Präferenz ihrer Zugriffsweisen oder der Anzahl ihrer Fehler, sondern eher in der Art, wie sie mit diesen Fehlern umgehen. Für schwache Leserinnen beschreibt Dehn ein weniger *stringentes* Verfahren: Während gute Leseanfängerinnen ihre Fehler selbst korrigierten und sich schrittweise der Lösung näherten, entfernten sich schlechte Leserinnen immer mehr von ihrem Ziel; häufig habe ein Wort, das als Ergebnis eines analytisch-synthetischen Teilschrittes genannt werde, kaum Ähnlichkeit mit dem, was sich das Kind zuvor erarbeitet habe. Auch könnten schwache Leserinnen Lehrerhilfen schlechter umsetzen. Zudem zeigten sie eine mangelnde Flexibilität, die sich u. a. darin äußere, dass nur eine einzige Taktik angewandt würde, was z. B. dazu führe, dass bekannte (Fibel-)Wörter mühsam synthetisierend erlesen würden. Ein solches Vorgehen kann jedoch vorübergehend bei allen Leserinnen auftreten, und zwar beim Übergang vom logographischen Worterkennen zum beginnenden Erlesen: Leseanfängerinnen ordnen dann so konzentriert allen Schriftzeichen entsprechende Laute zu, dass sie selbst sehr gut bekannte Wörter wie den eigenen Namen nicht simultan erfassen.

Schnell erlesen kann man vor allem bekannte Wörter, daher ist die Erarbeitung eines Grundwortschatzes zum Lesen dringend notwendig (Kap. 3.1.1). Unbekannte Wörter können auch geübte Leserinnen nicht simultan erfassen und müssen den einzelnen Graphemen Phoneme zuordnen. Um zu verdeutlichen, wie verschiedene Strategien beim Lesen eingesetzt werden, soll ein weiteres Beispiel zeigen: Stellen Sie sich vor, Sie sitzen in einem Zug und passieren die Bahnhöfe verschiedener Orte. Während Sie die Namen auf den Bahnhofsschildern Ihnen bekannter Orte schnell simultan erfassen, ist dies bei Namen, die Sie noch nie gesehen haben, schwieriger. Beim ersten Bahnhofsschild gelingt es Ihnen vielleicht noch nicht, den Namen korrekt zu lesen, vor allem, wenn die Graphemfolge ungewöhnlich ist, brauchen Sie möglicherweise mehrere Anläufe. Mir erging es kürzlich so: Ich benötigte sogar ein drittes Schild, um sicher zu sein, dass der Ort *Sythen*, nicht *Synthen* heißt.

Die Lesebeschleunigung ist somit der eigentliche Grund für eine einheitliche Orthographie. Vor allem beim leisen Lesen kommt es auf schnelle Entschlüsselung des Textinhaltes an, weniger auf das exakte Erfassen aller Einzelheiten – daher übersehen wir in unseren selbst verfassten Texten, deren Inhalt wir ja kennen, häufig Fehler wie falsche Flexionsendungen. Die Lesegeschwindigkeit kann durch die Ausnutzung der Großschreibung von Wörtern gesteigert werden – beim Lesen von Texten ohne Großschreibung verliert man an Geschwindigkeit –, aber auch das morphologische Prinzip erleichtert das Lesen erheblich: Werden die bedeutungstragenden Wortbestandteile immer (möglichst) gleich geschrieben (*Baum – Bäume*, nicht: *Baum – Beume*), hilft uns dies bei der Entschlüsselung der Bedeutung (Naumann 2004, 189f).

3.2 Beobachtungsaufgaben für das erste Schuljahr

Wie unter 3.1 herausgearbeitet wurde, funktioniert Schriftspracherwerb nicht ausschließlich über das Erlernen eines (Regel-)Grundwortschatzes (dazu Kap. 3.4.3), sondern ist eine eigenaktive Aneignung von Lese- und (Recht-)Schreibstrategien. Notwendig ist somit, unabhängig vom geübten Wortschatz, zu überprüfen, ob jede einzelne Schülerin über die erarbeiteten GPK-Regeln verfügt und bis zum Ende der 1. Klasse in der Lage ist, alphabetisch zu lesen und zu verschriften.

Zur Beurteilung der Lese- und Rechtschreibkompetenz können einerseits Beobachtungsaufgaben, andererseits standardisierte Verfahren eingesetzt werden; letztere ermöglichen den Vergleich mit einer Norm. Eine solche Überprüfung oblag an den Schulen lange Zeit speziell dafür ausgebildeten Lehrerinnen oder aber den Schulpsychologinnen. Mit der Veränderung der Erlasslage (bzw. der Verwaltungsvorschriften) zur Förderung von Kindern mit besonderen Schwierigkeiten beim Lesen- und Schreibenlernen in den einzelnen Bundesländern seit den 80er Jahren wurde dort auch die Feststellung des Lernentwicklungsstands jedes Kindes fest verankert (z. B. Naegele 2001, 22). Sowohl standardisierte als auch informelle Verfahren können zur Überprüfung des Lernentwicklungsstands sinnvoll genutzt werden. Wichtig ist, dass nicht nur quantitativ ausgewertet wird – im Sinne eines reinen Fehler-Zählens –, sondern Fehler und Strategien beim Lesen und Schreiben im Sinne einer qualitativen Analyse genau betrachtet werden. Im Folgenden sollen für die Überprüfung des Entwicklungsstandes zum Orthographieerwerb und zum Leselernprozess jeweils verschiedene Verfahren vorgestellt werden, eine vollständige Auflistung aller Verfahren würde dabei allerdings den Rahmen sprengen.

3.2.1 Orthographieerwerb

Zu den wohl bekanntesten und lange Zeit weit verbreiteten Testverfahren gehören die *Diagnostischen Rechtschreibtests* von Müller, der 1966 zunächst den *Diagnostischen Rechtschreibtest für zweite Klassen* DRT 2 (Müller 1997a) sowie den *Diagnostischen Rechtschreibtest für dritte Klassen* DRT 3 (Müller 1997b) veröffentlichte, die im Aufbau identisch sind. Bemerkenswert an DRT 2 und DRT 3 war zum Zeitpunkt ihrer Entwicklung, dass sie sich nicht auf die quantitative Analyse beschränken, sondern eine qualitative Fehleranalyse beinhalten:

> „Ein besonders wichtiges Merkmal des DRT 2 als „diagnostischer" Rechtschreibtest ist seine Fehleranalyse: Neben der rein quantitativen Auswertung ist es nämlich möglich, durch eine qualitative Bewertung der Fehler Grundlagen für gezielte, psychologisch begründete Rechtschreibübungen zur Behebung der Rechtschreibschwierigkeiten einzelner Schüler oder der ganzen Klasse zu gewinnen." (Müller 1997a, 6)

Müller betont den förderdiagnostischen Aspekt seiner Rechtschreibtests und entwickelt mit DRT 2 und DRT 3 eine Kategorisierung von Fehlern, auf die später entwickelte Fehlerkategorisierungen Bezug nehmen, nicht nur der – erst 1990 erschienene – *Diagnostische Rechtschreibtest für 1. Klassen* DRT 1 (Müller 1990). Zunächst unterscheidet Müller *Wahrnehmungs-*, *Merk-* und *Regelfehler*. *Wahrnehmungsfehler* (*phonetische Fehler*) werden verstanden als auditiv wahrnehmbare Verstöße gegen die phonologisch richtige Schreibung. Innerhalb dieser Kategorie gelten Auslassung, Hinzufügung und falsche Reihenfolge von Graphemen als Fehler der *Wortdurchgliederung* (WD), die Vertauschung auditiv unterscheidbarer Buchstaben oder Buchstabengruppen als Beeinträchtigung der *Trennschärfe* (WT). Die falsche Schreibung (empirisch überprüft) häufiger Wörter, Morpheme und Signalgruppen gilt als *Merkfehler* (*Speicherfehler*), *Regelfehler* sind Verstöße gegen Rechtschreibregeln. Normen für die qualitative Auswertung ermöglichen die Erstellung eines Fehlerprofils, d. h. es kann festgestellt werden, in welchen Fehlerkategorien ein Kind besonders schwache Leistungen zeigt. Auch wenn inzwischen Rechtschreibtests mit differenzierteren Fehlerkategorisierungen vorliegen (z. B. für DRT 4 und DRT 5, Grund et al. 1994 und 1995), fällt Müller eine Vorreiterrolle zu. Für den Anfangsunterricht betont Müller (1990, 6) einerseits die Notwendigkeit, individuelle Lerntempi von Schulanfängerinnen zu berücksichtigen, andererseits die einer möglichst frühen Diagnostik, d. h. zunächst beobachtend, jedoch spätestens am Ende der ersten Klasse mittels standardisierter Lese- und Rechtschreibtests.

Mit dem DRT 1 wird die Kenntnis wichtiger Grapheme sowie sehr häufiger Wörter und Wortteile festgestellt. Zudem wird die Fähigkeit der Schulanfängerinnen überprüft, ungeübte, einfach strukturierte Wörter phonologisch richtig zu verschriften. Diese Wörter sind zumeist kurz, einige enthalten jedoch schwierige Konsonantenverbindungen (<bl, schn, nd, cht> z. B. in *blau, geschneit, Kinder, Licht*). Wörter mit orthographischen Besonderheiten (<st, sp>, Dehnungs-h, Doppelkonsonanz, Auslautverhärtung) kommen im DRT 1 nicht vor, für die qualitative Analyse des DRT 1 entfällt daher die Kategorie *Regelfehler*; neben den Hauptkategorien *Speicherfehler* (Merkfehler) und *phonetische Fehler* (Wahrnehmungsfehler) existiert die Kategorie *Konsonantengruppen*. Laut Müller (1990, 15) kann von einem Kind am Ende der ersten Klasse erwartet werden, dass es das „phonetische Grundprinzip“ kennt und anwendet, dies hinsichtlich der Analyse von Sprache in Wörter und Laute sowie der Herstellung von Phonem-Graphem-Relationen. In die Kategorie *Konsonantengruppen* fallen alle Falschschreibungen der schwierigen Konsonantenverbindungen (s. o.). Sinnvoll ist das bewusste Einbeziehen und Unterscheiden von im Unterricht besprochenen bzw. geübten Wörtern und solchen Wörtern, die an der phonologischen Struktur orientiert verschriftet werden können. Die 30 Testwörter des DRT 1 sind in zwei kurze Geschichten integriert, die allerdings nicht für die Schulerinnen zum Mitlesen auf den Testbogen abgedruckt sind. Die Bogen sind mit Bildern illustriert. Als Bearbeitungszeit werden 30 bis 45 Minuten angegeben.

Im Gegensatz dazu überprüft der *Weingartener Grundwortschatz Rechtschreib-Test für erste und zweite Klassen* WRT 1+ (Birkel 2007) ausschließlich die Rechtschreibfähigkeit von Schulerinnen anhand ausgewählter Wörter eines Rechtschreib-Grundwortschatzes. Die Neuauflage des WRT 1+ (Birkel 2007) beinhaltet eine qualitative Auswertung mit zwölf Kategorien auf der Laut- und Regelebene, die jedoch zum Teil für die Testwörter nicht relevant sind. Beim WRT 1+ sind 25 Wörter (+ 3 Übungsbeispiele) zu schreiben. Auch hier sind die Testwörter in Geschichten integriert. Schwache Leserinnen können den Text in der Zeit des Diktats möglicherweise nicht mitlesen. Als Bearbeitungszeit werden maximal 45 Minuten angegeben.

Einen anderen Ansatz zur qualitativen Auswertung verfolgt May mit der *Hamburger Schreib-Probe* HSP (May 2002). Die *Hamburger Schreib-Probe* ermöglicht nicht nur, den erreichten Stand des Rechtschreibkönnens von Schülerinnen zu erheben, sondern zielt auf die Erfassung von orthographischem Strukturwissen und grundlegenden Rechtschreibstrategien ab. Für die quantitative Auswertung werden nicht nur richtig geschriebene Wörter, sondern „Graphemtreffer", d.h. jedes einzelne korrekt verschriftete Graphem, gezählt. May (2002, 21) verwendet dabei einen pragmatischen Graphembegriff (Kap. 3.1), nach dem nicht nur die eingliedrige Einheit (Einzelbuchstabe) ein Graphem ist, sondern als Graphem auch eine Gruppe von Buchstaben gilt, die in orthographischer Hinsicht eine Einheit bildet, unabhängig von der Silbentrennung (Diphthonge, mehrgliedrige Konsonanten, z.B. <ch, sch, pf, qu>, Vokale mit Längezeichen, z.B. <ah, aa, ieh>, Doppelkonsonanten als Kürzezeichen <ll, mm ck, tz>). Die Endung <er> wird nicht als ein Graphem betrachtet, obwohl sie als ein Phonem (/ɐ/) realisiert wird, allerdings mit regionalen Unterschieden.

Die HSP liegt für die Klassen 1 bis 9 vor, ab Klasse 5 differenziert nach unterschiedlichen Schultypen. Mit der HSP 1+ liegen Vergleichsnormen bereits für Mitte Klasse 1 vor. Sie basiert auf einem Konzept des Orthographieerwerbs, bei dem das „Erschreiben", also die kognitive Konstruktion von Schreibweisen, eine entscheidende Rolle spielt.

> „Die Vorstellungen des Kindes von der Schrift und der Verschriftlichung und seine entsprechenden Operationen suchen wir im Begriff der *Strategie* zu erfassen. Mit dem Begriff der Strategie bzw. der Unterscheidung bestimmter Teilstrategien wollen wir also die Prozesse charakterisieren, mit denen die Schreibungen erzeugt werden." (May 2002, 24)

May (2002, 12f) unterscheidet folgende Strategien, wie sie auch in den Modellen zum Schriftspracherwerb benannt werden (Kap. 3.1.2):

- *Alphabetische Strategie*: Fähigkeit, den Lautstrom der Wörter aufzuschließen und mit Hilfe von Buchstaben bzw. Buchstabenkombinationen schriftlich festzuhalten („Verschriftlichen der eigenen Artikulation").
- *Orthographische Strategie*: Fähigkeit, die einfachen GPK-Regeln unter Beachtung bestimmter orthographischer Prinzipien und Regeln zu modifizieren. Zu diesen orthographischen Elementen gehören sowohl „Merkelemente", die sich Lernende merken müssen (z.B. *Zahn, Vater, Hexe*) als auch „Regelelemente", deren Verwendung hergeleitet werden kann (z.B. *Koffer* (auf Kurzvokal folgen zwei Konsonanten), *stehen* (*silbentrennendes h*)).
- *Morphematische Strategie*: Fähigkeit, bei der Herleitung der Schreibungen die morphematische Struktur der Wörter zu beachten. Sie erfordert sowohl die Erschließung des jeweiligen Wortstammes wie bei *Staubsauger* und *Räuber* (morphosemantisches Bedeutungswissen, d.h. Wissen

über Wortbausteine und ihre Bedeutung) wie auch die Zerlegung komplexer Wörter in Wortteile wie bei *Fahrrad* und *Geburtstag* (morphologisches Strukturwissen, d.h. Wissen über konstante Schreibung von Wortbausteinen).

- *Wortübergreifende Strategie*: Fähigkeit, beim Schreiben von Sätzen und Texten weitere sprachliche Aspekte zu beachten bzw. größere sprachliche Einheiten einzubeziehen: u.a. die Wortart für die Herleitung der Groß- bzw. Kleinschreibung, die Wortsemantik für die Zusammen- bzw. Getrenntschreibung, die Satzgrammatik z.B. für die Kommasetzung oder die „dass"-Schreibung und die Verwendungsart eines Satzes z.B. in der wörtlichen Rede.
- Zudem werden überflüssige orthographische Elemente (Übergeneralisierungen) sowie Oberzeichenfehler gezählt.

Für jede Rechtschreibstrategie dient eine Auswahl von Wortstellen (und für höhere Klassen auch Satzzeichen) als sogenannte „Lupenstellen" (May 2002, 46). Dabei werden alle Wortstellen, deren Schreibung über die Artikulation erschlossen werden kann, der alphabetischen Strategie zugeordnet. Zur orthographischen Strategie gehören orthographische Regel- und Merkelemente, die sich nicht alphabetisch konstruieren lassen, andererseits aber keine morphematische Herleitung erfordern, also z.B. Länge- bzw. Kürzezeichen und besondere GPK-Regeln (z.B. <st, sp, qu, v>). Der morphematischen Strategie werden Wortstellen zugeordnet, deren Schreibung morphosemantische bzw. morphologische Überlegungen erfordert, wie z.B. Umlautableitung (z.B. *Mäuse*) und Auslautverhärtung (z.B. *Hund*) oder die Schreibung bestimmter Wortbausteine (z.B. Vorsilbe *ver-*). Zur Wortübergreifenden Strategie zählen Groß- und Kleinschreibung, Getrennt- und Zusammenschreibung, Satzzeichen sowie grammatisch bestimmte Endungen (May 2002, 44ff). In der HSP 1+ (Mitte und Ende Klasse 1, Mitte Klasse 2) werden allerdings orthographische und morphematische Strategie zusammengefasst, die wortübergreifende Strategie wird nicht berücksichtigt.

Aus den richtig geschriebenen Lupenstellen jeder Strategie ergibt sich der jeweilige Strategiewert. Für die einzelnen Strategien existieren ebenfalls Normen, so dass neben der Auswertung richtig geschriebener Wörter und Graphemtreffer auch ein Strategieprofil erstellt werden kann. Dieses Strategieprofil gibt Aufschluss darüber, ob bei einer Schülerin ein ausgeglichenes Strategieprofil vorliegt – was die anzustrebende Variante darstellt –, oder ob eine Strategie dominiert. Dabei gilt eine Abweichung von zehn T-Wert-Punkten als signifikant. Entwicklungsspezifische Aspekte, wie das Vorherrschen der alphabetischen Strategie zu Beginn des Schriftspracherwerbs, kommen bei solchen Normen selbstverständlich zum Tragen. Im Handbuch zur HSP geht May (2002, 138ff) auf die Förderung unter Berücksichtigung unterschiedlicher Strategieprofile ein.

Die Auswahl der Wörter ist nicht speziell für die HSP 1+ dargelegt, sondern es wird insgesamt für alle Versionen der HSP darauf hingewiesen, dass sie in Anlehnung an die in den Lehrplänen der Grundschule explizierten Zielsetzungen erfolgt sei. Zudem müsse das Wortmaterial ein Spektrum unterschiedlicher Schwierigkeitsniveaus bieten, so dass die Schreibprobe genügend hohe Anforderungen an sichere sowie angemessene Anforderungen an unsichere Schreiberinnen stelle (May 2002, 15). Aus diesem Grund enthalten schon die für Klasse 1 ausgewählten Wörter orthographische Elemente: Mitte der 1. Klasse (HSP 1-M1) müssen die Kinder vier Einzelwörter (*Baum*, *Telefon*, *Hund*, *Mäuse*) und einen Satz (*Die Fliege fliegt auf Uwes Nase.*), Ende der 1. Klasse (HSP 1-E1) zusätzlich vier Wörter (*Löwe*, *Hammer*, *Spiegel*, *Fahrrad*) und denselben Satz schreiben. Die Wiederholung der Wörter und des Satzes dient der Beobachtung der Lern*entwicklung*. Wörter und Satz werden jedoch nicht diktiert, sondern vorgelesen. Im Testbogen vorhandene Bilder dienen den Schülerinnen als Merkhilfe, geschrieben wird im individuellen Tempo. Dieses Verfahren hat im Vergleich zum Lückentext (z. B. DRT 1) den Vorteil, dass sich die Schülerinnen weniger an die Diktatsituation erinnert fühlen und somit unter geringerem Druck arbeiten können.

Dehn, Hüttis und May (Dehn et al. 2003, Dehn/Hüttis-Graff 2006) erarbeiteten Lernbeobachtungen zum Lesen und Schreiben, die bereits ab November der ersten Klasse eingesetzt werden können. Für November des ersten Schuljahres umfasst die *Lernbeobachtung Schreiben* lediglich vier Wörter, für Januar und Mai sechs Wörter. Zudem ist jeweils eine Zeile für ein eigenes (Lieblings-)Wort vorhanden. Damit die Schreib*entwicklung* eines Kindes über das erste Schuljahr hinweg deutlich wird, werden die Wörter der *Lernbeobachtung Schreiben* „November" im Januar erneut geschrieben, zwei weitere Wörter kommen hinzu, diese Liste wird im Juni wiederholt. Auch für die *Lernbeobachtung Schreiben* gilt, dass von den Erstklässlerinnen nach vorgegebenen Bildern Wörter geschrieben werden sollen, die nicht im Unterricht geübt wurden, denn nur an der Konstruktion fremder Wörter kann man erkennen, inwieweit ein Kind in der Lage ist, alphabetisch zu verschriften und ob es sogar bereits erste orthographische Muster verwendet. Dabei geht es nicht ums Richtigschreiben, sondern um die Beobachtung der Veränderung der Lösungswege und des Lernprozesses über das gesamte Schuljahr hinweg (Dehn/Hüttis-Graff 2006, 64f). Aus eben diesem Grund werden dieselben Wörter zu verschiedenen Zeitpunkten geschrieben. Dehn hebt hervor, die *systematische* Lernbeobachtung ermögliche es, Einblicke in die Lernentwicklung der Kinder zu nehmen, ihre Schwierigkeiten zu kennzeichnen und zu verstehen, um die Kinder bei der Aneignung der Schrift frühestmöglich unterstützen zu können.

Die *Lernbeobachtung Schreiben* „November" enthält die Wörter *Sofa*, *Mund*, *Limonade* und *Turm*, ab Januar kommen die Wörter *Reiter* und *Kinderwagen* hinzu (Füssenich/Löffler 2005). Die Wörter können jeweils durch Alternativ-Wörter mit gleicher Silbenstruktur ersetzt werden (Dehn/Hüttis-Graff 2006, 126). Die *Lernbeobachtung Schreiben* enthält somit sowohl unterschiedliche Silbenstrukturen als auch unterschiedliche Wortlängen. Im November und Januar sind noch nicht alle in diesen Wörtern vorkommenden Buchstaben im Unterricht eingeführt. Vorgesehen ist, dass einem Kind auf Nachfrage fremde Buchstaben vorgegeben werden, was aber auf dem Bogen des Kindes zu notieren ist. Hier zeigt sich der Umgang des Kindes mit solchen Anforderungen. Fortgeschrittene Kinder sind bereits in der Lage zu erkennen – und zu verbalisieren –, dass ihnen bestimmte GPK-Regeln noch nicht bekannt sind, oder sie können mit Hilfe einer Anlauttabelle fehlende Zuordnungen ermitteln. Für die korrekte Schreibung des Wortes *Mund* ist die Kenntnis des morphologischen Prinzips („Schreibe gleiche Wortbausteine gleich."), also der „Ableitungsregel" notwendig, über die ein Kind in der ersten Klasse noch nicht verfügen muss. Es gibt aber Kinder, die das <d> am Wortende bereits verschriften, sei es, weil sie bereits beginnen, das morphologische Prinzip zu erkennen, oder aber aus anderen Gründen, wie z. B. das Bilden von Analogien (<Mund> analog zu <und>). Kinder, die das <d> am Ende von Wörtern wie *Mund* konstant verschriften, haben bereits eine wichtige Regel erkannt.

Für die Auswertung der *Lernbeobachtung Schreiben* unterscheiden Dehn/Hüttis-Graff (2006, 74ff) – neben der Kategorie *verweigert* – drei Zugriffsweisen: *diffus*, *rudimentär* und *besser*. Als *diffus* werden Schreibungen dann eingestuft, wenn die verschrifteten Grapheme mit dem Ausgangswort kaum in Zusammenhang stehen, z. B. <LF> für *Sofa* oder <OL> für *Turm*. *Rudimentäre* Schreibungen enthalten bereits Grapheme des Ausgangswortes, z. B. <OA> für *Sofa* oder <MT> für *Mund*. Die Schreibungen dieser Kategorie orientieren sich an den GPK-Regeln, sind aber stark verkürzt (auch: Thomé 2003). Als *rudimentär* gelten nach Dehn/Hüttis-Graff Schreibungen, bei denen weniger als zwei Drittel der Grapheme regelgeleitet verschriftet sind. Oberhalb dieser Grenze werden die Schreibungen als *besser* eingestuft. Diese Kategorie umfasst richtige, relativ vollständige Schreibungen, jedoch orientiert sich das Kind an der eigenen Artikulation oder verallgemeinert Prinzipien der Orthografie falsch (Dehn/Hüttis-Graff 2006, 76). Setzt man diese Kategorien in Beziehung zu den Ausführungen von Thomé (2003), so sind alle Schreibungen als *besser* zu werten, die in der alphabetischen oder – später – orthographischen Phase entstehen. Innerhalb dieser *besseren* Schreibungen gibt es weitere unterschiedliche Zugriffsweisen: Zunächst sind Schreibungen zu nennen, die *vollständiger* sind als rudimentäre Schreibungen, bei denen aber dennoch Grapheme fehlen, z. B. <SOF> für Sofa. *Bessere* Schreibungen sind – wie nach Thomé zu Beginn der alphabetischen Phase auf der Stufe der phonetisch-phonologischen Schreibung – häufig noch phonetisch orientiert, also an der eigenen Artikulation, z. B. <Mont> für *Mund* oder <Limunade> für *Limonade*. Eine *phonemisch richtige* Schreibung ist z. B. <Munt> für *Mund* (nach

Thomé die Stufe der phonologisch orientierten Schreibung). Andere *bessere* Schreibungen zeigen, dass *Einsichten aus der Auseinandersetzung mit Schrift falsch verallgemeinert* wurden, z. B. <Munnd> für *Mund*. Hier hat das Kind bereits erkannt, dass der Konsonant nach Kurzvokal häufig verdoppelt wird, wie *Mann*. Die Regel lautet jedoch, dass auf Kurzvokal in der Regel zwei Konsonanten folgen, die bei *Mund* bereits vorhanden sind, daher ist die Verdopplung sozusagen überflüssig. Als letzte Unterkategorie der besseren Schreibungen nennt Dehn die *orthographisch richtigen* Schreibungen.

Inzwischen enthalten auch Lehrwerke Bilderlisten zur Feststellung des Lernentwicklungsstands von Kindern, wie z. B. „Konfetti" (Diesterweg), ein Unterrichtswerk zum Lesen- und Schreibenlernen für den offenen Anfangsunterricht, positiv hervorgehoben von Brügelmann/Brinkmann (1998, 98).

Zur Feststellung der Entwicklung orthographischer Fähigkeiten wurde im Rahmen des FuN-Teilkollegs die *Lernbeobachtung Schreiben* (vgl. Dehn/Hüttis-Graff 2006) zu drei Zeitpunkten durchgeführt. Das Verfahren ist früh einsetzbar, erlaubt durch die zweimalige Wiederholung die Beobachtung der Lernentwicklung und orientiert sich hinsichtlich der qualitativen Auswertung an Modellen zum Schriftspracherwerb. Als weiteres Verfahren wurde die HSP eingesetzt, die neben der quantitativen Auswertung eine qualitative Analyse beinhaltet. Allerdings wurde die HSP 1-E1 erst am Anfang von Klasse 2 durchgeführt, da in Klasse 1 bereits dreimal die *Lernbeobachtung Schreiben* eingesetzt wurde (Kap. 4).

3.2.2 Verfassen von Texten

Das Verfassen eigener Texte sollte bereits im ersten Schuljahr einen hohen Stellenwert haben. Wichtig ist zunächst, dass *alle* Schülerinnen beginnen, nicht nur Übungswörter, sondern eigene Texte zu schreiben. Zur Überprüfung der Fähigkeiten zum Verfassen von Texten gibt es keine standardisierten Verfahren. Als Beobachtungsaufgaben können die unterschiedlichsten Schreibanlässe verwendet werden. Im Rahmen des FuN-Teilkollegs wurde das Verfassen von Texten nicht in Klasse 1 systematisch erfasst, sondern erst zu Beginn von Klasse 2. In einigen Klassen wurde noch einmal das „Leere Blatt" (Kap. 2.2.2) eingesetzt. Diese Aufgabe oder ein anderer Schreibanlass (Kap. 3.4.4) sollte gegen Ende des ersten Schuljahres mit der gesamten Klasse durchgeführt werden, um zu erfassen, *ob* alle Schülerinnen etwas schreiben. Neben dieser Frage eignen sich zur Beurteilung in Klasse 1 die für das „Leere Blatt" dargestellten Kriterien (Kap. 2.2). Die Entwicklung der Fähigkeit, Texte zu verfassen, sowie Kriterien zur Beurteilung eigener Texte werden in Kapitel 4.2.1 beschrieben.

3.2.3 Leselernprozess

Ebenso wie für die Erfassung der Rechtschreibfähigkeit gibt es auch zur Erfassung der Lesefähigkeit normierte Beobachtungsverfahren. Unter den normierten Tests finden sich einige Verfahren, die lediglich eine Auswertung hinsichtlich der Lesezeit und der Lesefehler vorsehen, wie z.B. der *Diagnostische Lesetest zur Frühdiagnose* DLF von Müller (1984). Eingesetzt werden kann der Wortlesetest DLF als Lese-Einzeltest von Ende Klasse 1 bis Mitte Klasse 2, die Durchführungsdauer beträgt laut Angabe des Autors zwei bis sechs Minuten. Die Wortauswahl reicht von häufigen kurzen Wörtern (z.B. *ich*, *sind*) bis hin zu langen, schwierigen Wörtern bzw. Zusammensetzungen (z.B. *Bananeneis*, *beleidigen*) und Pseudowörtern (z.B. *arunn*).

Auch bei der *Würzburger Leise Leseprobe* WLLP (Küspert/Schneider 1998) müssen ausschließlich Einzelwörter erlesen werden. Einem geschriebenen Wort sind jeweils vier Bildalternativen gegenübergestellt, das richtige Bild ist vom Kind anzustreichen (z.B. <Stern>, vorgegebene Bilder: Stern, Schirm, Stuhl, Schwein). Das Verfahren ist über die gesamte Grundschulzeit hinweg als Gruppentest einsetzbar, die Normen gelten jeweils für die beiden letzten Monate eines Schuljahres. Es handelt sich dabei um einen so genannten Speed-Test: Innerhalb von fünf Minuten soll ein Kind so viele Aufgaben wie möglich bearbeiten, insgesamt sind 140 Items vorgegeben. Dieses Verfahren lässt sich mit der Gesamtklasse leicht durchführen, kann allerdings nicht auf spezielle Probleme hinsichtlich der Lesestrategien hinweisen. Diese lassen sich allein über das Einzelwortlesen nicht erfassen.

Knuspels Leseaufgaben KNUSPEL-L (Marx 1998) ist als Gruppentest (zwei Parallelformen) für Ende Klasse 1 bis Ende Klasse 4 konzipiert und umfasst vier Subtests. Die gezeichneten *Knuspel-Wesen* leiten die Leserinnen durch das gesamte Testheft und sollen als Motivation dienen. Die vier Subtests überprüfen unterschiedliche Lesefertigkeiten: Rekodieren und Dekodieren auf Wortebene, das Leseverstehen auf der Satzebene und korrespondierend dazu das zur Beurteilung des Leseverstehens notwendige Hörverstehen. Subtest 1 (Hörverstehen) umfasst Aufgaben, die das Verstehen mündlich gestellter Fragen und Aufforderungen überprüfen. Subtest 2 (Rekodieren) überprüft das Erkennen lautgleicher Wörter, d.h. es muss erkannt werden, ob das von der Testleiterin genannte Wörterpaar gleich klingt oder nicht. Diese Wörterpaare sind auf dem Testbogen notiert, gleichklingende müssen angekreuzt werden. Die Schülerinnen erhalten aber einen Hinweis, dass verschieden geschriebene Wörter durchaus gleich klingen können (z.B. <ballt> – <bald>). In Subtest 3 (Dekodieren) sollen Wortbedeutungen erkannt werden. Die Leserinnen sollen „als Detektive" herausfinden, ob die im Testheft abgedruckten Knuspel-Namen wie deutsche Wörter klingen, auch wenn sie nicht so geschrieben sind, z.B. <ROGG> klingt wie *Rock*. Subtest 4 (Leseverstehen; für Kinder ab dem

2. Schuljahr, für Erstklässlerinnen optional!) überprüft das Verstehen schriftlich gestellter Fragen und Aufforderungen. Diese Fragen und Aufforderungen stimmen – in veränderter Reihenfolge – mit denen aus Subtest 1 überein. Auf der Basis dieser Einzelfertigkeiten können sowohl ein Punktwert „Vorläuferfähigkeiten für das verstehende Lesen" als auch ein Punktwert „Lesefähigkeit" ermittelt werden. Aussagen zu angewandten Lesestrategien kann KNUSPEL-L nicht liefern.

Ein anderes Konzept liegt der *Hamburger Leseprobe* HLP 1–4 (May/Arntzen 2000) zugrunde, die das Ziel verfolgt, in der Einzelbeobachtung den *Prozess* des Erlesens und Sinnerfassens zu analysieren. Die Interaktion zwischen Testleiterin und Kind spielt bei der HLP eine wichtige Rolle: Das Kind bekommt im Problemlöseprozess wichtige Hinweise und somit eine konstruktive Unterstützung. Die HLP kann ab Ende Klasse 1 bis Ende Klasse 4 eingesetzt werden, bei schwachen Schülerinnen auch darüber hinaus – allerdings ohne Vergleichsnorm. Ab Klasse 2 gibt es jeweils Vergleichswerte für Mitte und Ende der Klassenstufe. Die HLP enthält insgesamt zwölf Texte und sechs Listen mit Einzelwörtern, die nach Schwierigkeitsgrad gestaffelt zum Einsatz kommen. Für Ende Klasse 1 stehen drei Texte und drei Wörterlisten zur Verfügung, für die jeweils Vergleichswerte vorhanden sind; es müssen nicht alle Texte und Wörterlisten gelesen werden. Vor dem Lesen der Texte betrachten Testleiterin und Kind zunächst ein Bild zum Text, im Gespräch soll das Kind dann erste Hypothesen über den zu erwartenden Inhalt bilden. Über Fragen zum Inhalt des Gelesenen wird ermittelt, ob das Kind den Sinn des Textes verstanden hat. Die Sinnverständnisfrage zum ersten Text (Eine kleine Maus ruft: „Unter dem Tisch ist Käse!" Viele Mäuse kommen. Sie haben auch Hunger.) lautet: Warum kommen die Mäuse angelaufen? Das Kind hat zudem die Wahl, ob es den Text zunächst für sich allein lesen oder ob es den Text sofort vorlesen möchte. Das Lesen der Einzelwörter ermöglicht die Beobachtung der Strategien zum Erlesen von Wörtern ohne die Einbettung in einen Kontext. Die Auswertung beschränkt sich nicht auf die quantitativen Aspekte Lesegeschwindigkeit und Lesefehler, sondern ermöglicht eine qualitative Analyse des Leseprozesses. Zu diesem Zweck steht ein zweiseitiger Auswertungsbogen zur Verfügung, der sechs Bereiche – mit einer unterschiedlichen Anzahl von Teilfragen – umfasst:

1. Vorkenntnisse – Fertigkeiten – Teilfertigkeiten (Buchstabenkenntnis, Lautieren vs. Buchstabieren, Synthesefähigkeit, Erfassen ganzer Wörter/Wortteile)
2. Leseergebnis (Sinnerfassung, Hypothesenbildung und Korrektur)
3. Vorgehen beim Erlesen (verschiedene Zugriffsweisen, Selbstkorrektur, Einbeziehen von Testleiterhilfen)
4. Lesefluss und überschauendes Lesen (Betonung, Erkennen und Markieren von Zusammenhängen)

5. Weitere Beobachtungen
6. Bemerkungen zur Sprachkompetenz (Wortschatz, grammatische Auffälligkeiten, weitere sprachliche Auffälligkeiten)

Mit dem *Hamburger Lesetest* HLT 1 liegt zusätzlich ein Gruppenlesetest für Ende Klasse 1 vor (May et al. 2002). Dieses Verfahren besteht aus drei (Kurzform) bzw. fünf Untertests (Langform). Die Langform dauert mit Instruktionen ca. 40 Minuten, muss aber nicht am Stück durchgeführt werden. Der HLT 1 verfolgt das Ziel, die Lesefähigkeit als komplexe Fähigkeit zu erfassen, für die verschiedene Teilfähigkeiten integriert werden müssen: Synthese, Ausnutzen des semantischen und syntaktischen Kontextes, Segmentieren, Ausnutzen häufiger Sprech-Schreibmuster u. a. (May et al. 2002, 2). Beim ersten Untertest muss das Kind ein von der Testleiterin genanntes Wort in einer Reihe von vier optisch ähnlichen Wörtern herausfinden (z. B. „Haus" in der Reihe: Haus, Hase, Hafen, Hand). Der zweite Untertest überprüft die Fähigkeit der Synthese und Sinnentnahme beim Vergleich von sinnvollen Wörtern mit Pseudowörtern. In einer Reihe von vier Wörtern muss das sinnvolle Wort herausgefunden werden (z. B. Awi, Oma, Elu, Ugo). In beiden Aufgaben gibt es Items mit unterschiedlicher Wortlänge sowie häufige und weniger häufige Wörter bzw. Wortteile. Mit der dritten Aufgabe wird die Nutzung semantischer/syntaktischer Bezüge überprüft. Hier muss das Kind genau und sinnverstehend lesen, um die Aufgabe lösen zu können. Ein kurzer Satz muss syntaktisch richtig gebildet bzw. vervollständigt werden, eine von vier vorgegebenen Lösungen ist anzukreuzen (z. B. Anna malen/malt/malst/malten). Die vierte Aufgabe überprüft, ob das Kind einen zu erlesenden Wortanfang dem richtigen Bild zuordnen kann (z. B. „To" zu Tomate/Telefon/Tafel/Vogel). Die letzte Aufgabe erfasst die Fähigkeit, eine ununterbrochene Graphemfolge zu strukturieren, d. h. Wortgrenzen zu markieren (z. B. MarenkauftEis).

Die Aufgaben werden jeweils an Übungsitems erprobt. Zur Bewertung der Einzelergebnisse liegt ein Punktesystem vor; die Rohpunktwerte erlauben den Vergleich mit der Norm. May et al. (2002, 2) betonen, zur genaueren Beobachtung des Leseprozesses sei die Durchführung der HLP 1–4 notwendig, dennoch sei der HLT 1 als prognostisches Verfahren zur Früherkennung von Leseschwierigkeiten geeignet.

Mit Ausnahme der *Hamburger Leseprobe* HLP 1–4 erfolgt bei den vorgestellten Verfahren ausschließlich eine quantitative Auswertung. Im Hinblick auf eine gezielte Förderung ist aber die qualitative Analyse eines Leseprozesses notwendig, also die Klärung der Frage, welche Lesestrategien erfolgreich oder nicht erfolgreich eingesetzt werden. Zudem sind die genannten Verfahren für *Ende* Klasse 1 vorgesehen, eine frühere Beobachtung des Leselernprozesses ist jedoch – wie auch beim Orthographieerwerb – wünschenswert.

Wie oben erwähnt, erarbeiteten Dehn, Hüttis und May (Dehn et al.

2003; Dehn/Hüttis-Graff 2006) analog zu den *Lernbeobachtungen Schreiben* die *Lernbeobachtungen Lesen* für die Monate November, Februar und Mai des ersten Schuljahres. Diese sollten mit den Kindern durchgeführt werden, die bei der jeweiligen *Lernbeobachtung Schreiben* besondere Schwierigkeiten zeigen bzw. nicht den Erwartungen der Lehrperson entsprechen (Dehn/Hüttis-Graff 2006, 85). Wie auch bei der später daraus hervorgegangenen *Hamburger Leseprobe* HLP 1–4 wird zunächst ein Bild zum Text betrachtet, um eine Sinnerwartung zu wecken. Nach dem Lesen des Textes werden Fragen zum Sinnverständnis gestellt. Der zu lesende Satz, der für November Klasse 1 vorgesehen ist, lautet: „Uta malt ein rosa Rad" (Füssenich/Löffler 2005). Der Name „Uta" sollte ersetzt werden durch den Namen einer den Schülerinnen bekannten Fibelfigur. Somit soll überprüft werden, ob dieser Name in einem anderen Zusammenhang wiedererkannt wird. Auf dem zugehörigen Bild, das vor dem Lesen besprochen wird, ist ein Kind zu erkennen, das mit Wasserfarben ein Fahrrad (aus)malt. Die Wörter *malt* und *ein* können, wenn das Kind Schwierigkeiten beim Lesen zeigt, vorgegeben werden; *malt* enthält eine schwierige Konsonantenfolge am Wortende, das <ei> ist zu diesem Zeitpunkt meist noch nicht bekannt. Der Satz enthält bewusst Grapheme, die im Unterricht zu diesem Zeitpunkt in der Regel noch nicht eingeführt sind. Bei der Konfrontation mit nicht Bekanntem zeigen sich die Strategien, die ein Kind in solchen Fällen nutzt: Fragt es gezielt nach diesen Graphemen und wie setzt es die Hilfe um? Nach dem Lesen des Textes werden Sinnverständnisfragen gestellt: Was macht Uta? Welche Farbe hat das Rad? Die Antworten auf diese Fragen sollen zeigen, ob sich das Kind bei der Beantwortung auf den gelesenen Satz oder das Bild bezieht.

Dehn und Hüttis-Graff (2006, 92f) empfehlen, zunächst die Tonbandaufnahmen der Lesebeobachtung zu verschriften und unterscheidet zwei Arten der Auswertung:

1. Anzahl der richtig gelesenen Wörter, Wortteile und Buchstaben zählen. Als richtig gelesen gilt ein Wort, wenn es allein oder mit *einer* Lehrerhilfe erlesen wird
2. Ermittlung der Zugriffsweisen

Bei den Zugriffsweisen unterscheiden Dehn und Hüttis-Graff (2006, 137) zunächst drei Gruppen:

1. vom einzelnen Buchstaben ausgehend,
2. vom Wortteil (Anfangssilbe) ausgehend,
3. das Wort als Ganzes erfassend.

Im Einzelnen zeigt sich, welche GPK-Regeln bekannt sind, ob nach dem Erlesen von Wortteilen eventuell (falsche) Hypothesen gebildet werden

(z. B. „ro-t" statt *rosa*), ob das Kind – aufgrund der Bildbetrachtung – eine Sinnerwartung entwickelt und somit (falsche) Hypothesen bildet (z. B. „Fahrrad" statt *Rad*). Darüber hinaus wird, wie erwähnt, die Umsetzung von Hilfen beobachtet (Dehn/Hüttis-Graff 2006, 95f). Für die genaue Verschriftung von Leseproben gibt es unterschiedliche Verfahren (z. B. Crämer 2000a, Dehn/Hüttis-Graff 2006, von Wedel-Wolff 2000). Wichtig für die Ermittlung der Lesestrategien ist, dass die Verschriftung erkennen lässt, welche Laute gedehnt werden, wo zwischen einzelnen Lauten abgesetzt wird, an welchen Stellen Pausen gemacht werden (Beispiele für die Verschriftung von Leseproben: Kap. 3.3.3).

Im Rahmen des FuN-Teilkollegs wurden zur Beobachtung der Leselernprozesse die *Lernbeobachtungen Lesen* „November" und „Januar" (Text: Olaf hat ein altes Auto. Der Motor ist zu laut.) durchgeführt. Zum einen, weil sie früh (November!) und jeweils sinnvoll im Zusammenhang mit der *Lernbeobachtung Schreiben* eingesetzt werden können, zum anderen, weil diese Verfahren zur Beobachtung von Lesestrategien konzipiert sind und weniger im Hinblick auf Fehlerzahlen und Lesezeiten. Der frühe Einsatz der ersten *Lernbeobachtung Lesen* ermöglicht es, bereits nach der Einführung der ersten Grapheme festzustellen, ob jedem Kind die zugehörigen GPK-Regeln geläufig sind und ob es synthetisieren kann. Falls einzelne Kinder hier erhebliche Schwierigkeiten haben, sollten die ersten GPK-Regeln vertieft werden, bevor neue hinzukommen, die dann ebenfalls nicht verinnerlicht würden.

Crämer (2000a, 40) kritisiert die Beantwortung von Fragen zum gelesenen Text für die Diagnose des sinnverstehenden Lesens. Vorkenntnisse, begriffliches Denken sowie die Fähigkeit zur Unterscheidung von Wesentlichem und Unwesentlichem spiele bei der Beantwortung von Sinnverständnisfragen eine Rolle. Sie plädiert für Diagnoseaufgaben in Form von sinnvollen, funktionalen und handlungsorientierten Lesesituationen, die aufgrund dieser Form Spielräume eröffnen, beim Erlesen verschiedene Zugriffsweisen (Taktiken) einzusetzen (Crämer 2000a, 40). Crämer stellt zwei handlungsorientierte Leseaufgaben in Rätselform vor, die auch die Möglichkeit zur Selbstkontrolle bieten: ein Rätsel „Was gehört zu meinem Körper? Male aus!", bei dem die Lösungsfelder ausgemalt werden müssen, die dann ein Bild ergeben, sowie ein Tierrätsel, bei dem auf den umgedrehten Lösungskarten ein Tier zu sehen ist. Um die Sinnerwartung zu wecken, wird in beiden Fällen vor Durchführung der Aufgabe ein Gespräch über das Thema der Aufgabe geführt, also „Körper" bzw. „Tiere". Für die Auswertung empfiehlt Crämer ebenfalls die Verschriftung von Tonbandaufnahmen.

Im FuN-Teilkolleg wurden in Zusammenarbeit mit Claudia Crämer Aufgaben vom gleichen Typ entwickelt. Am Ende von Klasse 1 wurde von den am FuN-Teilkolleg teilnehmenden Kindern ein für dieses Niveau entwickeltes Tierrätsel bearbeitet (Füssenich/Löffler 2005; Rätselkarten: 1. Das

Tier mag Bananen. 2. Das Tier ist grau. Das Tier hat einen Rüssel. Lösungskarten: Affe, Elefant, Esel, Adler, Ameise, Ente). Bei der Auswahl der Wörter wurde darauf geachtet, dass neben kurzen, einfach strukturierten Wörtern (z.B. *das*, *hat*) auch ungeübte Wörter (z.B. *Rüssel*) sowie Wörter mit Konsonantenhäufungen (z.B. *grau*) vorkommen. Zudem wurden für die Lösungskarten jeweils Tiernamen mit gleichem Anfangsgraphem ausgewählt (z.B. *Elefant/Esel/Ente*). Bei der Textgestaltung wurden Kriterien für leicht zu lesende Texte zugrunde gelegt (Genuneit 1998; Kap. 3.4), z.B. ein Satz pro Zeile.

Raster zur Bewertung von Lesebeobachtungen finden sich in verschiedenen Veröffentlichungen (z.B. Brinkmann/Brügelmann 1999; Scheerer-Neumann 2001); sie sollen hier nicht im Einzelnen vorgestellt werden, sie enthalten ähnliche Bereiche wie das oben beschriebene Auswertungsraster zur HLP 1–4. Im Rahmen des FuN-Teilkollegs haben wir in Anlehnung an die von Dehn/Hüttis-Graff (2006) genannten Zugriffsweisen ein Auswertungsraster für Lesebeobachtungen entwickelt, das im Materialheft (Füssenich/Löffler 2005) enthalten ist und unter 3.3 bei der Darstellung der Teilkolleg-Ergebnisse genauer beschrieben wird.

3.3 Ergebnisse aus dem FuN-Teilkolleg „Prävention von Analphabetismus in den ersten beiden Schuljahren“

Unter 3.2 wurden die Entwicklungsprozesse im Schriftspracherwerb sowie Verfahren zur Feststellung der Fähigkeiten und Beobachtungen von Lernentwicklungen vorgestellt. Zudem wurde bereits kurz begründet, welche Verfahren im FuN-Teilkolleg eingesetzt wurden, dies wird im Folgenden noch einmal vertieft. Die Darstellung einzelner Ergebnisse soll jedoch nicht in Form einer Zusammenfassung aller Ergebnisse der Gesamtgruppe geschehen. Anhand typischer Entwicklungsverläufe wird gezeigt, welche Lernprozesse sich beobachten lassen, die Unterstützung erfordern, und wie diese aussehen kann.

Da in Baden-Württemberg das Schuljahr erst im September beginnt, führten wir die Lernbeobachtungen jeweils einen Monat später durch, als bei Dehn/Hüttis-Graff (2006) angegeben.

3.3.1 Orthographieerwerb

Die oben dargestellten Phasen des Orthographieerwerbs sollen nun noch einmal am konkreten Beispiel erläutert werden. Tabelle 5 enthält die Schreibungen des Wortes *Badehose* (Alternative zu *Limonade*), das von den Kindern einer ersten Grundschulklasse im Dezember, Februar und Juni in den *Lernbeobachtungen Schreiben* verschriftet wurde.

Tab. 4: Übersicht über unterrichtsbegleitende Beobachtungsaufgaben im FuN-Teilkolleg, Klasse 1

Unterrichtsbegleitende Beobachtungsaufgaben im FuN-Teilkolleg, Klasse 1 (alle Aufgaben im Materialband)	
Dezember	*Lernbeobachtung Schreiben* „November" (Dehn/Hüttis-Graff 2006)
	Lernbeobachtung Lesen „November" (Dehn/Hüttis-Graff 2006)
Januar	*Anlautaufgabe*
Februar	*Lernbeobachtung Schreiben* „Januar" (Dehn/Hüttis-Graff 2006)
	Lernbeobachtung Lesen „Januar" (Dehn/Hüttis-Graff 2006)
Juni	*Lernbeobachtung Schreiben* „Mai" (Dehn/Hüttis-Graff 2006)
	Tierrätsel (Crämer 2000a)

Vergleicht man die Schreibungen aller Kinder im Dezember miteinander, so zeigt sich, dass sich die Schreiberinnen in verschiedenen Phasen des Orthographieerwerbs befinden. Während Richard das lange Wort *Badehose* bereits korrekt schreiben kann und Dilek sogar eine Trennung vornimmt, weil sie zwei Wörter erkennt (Übergeneralisierung), verschriftet Torsten <APOS>. Nach der Kategorisierung von Dehn/Hüttis-Graff (2006, 135) ist Torstens Schreibung als *rudimentär* einzuordnen. Er befindet sich auf der *Stufe der beginnenden lautorientierten Schreibung*, seine Verschriftung ist eine Skelettschreibung, die bereits ein lautorientiertes Buchstabengerüst erkennen lässt. Torsten ersetzt dabei (stimmhaftes) *b* durch (stimmloses) *p*. Die Verwechslung von stimmhaften und stimmlosen Konsonanten ist zu Beginn des Orthographieerwerbs ein normaler Entwicklungsschritt. Die Konsonantenpaare *b-p*, *d-t*, *g-k* und *f-w* haben jeweils Artikulationsart und -ort gemeinsam und unterscheiden sich ausschließlich im Merkmal Stimmhaftigkeit/Stimmlosigkeit. Schreibanfängerinnen lernen erst mit dem Schriftspracherwerb solche minimalen Unterschiede wahrzunehmen (May 1990, 248f). Für Kinder, die in Süddeutschland aufgewachsen sind – die am Teilkolleg teilnehmenden Kinder leben unter dem Einfluss des Schwäbischen –, stellt die Unterscheidung stimmhafter und stimmloser Konsonanten aufgrund des Dialekts eine besondere Hürde dar. Torsten verdreht beim Verschriften zudem die ersten beiden Grapheme, die zweite Silbe lässt er aus, von der dritten Silbe verschriftet er das <o>, das wesentlich besser hör-

Tab. 5: Schreibungen des Wortes Badehose, Grundschulklasse

Name	Dezember 2000	Februar 2001	Juni 2001
Miriam	B__dos*	BadeHase	Badehose
Charlotte	Badose	Badeose	Badehose
Timo	Badhse	Badehose	bade Hose
Gustavios	BtosE		babe hose
Theo	bAte	BadeHose	Batehose
Torsten	APOS	Btos	Bateose
Stina	Baase	Babehose	Batehose
Gundula	BAD	Babeose	Badehose
Karsten	BadSd	Badehose	Bade Hose
Sebastian	Atos	Batos	Bade hose
Torben	BaTEHOSE	BadehoSe	Badehose
Richard	Badehose	Badehose	Badehose
Jan	PADEHoSE	BaderHose	dabeunterhose
Ercan	PadeosE	Badehose	Bade Hose
Friederike	–	Badehose	BAƆEHOSE
Thea	BaDESE	Badeose	Badehose
Emanuelos	PaEehosE	Badehose	mFantehose
Dilek	Bade hose	Badehose	Badehose
Peter	PadOse	Badehose	Badehose
Carlotta	BadoSE	Badeose	Bade Hose

* Miriam setzt einen Strich, weil sie weiß, dass an dieser Stelle ein weiterer Buchstabe stehen muss, sie weiß aber nicht, welcher.

bar ist als das zu diesem Zeitpunkt auch noch nicht eingeführte <h>, von der letzten Silbe verschriftet er den Konsonant <s>. Sebastian schreibt ebenfalls nur vier Grapheme: <Atos>. In seiner Verschriftung sind allerdings alle Silben berücksichtigt, er schreibt für das stimmhafte /d/ ein <t>. Die Verwechslung stimmhafter und stimmloser Konsonanten zeigt sich z. B. auch bei den Schreibungen <BaTEHOSE> (Torben) oder <PADEHoSE> (Jan). Deutlich wird bei diesen Schreibungen, dass einige Schülerinnen mehr Grapheme kennen als die bis zu diesem Zeitpunkt in der Klasse eingeführten.

Die Schreibungen im Februar zeigen schon große Fortschritte der Kinder. Acht der 20 Schülerinnen können *Badehose* bereits korrekt schreiben, ein weiteres Kind schreibt das Wort korrekt, setzt aber <H> als Großbuchstabe. Ob dieses Kind damit bereits eine vermeintliche Wortgrenze markieren will, ist schwer zu sagen. Im Februar fällt den Schülerinnen die Unterscheidung stimmhafter und stimmloser Konsonanten offenbar schon leichter als im Dezember, sie schreiben nicht mehr phonetisch, sondern phonemisch (phonologisch) orientiert. Die Verschriftung des /h/ macht noch mehreren Kindern Schwierigkeiten. Torsten und Sebastian sind noch nicht so weit fortgeschritten wie ihre Mitschülerinnen, dennoch sind Fortschritte feststellbar. Torsten schreibt <Btos>, verschriftet also inzwischen alle Silben und setzt die Grapheme in die richtige Reihenfolge. Sebastian verschriftet die erste Silbe schon vollständig <Batos>.

Bis Juni haben auch diese beiden Jungen ihre Kompetenzen erheblich erweitert: Torsten schreibt <Bateose>, Sebastian <Bate hose>. Auch bei anderen Kindern zeigt sich wie bei Sebastian deutlich, dass sie sich mit Wortgrenzen auseinander setzen, was zu Übergeneralisierungen führt. Emanuelos ist ein Junge griechischer Herkunft, der zusätzlich Unterricht in seiner Erstsprache erhält. Die Verschriftung <mPantehose> lässt eine Übertragung der Strukturen der Erstsprache erkennen: <mp> steht im Neugriechischen für /b/. Nicht alle Schreibungen – wenn man nur ein Wort betrachtet – lassen sich sicher interpretieren. Jan schreibt <dabeunterhose> und hat vermutlich während des Schreibprozesses gedanklich von der *Badehose* zur *Unterhose* gewechselt. Insgesamt zeigen die Kinder dieser Klasse ein kontinuierliches Fortschreiten bei der Aneignung der Orthographie. Die Kinder mit Schwierigkeiten konnten aufgrund der vorliegenden Lernbeobachtungen von Anfang an unterstützt werden. So wurde vermieden, dass sich ihre Schwierigkeiten verfestigen.

Im Rahmen des FuN-Teilkollegs „Leistung in der Grundschule: Wie Grundschulkinder ihre (Schul-)Leistungen sehen und verstehen“, hat Ulrike Graf (2004) den Prozess der Schriftsprachproduktion aus pädagogischer Sicht dokumentiert und qualitativ analysiert. Fokus der Aufmerksamkeit waren Äußerungen der Kinder zu ihren Leistungsselbstkonzepten. So konnte während der Schriftsprachproduktion häufig beobachtet werden, mit welchen Kommentaren Kinder ihre Leistungsproduktion – im Sinne des „lauten Denkens“ – begleitet haben. An diesen Selbstkonzeptkommen

Tab. 6: Lernbeobachtungen Schreiben

	Lernbeobachtung Schreiben *Dezember*	**Lernbeobachtung Schreiben** *Februar*	**Lernbeobachtung Schreiben** *Juni*
Jenny			
Sofa	OSA	Sofa	Sofa
Mund	MUN	Mud	Murt
Badehose	ALEOS	Dadeose	Badehose
Turm	LOM	TorM	Tom
Reiter		Rater	Reter
Kinderwagen		KidDOWae	Kiderwagen
Sarah			
Sofa	SoTa	Sofa	Sofa
Mund	MiRT	Mon	Mut
Badehose	AoSR	Dano	PaDhose
Turm	TtlA	Tom	Tom
Reiter		Rait	Raita
Kinderwagen		Knwa	KiDwagän
Lara			
Sofa	SOFA	SOFA	Sofa
Mund	MUNT	MUNT	murT
Badehose	PATEHOSE	BATehose	BaDeHose
Turm	TUM	Turm	Turm
Reiter		raiTer	Reiter
Kinderwagen		KiNderwAcen	KinDerwaGen

taren macht Graf (2004) deutlich, wie eng der fachliche Aspekt mit dem des Leistungshandelns vom ersten Schultag an verbunden ist.

Lernprozesse verlaufen nicht immer linear, sondern vielfach in Sprüngen. Stagnationen oder Rückschritte lassen sich durch die kontinuierliche Durchführung von Lernbeobachtungen erkennen. Die Lernbeobachtungen der Schülerinnen Jenny, Sarah und Lara aus einer weiteren Teilkolleg-Klasse legen unterschiedliche Entwicklungsverläufe offen:

Jennys Verschriftungen sind im Dezember rudimentär. Im Februar orientiert sie sich bereits erfolgreich an ihrer Aussprache (phonetische Orientierung), ihre Verschriftungen sind vollständiger, aber Elemente fehlen. Bis zur letzten Lernbeobachtung des Schuljahres konnte Jenny ihre Kompetenz weiter steigern, die Wörter <Tom, Reter, Kiderwagen> sind noch nicht vollständig und an der Artikulation orientiert, aber <Munt> ist phonemisch (phonologisch)richtig, *Sofa* und *Badehose* orthographisch.

Im Dezember sind Sarahs Schreibungen als diffus bis rudimentär einzuordnen. Sie hat offenbar größere Schwierigkeiten mit den GPK-Regeln. Das einfach strukturierte Wort *Sofa* schreibt sie jedoch im Februar richtig, die Schreibungen <Mon, Tom, Rait> sind vollständiger, aber Elemente fehlen. Die Schreibungen <Dano> und <Knwa> zeigen, dass Sarah noch größere Schwierigkeiten mit der Durchgliederung hat, die vor allem bei den längeren Wörtern deutlich zutage treten.

Lara schreibt im Dezember phonetisch bzw. phonemisch orientiert, ihre Verschriftungen sind – abgesehen vom schwer identifizierbaren /r/ in *Turm*, das ja an dieser Stelle vokalisiert wird – vollständig. Die Verschriftung dieses schwierigen Phonems gelingt Lara im Februar, sie schreibt auch korrekt <B> am Anfang von *Badehose*. Auffällig ist nur, dass sie Großbuchstaben mitten im Wort setzt. Dies zeigt sich auch im Juni noch. Abgesehen davon schreibt sie orthographisch richtig, <munT> phonemisch. Im Vergleich mit den größeren Lernsprüngen ihrer Mitschülerinnen und gemessen an ihren sehr guten Leistungen im Dezember sind Laras Fortschritte eher klein, ihre Entwicklung scheint zu stagnieren.

Besondere Beachtung soll an dieser Stelle den Verschriftungen zweier Jungen aus der Schule für Sprachbehinderte geschenkt werden. Die gesprochene Sprache beider Jungen ist jeweils gekennzeichnet durch eine Aussprachestörung (phonologische Störung). Sie ersetzen bestimmte Phoneme durch andere; z.B. wird /g/ durch /d/ ersetzt, also „Waden" statt *Wagen*. Solche Ersetzungen lassen sich im normalen Spracherwerb ebenfalls beobachten. Sie stellen für Sprache erwerbende Kinder eine Vereinfachung der für sie noch komplizierten Lautstrukturen dar. Meist werden sie im Alter von etwa drei Jahren überwunden. Halten solche Ersetzungen länger an, handelt es sich häufig um eine phonologische Störung, also eine Spracherwerbsstörung, welche die Aussprache betrifft. Aussprachestörungen können sich auf Verschriftungen auswirken, wenn sich Kinder an der eigenen, abweichenden Aussprache orientieren (siehe auch Beispiel Daniel: Kap. 3.3.2). Jochen schreibt bei der *Lernbeobachtung Schreiben* im Februar *Kinderwagen* als <Tinuwadn>. Hier wird der Bezug zu seiner Aussprache deutlich: Er ersetzt mündlich das /k/ durch [t] und /g/ durch [d]. Die Verschriftung bildet seine Aussprache ab. Die Endung *-er* ordnet er als Vokal ein und verschriftet sie als <u>. Bis zum Ende des Schuljahres kann Jochen seine Aussprache erheblich verbessern. Im Juni verschriftet er bereits <Kinderwage>. Sascha zeigt in der gesprochenen Sprache ähnliche Probleme wie Jochen. Er verschriftet im Februar <Wadn>, verschriftet also zudem den ersten Teil des Wortes *Kinderwagen* nicht. Auch bei ihm sind hinsichtlich der gesprochenen Sprache bis zum Schuljahresende große Fortschritte zu verzeichnen und er verschriftet im Juni vollständig korrekt: <Kinderwagen>.

Störungen der gesprochenen Sprache, wie bei Jochen und Sascha, können den Schriftspracherwerb – insbesondere in der alphabetischen Phase – erschweren. Die Schriftsprache kann aber auch genutzt werden, um lautliche Unterschiede zu verdeutlichen. Über die Auseinandersetzung mit der Schriftsprache, genauer: über den Vergleich zwischen Gesprochenem und Geschriebenem, können Kinder zu veränderten Aussprachebedingungen gelangen (Osburg 1997, auch Hacker 2002). Positiv können die Auswirkungen des Schriftspracherwerbs auf die gesprochene Sprache aber nur dann sein, wenn die individuellen Voraussetzungen bzw. Schwierigkeiten des einzelnen Kindes differenziert betrachtet und im Unterricht berücksichtigt werden. Beim Einführen von Graphemen sollte z. B. darauf geachtet werden, dass die entsprechenden Grapheme zu Lauten, die Kindern hinsichtlich der Bildung noch Schwierigkeiten bereiten, nicht direkt am Anfang eingeführt werden. Meist stellt es für die Kinder eine Erleichterung dar, wenn die entsprechenden Grapheme (z. B. <f> und <k>) möglichst spät thematisiert werden.

Um festzustellen, ob alle Kinder die bis Januar eingeführten Buchstaben beherrschen, wurde im FuN-Teilkolleg zusätzlich die *Anlautaufgabe* eingesetzt (Füssenich/Löffler 2003a; Füssenich/Löffler 2005). Bei dieser Aufgabe werden Bilder mit Wörtern vorlegt, bei denen jeweils der Anlaut einzufügen ist. Es sollen nur die im Unterricht eingeführten GPK-Regeln überprüft werden, zu jedem Anlaut gibt es zwei Bilder mit entsprechenden Wörtern. Die Kinder zeigten bei dieser Aufgabe insgesamt, dass sie die im Unterricht thematisierten GPK-Regeln weitestgehend beherrschten. Bei den Kindern mit Schwierigkeiten im Schriftspracherwerb wurde deutlich, dass sie auch bei den eingeführten Buchstaben unsicher waren. So zeigte z. B. Georgia bei der Anlautaufgabe erhebliche Schwierigkeiten (Füssenich/Löffler 2003b). Während sie die Aufgabe bearbeitete, dokumentierte ich, wie sie die abgehörten Laute artikulierte. Sie nahm am Anfang der meisten Wörter [ʃ] oder [t] wahr und setzte <S> bei *Säge* und *Sonne*, aber auch bei *Fenster*, *Ananas*, *Löffel*, *Maus* und *Fisch*. <T> setzte sie richtig an den Anfang von *Telefon*, aber auch bei *Affe*, *Indianer*, *Mond* und *Uhu*. Am Anfang von *Tisch* hörte sie ebenfalls [ʃ], fand den entsprechenden Anlaut jedoch nicht in ihrer Anlauttabelle und ließ eine Lücke. Bei *Igel* setzte sie <L>, bei *Lampe* <P> ein. Die Anlaute bei *Ofen*, *Oma*, *Roller* und *Rad* bereiteten ihr keine Schwierigkeiten. Torsten orientierte sich bei der Bearbeitung der Anlautaufgabe an der eigenen Lautung und schrieb <e> bei *Indianer* und <Fö> bei *Fisch*. Alle weiteren Anlaute konnte er korrekt einsetzen.

3.3.2 Verfassen von Texten

Insbesondere von den Kindern mit Schwierigkeiten beim Schriftspracherwerb wurden im Unterricht produzierte Texte analysiert. Das Verfassen von Texten wurde im Rahmen des FuN-Teilkollegs in Klasse 1 nicht systematisch erfasst, ein einheitlicher Schreibanlass für alle am Teilkolleg teil-

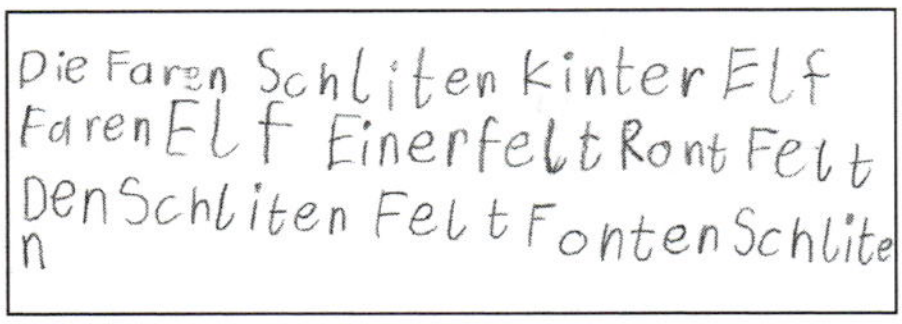
Die Faren Schliten Kinter Elf
Faren Elf Einerfelt Ront Felt
Den Schliten Felt Fonten Schlite
n

Abb. 22:
Pascals handgeschriebener Text

nehmenden Kinder wurde am Anfang von Klasse 2 gegeben (Kap. 4). Um von den Schülerinnen verfasste Texte analysieren zu können, baten wir die Lehrerinnen, Texte ihrer Schülerinnen zur Projekt begleitenden Fortbildung (Kap. 1) mitzubringen. Auffällig war, dass sie viele Texte ihrer guten Schülerinnen liefern konnten, aber kaum Texte der schwächeren, weil diese kaum Texte produzierten. Notwendig ist demnach, dass auch schwächere Lernerinnen immer wieder Unterstützung beim Verfassen eigener Texte erhalten.

An dieser Stelle sollen Beobachtungen aus Freiarbeitssequenzen verdeutlichen, welche Lernschritte Schreibanfängerinnen beim Schreiben erster Texte bewältigen müssen. Pascal und Daniel besuchen zum Zeitpunkt der beschriebenen Situationen seit einem halben Jahr die erste Klasse einer am FuN-Teilkolleg beteiligten Schule für Sprachbehinderte. Die von ihnen gezeigten Strategien und Schwierigkeiten beim Verfassen von Texten sind jedoch typisch für *alle* Schreibanfängerinnen.

Pascal ist ein eher zurückhaltender Junge, dessen Äußerungen meist sehr kurz sind. In der gesprochenen Sprache hat er vor allem Schwierigkeiten beim Erwerb der Grammatik. Bereits nach wenigen Schulmonaten zeigt Pascal große Freude am Schreiben. Während einer Freiarbeitssequenz hat er sich selbst ein Winterbild zur Beschreibung ausgesucht. Die Beschreibung erfolgt erst mündlich, in Einwortäußerungen und sehr kurz, denn Pascal möchte sofort mit dem Schreiben beginnen. Zum Schreiben nimmt Pascal ein unliniertes A4-Blatt. <Die Faren Schliten> beginnt er, wobei er sich die Wörter so langsam und deutlich wie möglich vorspricht und die im Anfangsunterricht gelernten Lautgebärden einsetzt. Die Wortdurchgliederung gelingt ihm auf diese Weise schon sehr gut. Auf meine Frage, wer da eigentlich Schlitten fahre, antwortet er, „Kinder“, und schreibt das Wort ohne Zögern an die vierte Stelle – was mir zeigt, dass meine Frage an dieser Stelle ungeschickt war. Dann zählt Pascal die Kinder auf dem Bild und schreibt <Elf> als nächstes Wort, liest es noch einmal und betont, „elf FAHREN“ (die Großbuchstaben markieren hier eine besondere Betonung des Wortes), daher schreibt er <Faren> noch einmal auf. Er wiederholt mit Nachdruck „ELF“ und schreibt das Wort ein weiteres Mal. Sein Satz heißt nun <Die Faren Schliten Kinter Elf Faren Elf>, ohne Satzzeichen.

Beim zweiten Satz verfährt Pascal ähnlich. Zunächst sagt er: „Einer fällt runter“, und schreibt: <Einerfelt Ront>. Er korrigiert mündlich, „fällt von den Schlitten“, und hängt an seinen begonnenen Satz <Felt Den Schliten>. Dann liest er das Wort „Schlitten“ noch einmal, wiederholt, „fällt von den Schlitten“ und schreibt <Felt Fonten Schliten>. Sein zweiter Satz heißt somit <Einerfelt Ront Felt Den Schliten Felt Fonten Schliten> (Abb. 22).

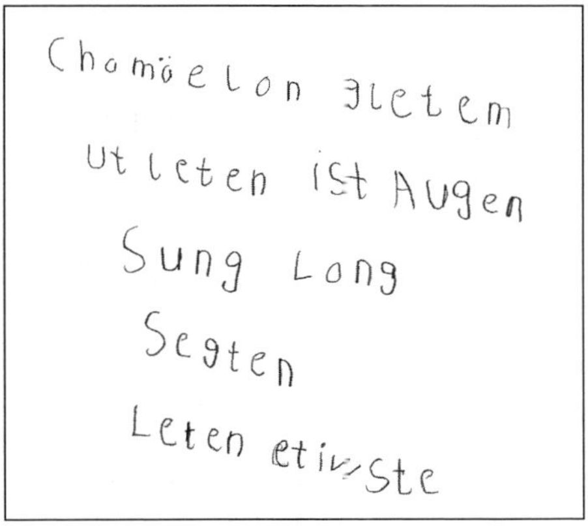

Abb. 23: Daniels handgeschriebener Text

Wie der handgeschriebene Text zeigt, markiert Pascal bereits teilweise Wortgrenzen. Offenbar ist seine Konzentration stark auf die Verschriftung der Wörter gerichtet, ihm fehlt Kapazität, die Reihenfolge der Wörter im Satz zu beachten bzw. zu behalten, was bereits verschriftet ist.

Die während des ersten Schuljahres durchgeführten *Lernbeobachtungen Schreiben* zeigten bei Daniel Schwierigkeiten beim alphabetischen Verschriften; er erwarb die GPK-Regeln nur langsam. Seine Probleme hinsichtlich der gesprochenen Sprache betrafen das stimmhafte [z] (*Sonne)*, das stimmlose [s] (*Kasse*) und die Affrikate [ts] (*Zeit*) sowie die Ebene der Grammatik. Daniel verfügt über einen recht differenzierten Wortschatz, der vor allem im Heimat- und Sachunterricht zum Tragen kommt, wo sich Daniel oft sehr gut einbringen kann. Häufig bereitet es ihm jedoch Probleme, seine Gedankengänge in Worte zu fassen, er signalisiert dann nonverbal, dass er nicht weiß, wie er seinen Gedanken formulieren soll. Dies konnte ich beobachten, als Daniel einen Text über das Chamäleon schrieb, das im Heimat- und Sachunterricht Thema war. Die Kinder hatten zudem im Kunstunterricht ein Bild vom Chamäleon angefertigt, zu dem Daniel einen Text schreiben wollte. Er schreibt seinen Text auf ein A4-Blatt ohne Lineatur. Seine erste Aussage zum Chamäleon lautet, „Das Chamäleon kann klettern"; er schreibt <Chamäleon gleten> (Abb. 23) und korrigiert mündlich „gut klettern", woraufhin er in die nächste Zeile schreibt <ut leten>. Spontan fällt ihm eine weitere Eigenschaft des Chamäleons ein, Daniel schreibt als nächstes Wort in dieselbe Zeile <ist>. Dann signalisiert er, dass er vergessen habe, was er schreiben wollte. Er beschreibt mir als Nächstes – mehr mit Gesten –, dass ein Chamäleon die Augen so bewegen kann, dass jedes Auge in eine andere Richtung schaut. In Worte fassen kann er diesen – zugegebenermaßen komplizierten – Sachverhalt allerdings nicht, daher schreibt er in die zweite Zeile nur <Augen>. „Zunge ist lang", lautet Daniels folgende Aussage, er schreibt in die dritte Zeile <Sung Lang>. Deutlich werden hier seine Schwierigkeiten auf der Lautebene, er kann zwischen der für <z> gespochenen Affrikate [ts] und dem stimmlosen s-Laut [s] artikulatorisch nicht differenzieren, daher fällt ihm beim Verschriften die Unterscheidung von <s> und <z> schwer. Seine nächste Aussage bezieht sich auf die Nahrung des Chamäleons: „Das Chamäleon frisst Insekten". Daniel schreibt in eine neue Zeile <Segten>. Die Verschriftung bereitet Daniel noch weitaus größere Schwierigkeiten als die Versprachlichung: Es ist ihm bewusst, dass er nicht seine gesamte Aussage verschriftet hat, sondern lediglich das Wort „Insekten“, er möchte es aber dabei belassen. Seine letzte Aussage ist: „Das Chamäleon lebt in der Wüste.“ Daniel schreibt in die nächste Zeile <Leten etiwste>.

3.3.3 Leselernprozess

Für die detaillierte Auswertung von Lesebeobachtungen ist die Verschriftung von Tonbandaufnahmen unerlässlich. Für solche Verschriftungen gibt es wie oben erwähnt unterschiedliche Möglichkeiten, die auch hier nicht im Einzelnen aufgeführt werden sollen. Für die Verschriftung der Lesebeobachtungen im Rahmen des FuN-Teilkollegs wurde eine Partitur-Schreibweise gewählt, die in Anlehnung an die Notenschrift entstanden ist (Ehlich/Rehbein 1976; Linke et al. 2001, 276ff; Redder 2001). Die beteiligten Sprecherinnen stehen übereinander, damit Sprecherwechsel bzw. gleichzeitiges Sprechen der Beteiligten deutlich gemacht werden können. Die zur Verschriftung genutzten Zeichen (s. u.) wurden in Anlehnung an Linke et al. und Dehn/Hüttis-Graff (2006, 92) definiert (Tab. 7).

Tab. 7: Zeichen zur Verschriftung des Gelesenen

Zeichen	**Bedeutung**
GROSSBUCHSTABEN	Betonung
:	Dehnen von Lauten; bei längerer Dehnung mehrere :::
’ (Apostroph)	*kurzes* Absetzen; Segmentierung im Wort
–	Unterbrechung der Artikulation (länger als ’)
, (Komma)	kurze Pause im Verlauf eines Satzes
/	kurze Pause
...	Pause (mind. 3 Sekunden, Dauer vermerken)
( )	leise Gesprochenes
[ ]	nonverbales Verhalten
kursiv	Kommentare (z. B. *wirkt unsicher*)

Leseprotokoll Lernbeobachtung Lesen „November“, Miriam

Miriam, GS Klasse 1, 12.12.2000
Lernbeobachtung Lesen „November“: **„Uta malt ein rosa Rad“**

M	**’Nen Kind, wo**
VL	Erzähl mir mal, was du auf dem Bild siehst.
M	**nen Fahrrad malt.**
VL	Genau. Richtig, und jetzt lies mal
M	**Da?**
VL	den Satz, der da drunter steht. Den Satz da
M	**U:r/U:r’t–a /Urta/Uta** **malt**
VL	drunter. Ja, Uta, richtig.
M	
VL	Das nächste Wort heißt ein, das kannst du noch nicht
M	**ein** **ro:tes Fahrrad**
VL	wissen. Mhm. Haha, was steht da
M	**ro:** **sa** **rosa**
VL	genau, guck nochmal hin! ro: mhm rosa
M	**R:/R’at.** **’Nen rosa Rad**
VL	Gut. Was macht die Uta? Toll.

Im Rahmen des FuN-Teilkollegs wurde darauf verzichtet, in der *Lernbeobachtung Lesen* den Namen Uta durch einen den Schülerinnen bekannten Fibelnamen zu ersetzen, da in den einzelnen Klassen unterschiedliche Fibeln genutzt wurden.

Miriam liest „U:r/U:r’t–a /Urta/Uta“, d. h. sie dehnt das *u*, fügt ein *r* ein, macht eine kurze Pause, beginnt von vorne, setzt nach „U:r“ kurz ab, artikuliert das *t*, unterbricht dann kurz und fügt das *a* an. Nach kurzer Pause benennt sie das erlesene Wort als „Urta“ und korrigiert zu „Uta“. Ihr Leseprozess dieses Wortes ist eine sukzessive Synthese, teilweise liest sie schon gedehnt und korrigiert ihre Vorform zum korrekten Wort. Das Wort *malt* kann sie bereits als Ganzes erfassen, *ein* wird vorgegeben, weil sie das <ei> noch nicht kennt. Bei *rosa* erfasst sie die erste Silbe simultan und bildet spontan die Hypothese „rotes Fahrrad“. Eine Selbstkorrektur ist für Miriam nicht notwendig, denn der gelesene Satz könnte zum Bild passen. Daher wird sie von der Versuchsleiterin aufgefordert noch einmal zu lesen und sie erliest den Rest des Satzes, indem sie sukzessive synthetisiert bzw. Wortteile als Ganze erfasst. Die Sinnverständnisfragen kann Miriam korrekt beantworten.

Bei der Beantwortung dieser Sinnverständnisfragen wurde bei fast allen Kindern deutlich, ob sie sich am Gelesenen oder am Bild orientierten. Dehn und Hüttis-Graff (2006) empfehlen, das Fahrrad auf der Lesevorlage rosa zu kolorieren. Es stellte sich jedoch als relativ schwierig heraus, die passende Farbe zu finden. Zudem ist rosa eine Farbe, mit der Kinder nicht unbedingt dieselbe Vorstellung verbinden. Beantworteten die Kinder die Frage nach der Farbe des Rades mit „rosa“, konnte man davon ausgehen, dass sie sich am Text orientierten. Kinder, die sich eher an der Bildvorlage orientierten, antworteten meist „rot“, „orange“ oder „lila“. Schwieriger war die Interpretation, wenn Kinder statt *Rad* „Fahrrad“ sagten, da nicht deutlich zu unterscheiden war, ob sich diese Kinder am Bild orientiert oder das weniger gebräuchliche Wort *Rad* bereits in ihre Alltagssprache übertragen hatten.

Für die Auswertung von Lesebeobachtungen einer ganzen Klasse ist die beschriebene Form der Protokollierung sehr aufwändig, vor allem, weil die Partiturschreibweise wegen der notwendigen Leerzeichen häufig verrutscht. Aus diesem Grund haben wir in Anlehnung an Dehn ein Auswertungsraster zur Leseprozessanalyse entwickelt (siehe Kasten; Füssenich/Löffler 2005). Ziel der Lesebeobachtungen ist, im Hinblick auf eine notwendige Unterstützung festzustellen, welche Strategien Leserinnen anwenden. Im Auswertungsraster können einzelne Wörter den Strategien in einer gesonderten Spalte zugeordnet werden (Tab. 8; Füssenich/Löffler 2005). Auch die Zeichen für die Verschriftung wurden verringert.

Die einbezogenen Aspekte reichen von der Graphemkenntnis über unterschiedliche Zugriffsweisen bis hin zum Sinnverständnis. Bei der Kenntnis eingeführter Grapheme ist die Beobachtung wichtig, ob das Kind nachfragt, wenn es Grapheme nicht kennt. Anhand der ausgewerteten Lesebobachtungen im FuN-Teilkolleg wurde immer wieder deutlich, dass Schülerinnen sehr unterschiedlich mit ihnen unbekannten Graphemen umgehen. Teilweise ist ihnen bewusst, dass sie ein Graphem kennen müssten, weil es im Unterricht thematisiert wurde, aber sie können es nicht benennen bzw. nicht mit einem Laut in Verbindung bringen („den hatten wir schon, aber ich weiß nicht mehr, wie der heißt“). Andererseits verbalisieren Kinder, dass sie Grapheme kennen, die noch nicht eingeführt sind („den kennen wir noch nicht, aber ich weiß ihn trotzdem“). Im Gegensatz dazu gibt es Kinder, die schweigend vor der Leseaufgabe sitzen oder nonverbal um Hilfe bitten, z.B. durch einen erwartungsvollen Blick. Dokumentiert wird im Auswertungsraster auch, wenn Graphemen falsche Phoneme zugeordnet werden oder bereits Erlesenes wieder vergessen wird. Daneben sind als Zugriffsweisen das Lautieren ohne Synthese (r'o's'a – r'o's'a), die

Auswertungsraster zur Leseprozessanalyse

Lesestrategien	
Bereits thematisierte Grapheme sind nicht bekannt	■ Kind erfragt das Graphem nicht ■ Kind erfragt das Graphem
Falsche Phonem-Graphem-Zuordnung (Kind ordnet den Buchstaben falsche Laute zu.)	
Lautieren ohne Synthese (r'o's'a – r'o's'a)	
Behalten und Verwenden von bereits Erlesenem (Bereits erlesene Wortteile werden wieder vergessen.)	
Sukzessive Synthese = Lautieren, dann Synthetisieren (r:'o:'s:'a: – ro:sa:)	
Gedehntes Lesen (r:o:s:a:)	
Silben/Wortteile werden als Ganzheit erfasst (ro:'sa: – rosa)	
Wörter werden als Ganzheit erfasst (rosa)	
Vorformen von Wörtern werden gebildet	■ ohne anschließende korrekte Nennung des Zielworts ■ mit anschließender korrekter Nennung des Zielworts
Hypothesenbildung (als Nennung eines falschen Wortes)	■ falsches Wort wird nicht korrigiert ■ falsches Wort wird korrigiert
Sinnverstehendes Lesen – Kind kann Fragen zum Text beantworten	
Zeichen zur Verschriftung: : Dehnen von Lauten; bei längerer Dehnung mehrere ::: ' (Apostroph) kurzes Absetzen; Segmentierung im Wort; – Unterbrechung der Artikulation (länger als ')	

sukzessive Synthese (r:'o:'s:'a: – ro:sa:), das gedehnte Lesen (r:o:s:a:) und das simultane Erfassen ganzer Silben bzw. Wortteile (ro:'sa: – rosa) oder ganzer Wörter aufgeführt. Teilweise benennen Kinder beim Lesen Vorformen. Ein schönes Beispiel dafür ist der Titel eines Artikels von Crämer (2000a): „Ni:cht-s – Ah, nix!" Aufgrund des im Leseprozess lang gezogenen Vokals in *nichts* kann das Kind das Wort zunächst nicht deuten, hat dann ein Aha-Erlebnis und überträgt das Wort in seine Alltagssprache: „nix". Die Strategie der Hypothesenbildung („Ratestrategie") ist im Leseprotokoll von Miriam (s. o.: „rotes Fahrrad") deutlich geworden; auch diese wird im Auswertungsraster zur Leseprozessanalyse festgehalten.

Legt man die im Laufe von Klasse 1 durchgeführten Lesebeobachtungen einzelner Leserinnen nebeneinander, kann man hinsichtlich der angewandten Strategien Veränderungen feststellen. Dies soll am Beispiel von Fabian deutlich gemacht werden (Tab. 8). Fabian gehört zu den schwachen Lesern seiner Klasse. Bei der ersten *Lernbeobachtung Lesen* im Dezember ordnet er dem <u> ein [a] zu. Bei *rosa* lautiert er ohne Synthese (r:'o:'s:–a – r:'o:'s:'a:), bei den Wörtern *malt* und *Rad* synthetisiert er sukzessive (m:'a:'l:t – malt; R:'a:'d – R::a:t, Rad). Er liest den Satz noch einmal mit der Versuchsleiterin und kann die Sinnverständnisfragen korrekt beantworten. Bei der zweiten Lernbeobachtung (Olaf hat ein altes Auto. Der Motor ist zu laut.) lautiert er die Wörter *hat* und *ein* ohne zu synthetisieren (h-a-t, ei-e-n), die Synthese gelingt ihm bei *Olaf* und *zu* (O–l–a–f – Olaf; z–u – zu), bei *altes* und *der* kann er bereits gedehnt lesen (a:l:tes, d'e:r), bei *altes* erfasst er die zweite Silbe sogar simultan. Die Wörter *Auto* und *ist* erfasst er als Ganzheit. Bei den gebildeten Vorformen „M::o:tr:" (für *Motor*) und „lou" (für *laut*) nennt er die Zielform allerdings nicht. Die Sinnverständnisfragen kann Fabian nicht ganz korrekt beantworten, zunächst versteht er auch die erste – missverständliche – Frage nicht (Was hat der Olaf? Antwort: laut. Was gehört dem? Antwort: Auto. Was ist mit dem Motor? Antwort: kaputt). Die Beantwortung dieser Fragen ist vielen der am Teilkolleg teilnehmenden Schülerinnen schwer gefallen. Die Antwort „kaputt" ist durchaus richtig, denn auf dem zum Text gehörenden Bild, das vor dem Lesen betrachtet wird, ist ein Auto mit geöffneter Motorhaube zu sehen und ein zu lauter Motor ist sicherlich nicht ganz intakt.

Beim Tierrätsel (Füssenich/Löffler 2005; *Rätselkarten*: 1. Das Tier mag Bananen. 2. Das Tier ist grau. Das Tier hat einen Rüssel. *Lösungskarten*: Affe, Elefant, Esel, Adler, Ameise, Ente) im Juni lautiert Fabian *Tier* zunächst ohne Synthese (T-ie-r), erfasst aber beim zweiten Vorkommen einen Teil des Wortes simultan (T'ier), beim dritten das Wort als Ganzheit. Gedehnt liest er *ist* (is:–is:::–t), bei vielen Wörtern erfasst er Wortteile simultan (B–B–Ba:nanen, T'ier, gr–au, ein–ein:en, Rü–Rüss:el, E:nte, E:sel, E:lefant) oder gleich das ganze Wort (mag, ist, das, Tier, hat). Lediglich das Wort *Ameise* kann er nicht ohne Hilfe erlesen, er kann die gebildete Vorform

Tab. 8: Auswertungsraster zur Leseprozessanalyse – Übersicht Fabian

Strategie		**Beispiel**	**Name des Kindes: Fabian**		
			Dezember	*März*	*Juni*
Bereits thematisierte Grapheme sind nicht bekannt	Kind erfragt das Graphem				
	Kind erfragt das Graphem nicht				
Falsche Phonem-Graphem-Zuordnung		Kind ordnet den Buchstaben falsche Laute zu	A (U)		
Lautieren ohne Synthese		r'o's'a – r'o's'a	r:'o:'s:– a – r:'o:'s:'a:	h– a– t ei– e– n	T– ie– r
Behalten und Verwenden von bereits Erlesenem		bereits erlesene Wortteile werden wieder vergessen			
Sukzessive Synthese = Lautieren, dann Synthetisieren		r:'o:'s:'a: – ro:sa:	m:'a:'l:t – malt R:'a:'d – R::a:t, Rad	O– l– a– f – Olaf z– -u – zu	

Fortsetzung Tabelle 8

Gedehntes Lesen		r:o:s:a:		a:l:tes, D'e:r	is:-is:::– t
Silben/Wortteile werden als Ganzheit erfasst		ro:'sa: – rosa		a:l:tes	B– B– Ba:nanen T'ier gr– au ein – ein:en Rü– Rüss:el E:nte E:sel E:lefant
Wörter werden als Ganzheit erfasst		rosa		Auto ist	mag ist das Tier hat
Vorformen von Wörtern werden gebildet	mit anschließender korrekter Nennung des Zielworts				
	ohne anschließende korrekte Nennung des Zielworts			M::o:tr: (Motor) lou (laut)	A: A:mei: (Ameise)

Fortsetzung Tabelle 8

Strategie		**Beispiel**	**Name des Kindes: Fabian**		
			Dezember	*März*	*Juni*
Hypothesenbildung (als Nennung eines falschen Wortes)	falsches Wort wird korrigiert				
	falsches Wort wird nicht korrigiert				
Sinnverstehendes Lesen – Kind kann Fragen zum Text beantworten			Fabian kann die Fragen beantworten, wobei der Satz jedoch zusammen mit der Versuchs-leiterin nochmals wiederholt wurde.	Fragen werden nicht ganz korrekt beantwortet: Was hat der Olaf? Antwort: laut Was gehört dem? Antwort: Auto Was ist mit dem Motor? Antwort: kaputt	Fabian kann alle Fragen korrekt beantworten

nicht korrigieren (A:A:mei:). Das Rätsel kann Fabian lösen, er hat also den Sinn des Gelesenen verstanden. Die Übersicht (Tab. 8) der Auswertungen zeigt, wie sich im Laufe des ersten Schuljahres die genutzten Lesestrategien verändern.

Bei den drei im Rahmen des FuN-Teilkollegs in den ersten Klassen durchgeführten Lesebeobachtungen stellte sich – wie schon erwähnt – heraus, dass einige Kinder auf die Fragen zur *Lernbeobachtung Lesen* „Februar" nicht eindeutig interpretierbare Antworten gaben. Wenn sich die Schülerinnen beim Beantworten der Fragen nicht wörtlich auf den Text bezogen und sinngemäß antworteten („der Motor ist kaputt"), war es sehr schwierig zu unterscheiden, ob sie sich am Bild oder am Text orientiert hatten.

Die Ergebnisse des im Juni eingesetzten Tierrätsels waren weit besser als erwartet, daher sollte diese Lesebeobachtung früher eingesetzt werden. Zudem stellt die Durchführung von Lesebeobachtungen im Klassenverband einen hohen Zeitaufwand dar. Aus diesen Gründen ergibt sich als „Idealform" die Durchführung von zwei Lesebeobachtungen in Klasse 1: die *Lernbeobachtung Lesen* „November" (Füssenich/Löffler 2005; „Uta malt ein rosa Rad", Dehn/Hüttis-Graff 2006) und im April das Tierrätsel nach Crämer (Füssenich/Löffler 2005; *Rätselkarten*: 1. Das Tier mag Bananen. 2. Das Tier ist grau. Das Tier hat einen Rüssel. *Lösungskarten*: Affe, Elefant, Esel, Adler, Ameise, Ente).

3.4 Konsequenzen für das Lehren

Aus den Ergebnissen von Lernbeobachtungen ergeben sich Konsequenzen für Unterricht und Förderung. In diesem Abschnitt sollen nur vereinzelt Materialien vorgestellt werden, es geht vielmehr um Prinzipien für die Förderung und Kriterien zur Beurteilung von Materialien. Strukturiert sind diese Prinzipien und Kriterien im Folgenden nach dem eingangs unter 3.1.1 vorgestellten Vier-Säulen-Modell (Brinkmann/Brügelmann 1999).

3.4.1 Gemeinsames (Vor-)Lesen von Kinderliteratur

Wie bereits mehrfach betont, soll Lesen immer als sinnvolle Tätigkeit erlebt werden. Nur so können Leseanfängerinnen lernen, eine Sinnerwartung zu entwickeln und ihren Blick auf die Sinnentnahme zu richten. Häufiges gemeinsames (Vor-)Lesen und Besprechen von Kinderliteratur unterstützt dieses Ziel. Sollen Texte von Anfängerinnen selbst erlesen werden, ist die optische Gestaltung der Texte wichtig. Genuneit (1998) hat einen beachtlichen Kriterienkatalog zur Gestaltung leicht zu lesender Texte zusammengestellt. Um die Sinnerwartung zu wecken, sind Bilder zum Text sinnvoll.

Nach Genuneit sollen Bilder Verstehenshilfen sein, im engen Sinnverhältnis zum Text stehen, aber nicht zu viele Details beinhalten, damit sie die Phantasie anregen, nicht unterdrücken. Für Leseanfängerinnen sind Bilder Motivation zum Weiterlesen, aber auch Ruhepunkte im Text. Sie sollten sich möglichst auf der rechten Seite befinden – weil sie dort beim Durchblättern gesehen werden und Anfängerinnen Texte mit Bildern lieber lesen – und kurze Bildunterschriften haben.

Wenn von Kindern – oder Lehrerinnen – selbst geschriebene Texte als Lesetexte genutzt werden, empfiehlt es sich, die Texte optisch den Bedürfnissen von Leseanfängerinnen anzupassen. Gemäß den Kriterien von Genuneit sollte die Schrift groß genug sein: 14 oder 16 Punkt große Schrift bei längeren Texten, bei wenig Text kann sie sogar noch größer sein. Als leicht lesbare Schrift empfiehlt Genuneit eine serifenlose Schrift. Da Anfängerinnen leicht in der Zeile verrutschen, sollte der Zeilenabstand 16–19 Punkt betragen. Auch wenn die Erstklässlerinnen schon ein wenig geübt sind, genügen sieben bis neun Wörter pro Zeile. Der Zeilenumbruch sollte so gestaltet sein, dass das Erkennen der Sinnstruktur erleichtert wird. Zusammengehöriges sollte immer zusammengelassen werden, d. h. das Attribut sollte vom Nomen nicht getrennt werden (das grüne Auto). Eine lockere Seitengestaltung mit größerem Absatz zwischen einzelnen Abschnitten und Flattersatz sind empfehlenswert, auch wenn Flattersatz bei längeren Texten visuelle Unruhe erzeugen kann. Bei Erstklässlerinnen sollte ein Satz pro Zeile stehen. Können schon längere Sätze gelesen werden, kann sich der Zeilenumbruch an Sprechpausen orientieren. Bei Nebensätzen muss der Zeilenumbruch *nach* der Konjunktion erfolgen (Er will nicht zur Schule gehen, weil (Zeilenumbruch) er Angst vor dem Diktat hat.). Auf diese Wiese wird signalisiert, dass der Satz weitergeht. Zu Beginn des ersten Schuljahres sollten die Sätze möglichst einfach sein und eine wiederkehrende Struktur aufweisen. Doch auch für bereits geübtere Leseneulinge darf ein Satz nicht zu viele Aussagen enthalten, verschachtelte Nebensätze stellen eine Überforderung dar. Trennungen im Wort sind grundsätzlich zu vermeiden.

Kriterien zur Gestaltung leicht zu lesender Texte (Genuneit 1998)

- Bilder als Verstehenshilfen: enges Sinnverhältnis zum Text, aber nicht zu viele Details, damit sie die Phantasie anregen, nicht unterdrücken.
- Bilder als Motivation zum Weiterlesen, aber auch als Ruhepunkte im Text.
- Bilder möglichst auf der rechten Seite mit kurzen Bildunterschriften
- Schriftgröße 14 oder 16 Punkt
- serifenlose Schrift
- Zeilenabstand 16-19 Punkt

- sieben bis neun Wörter pro Zeile
- Zeilenumbruch soll Erkennen der Sinnstruktur erleichtern, d. h. Zusammengehöriges nicht trennen
- bei Nebensätzen Zeilenumbruch *nach* der Konjunktion
- keine Silbentrennung am Zeilenende
- lockere Seitengestaltung mit größerem Absatz zwischen einzelnen Abschnitten und Flattersatz
- bei Erstklässlerinnen ein Satz pro Zeile
- Sätze möglichst einfach mit wiederkehrender Struktur

Nach solchen Kriterien sind auch die Bücher der Regenbogen-Lesekiste (Balhorn et al. 1991) konzipiert, die sich bereits für Kinder des ersten Schuljahres eignen. Die Texte sind fünf Schwierigkeitsstufen zugeordnet; sie unterscheiden sich auf diesen Stufen nicht nur hinsichtlich der Textmenge, sondern berücksichtigen auch die verschiedenen Lesestrategien, die sich im Laufe der Leseentwicklung herausbilden.

Als Fördermaterial für Kinder, die beim Lesen keine Sinnerwartung entwickeln und keine Hypothesen bilden, sind Fensterkarten (von Wedel-Wolff 1997) ein sinnvolles Material. Am Ende eines Satzes wird jeweils ein Wort oder Wortteil weggeklappt, so dass die Leserin gezwungen ist, eine Hypothese zu bilden, die nach dem Zurückklappen des fehlenden Teils und Erlesen des Wortes kontrolliert werden kann.

3.4.2 Systematische Einführung von Schriftelementen und Leseverfahren

Lesestrategien

Die Auswertung von Lesebeobachtungen ermöglicht Aussagen darüber, welche Zugriffsweisen bzw. Lesestrategien Leserinnen einsetzen und welche dieser Strategien weiter gefördert werden müssen. Neben dem im vorangegangenen Abschnitt thematisierten Ausnutzen von Sinnstützen sind die synthetisierende Graphem-Phonem-Zuordnung sowie das Erfassen von Wort(teil)gestalten die in Klasse 1 zu fördernden Strategien. Das Ausnutzen syntaktischer Strukturen braucht im ersten Lesejahr noch keine besondere Förderung, diese Strategie wird meist erst später ausgebildet. Im Hinblick auf die Synthesefähigkeit sollte das Ziel das gedehnte Lesen sein. Die sukzessive Synthese, also das lautierende, aber nicht lautverschmelzende Lesen, führt bei längeren Wörtern häufig zu Schwierigkeiten. Notwendig ist daher, die Schülerinnen anzuleiten, Laute beim Lesen zu dehnen und so zu verschmelzen, auch wenn die „gezogenen“ Laute die Wörter teilweise entstellen. Bei fortschreitender Übung und schnellerem Zuordnen des folgenden Lautes werden die Dehnungen kürzer und die Vorform nähert sich dem zu erlesenden Wort. Hilfreich sind Materialien, bei denen Wortkarten – langsam zum Erlesen – aus einer Schachtel oder Ähnlichem herausgezogen werden. Motivierend ist z. B. das „Lesekrokodil“, dem Wortkarten aus dem Maul gezogen werden (Brinkmann/Brügelmann 1999, Karte A. 114). Wenn die Synthese gelingt und das Erfassen von Wortteilen geübt werden soll, können die Wörter silbenweise dargeboten werden. Weitere Anregungen und viele Übungsformen illustrieren Cramer (2001; 2003), von Wedel-Wolff (1997) und Kap. 2.4.

GPK-Regeln

Wenn die Lese- und Schreibbeobachtungen zeigen, dass ein Kind die GPK-Regeln zu den im Unterricht bereits eingeführten Graphemen noch nicht sicher beherrscht, sollten diese GPK-Regeln weiter gefestigt werden. Wichtig ist, dass sich ein Kind zunächst auf den Anlaut konzentrieren darf. Erst wenn ein Laut im Anlaut sicher identifiziert werden kann, sollte es mit Wortmaterial konfrontiert werden, bei dem es diesen Laut im Auslaut oder – noch später! – im Inlaut heraushören muss. Viele Materialien enthalten zu früh Übungen, bei denen die Frage zu beantworten ist, ob ein Laut am Anfang, in der Mitte oder am Ende gehört wird. Anlaut und Auslaut sind bei jedem Wort klar definierbar, doch „Mitte“ ist bei längeren Wörtern eine für die Kinder oft undefinierbare Masse. Zudem muss bei solchen Übungen die Auslautverhärtung beachtet werden: Das Deutsche kennt keine stimmhaften Laute (b, d, g, w ...) im Auslaut! Die Phonemanalyse sollte, wie schon unter 3.1.1 dargelegt, immer wieder auf verschiedenen Niveaustufen geübt werden. Wie erwähnt muss die Unterscheidung ähnlich klingender Laute zunächst vermieden werden, bis das einzelne Kind die einzelnen Laute sicher beherrscht. Später können minimale Lautunterschiede in der Gegenüberstellung bearbeitet werden.

Lautgebärden

Insbesondere für Kinder mit Schwierigkeiten beim Erwerb der GPK-Regeln ist der Einsatz von Lautgebärden (Handzeichen) sinnvoll. Inzwischen gibt es eine Reihe von Lautgebärden-Systemen – hier können sie nicht einzeln diskutiert werden –, die unterschiedlichen Kriterien folgen. Unterstützend bei Lautanalyse und Lautsynthese sind die Lautgebärden aber vor allem dann, wenn sie die Bewusstmachung der Artikulation ermöglichen, sich also an Mundstellung und Artikulationsstelle orientieren (z. B. Nachfahren des runden Mundes mit dem Finger beim /o/; kurze Berührung des Kehlkopfes mit der Handkante für /k/). Nicht sinnvoll ist dagegen die Nachbildung der Graphemform oder die Assoziation über sogenannte „Sinnlaute", z.B. eine abwehrende Geste für /i/ oder seine summende Biene für das stimmhafte /z/ (Crämer/Schumann 2002, 310f). Am Beispiel eines gesamten Lautgebärden-Systems arbeitet Mann (2001, 18ff) solche Kriterien aus.

Da jedem Laut ein Graphem *und* eine Gebärde zugeordnet werden, wird Schreibanfängerinnen die Gliederung des Wortes in Einzellaute durch gleichzeitigen Einsatz der Lautgebärden beim Verschriften deutlich. Dies wird in erster Linie dann unterstützt, wenn sich die Gebärde an der Artikulation (Mundstellung oder Artikulationsort) orientiert; so kann die Artikulation direkt mit der Lautgebärde und dann mit dem Graphem in Verbindung gebracht werden. Auch für die Synthese, vor allem für das gedehnte Lesen, sind Lautgebärden hilfreich. „Gebärdenrätsel" haben einen hohen Aufforderungscharakter: Die Lehrkraft – später auch die Kinder – gebärden ein Wort lautlos. Die (anderen) Kinder „lesen" die Gebärden laut, wobei ein Laut immer so lange gedehnt wird, bis die nächste Gebärde folgt.

Die zugehörigen Lautgebärden sollten kontinuierlich mit jeder neuen GPK-Regel eingeführt werden, auch wenn es in der Klasse Schülerinnen gibt, die diese längst nicht mehr einsetzen. Wenn Kinder die Lautgebärden nicht mehr benötigen, dürfen sie darauf verzichten. Wichtig ist, dass die Lautgebärden Kindern mit Schwierigkeiten beim Erlernen der GPK-Regeln zur Verfügung stehen und dass diese Kinder immer wieder ermuntert werden, sie einzusetzen.

(An-)Lauttabelle

Zur Sicherung der GPK-Regeln stellt die (An-)Lauttabelle eine hilfreiche Unterstützung dar. Das „Anlauttor" von Reichen (1982) ist sicherlich der Klassiker unter den (An-)Lauttabellen (Abb. 24). Die Vokale bilden hier eine eigene Kategorie und stehen im oberen Bogen, die Konsonanten in den Seiten des Tores. Die Schreiberinnen lernen, dass jede Silbe ein Graphem aus dem oberen Bogen enthalten muss. Stimmhaft-stimmlose Konsonantenpaare stehen sich auf den Torseiten jeweils gegenüber.

Inzwischen enthalten fast alle Fibellehrgänge eine (An-)Lauttabelle, darüber hinaus sind unzählige auf dem Markt erhältlich. Doch auch wenn die oft sehr dekorativen (An-)Lauttabellen dazu verführen, sollte der Klassenraum damit nicht überfrachtet sein. Hier ist weniger mehr: Notwendig ist die Beschränkung auf eine (An-)Lauttabelle. Für die Auswahl der Modellwörter und passender Bilder gibt es Kriterien (Crämer et al. 1996; Herné 2003), die allerdings bei vielen (An-)Lauttabelle nicht berücksichtigt sind. Zur Graphemeinführung sollte möglichst ein *Anlaut*wort verwendet werden, da der Anlaut am leichtesten identifizierbar ist. Bei einigen Lauten ist dies nicht möglich, wie z.B. *ng*. Da dieser Laut jedoch häufig vorkommt, kann er als *Aus*laut in die Lauttabelle integriert werden (z.B. *Ring*). Ein

Abb. 24: Anlauttor (Reichen 1982)

Laut sollte ausschließlich als Anlaut (bzw. gegebenenfalls als Auslaut) im ausgewählten Wort vorkommen, nicht noch einmal in einer anderen Position, das kann irritieren (nicht: ***Biber*** oder ***Luftballon***). Es ist wichtig, dass eine (An-)Lauttabelle nur Wörter enthält, deren Bedeutung den Lernerinnen bekannt ist. Seltene Wörter sind zu vermeiden, da Kinder mit nicht altersentsprechendem Wortschatz oder Kinder mit fremder Muttersprache so zusätzliche Schwierigkeiten haben. Um die Identifikation zu erleichtern, sollten möglichst kurze, einfach strukturierte Wörter und keinesfalls Zusammensetzungen ausgewählt werden (nicht: *Seifenblase*). In Konsonantenverbindungen sind die einzelnen Laute schwer identifizierbar, daher sind Wörter mit Konsonantenverbindungen am Wortanfang zu vermeiden (nicht: ***Krokodil***). Um weitere Irritationen zu vermeiden, darf der Wortanfang nicht mit dem Buchstabennamen identisch sein, also nicht ***Kamel*** (wegen „Ka"), sondern z.B. *Koffer*. Das Wort *Kuh* ist wegen des Gleichklangs mit dem Buchstaben <Q> ebenfalls ungeeignet, auch wenn es ein bekanntes und eindeutig darstellbares Wort ist. Vermieden werden müssen zudem Wörter, die zu Lautangleichungen führen können, wie *Kaktus* („Taktus") oder *Schiff* („Fisch"), vor allem bei der Arbeit mit sprachauffälligen Kindern. Als relevantes Kriterium ist auch die Eindeutigkeit der Abbildungen zu nennen. Auf den Bildern muss erstens leicht zu erkennen sein, was gemeint ist, zweitens darf es sich nicht um einen Gegenstand handeln, der unterschiedlich bezeichnet werden kann (z.B. *Dose/Büchse*). Dabei müssen auch regionale Unterschiede beachtet werden: Ein schwäbisches Kind würde eine Jacke vielleicht als „Kittel" bezeichnen. Die Arbeit mit der (An-)Lauttabelle wird erleichtert, wenn optisch erkennbar ist, wo häufige und wo seltenere Grapheme zu finden sind. Zudem müssen die Vokale eine eigene „Abteilung" darstellen.

Kriterien zur Auswahl von Anlautwörtern

- zur Buchstabeneinführung möglichst *ein* Anlautwort
- Laut soll nicht noch einmal in einer anderen Position vorkommen (nicht: *Biber* oder *Luftballon*)
- Keine Wörter mit Konsonantenhäufungen am Wortanfang
- eindeutige Abbildungen
- nur für Kinder semantisch bekannte Wörter
- möglichst kurze Wörter, keine Zusammensetzungen (nicht: *Seifenblase*)
- keine Wörter, die zu Lautangleichungen führen können, wie *Kaktus* („Taktus") oder *Schiff* („Fisch")
- keine Wörter, bei denen Laut- und Buchstabennamen identisch sind, also nicht *Kamel* (wegen „Ka"), sondern z.B. *Koffer*, nicht *Kuh* wegen Gleichklang mit <Q>

Metasprachliche Fähigkeiten – Sprache thematisieren

Unterstützung benötigen die Kinder mit Schwierigkeiten im Schriftspracherwerb nicht nur im Hinblick auf die GPK-Regeln, sondern auch hinsichtlich der Entwicklung der Fähigkeit, Sprache bewusst zu reflektieren und in Bausteine zu gliedern. Die Förderung in diesem Bereich wurde von Iris Füssenich in Kapitel 2 bereits detailliert ausgearbeitet. Hervorgehoben werden soll hier nur noch einmal, dass die Schülerinnen regelmäßig Angebote z. B. zur Reimerkennung erhalten sollen und Material, das zur Untersuchung der Schriftsprache anregt. Viele sinnvolle Übungen sind z. B. in der Ideen-Kiste (Brinkmann/Brügelmann 1999) zu finden.

Silbensegmentierung

Einen besonderen Bereich der Segmentierung stellt die Silbengliederung dar. Für den Einstieg in den Schriftspracherwerb ist die Gliederung in Sprechsilben eine sinnvolle Methode, vor allem lange Wörter zu segmentieren. Sprechsilben sind schon sehr kleinen Kindern natürlich zugänglich (u. a. Schmid-Barkow 1997), Kinder sind früh in der Lage, beim Singen oder bei Abzählversen zu syllabieren. Wird die Silbensegmentierung im Unterricht thematisiert, sind Lehrerinnen zum Teil unsicher, ob sie Schreibanfängerinnen darin unterstützen sollen, sich beim Syllabieren auf ihr „Sprachgefühl“ zu verlassen, oder ob sie von Anfang an die Regeln der orthographischen Silbentrennung im Blick haben müssen. Die aufgrund des natürlichen Rhythmus- oder Taktgefühls erzeugten Gliederungen entsprechen nicht immer den Konventionen der Silbentrennung im Deutschen. Ein Kind gliedert z. B. „A-dler“ oder auch „Ad-ler“, „Ka-tze“ oder „Kat-ze“ und „hü-pfen“ oder „hüp-fen“ und ist nicht irritiert, weil die Silbengrenzen verschwimmen. Für den Schriftspracherwerb ist dies anfangs unerheblich, entscheidend ist der Gliederungsvorgang als solcher, der Schreibanfängerinnen unterstützt, ein Wort in überschaubare Einheiten zu portionieren (Ossner 2001, 144). Selbstredend ist es Aufgabe des Unterrichts, die orthographisch korrekte Silbensegmentierung einzuführen. Damit sollten Kinder jedoch nicht überfordert werden, weil es zu früh im Vordergrund steht. Eine sukzessive Heranführung mit motorischer Unterstützung ist sinnvoll.

Es gibt unterschiedliche Ansätze, die die Silbensegmentierung fokussieren (z. B. die Methode nach Buschmann: Tacke et al. 1994; Reuter-Liehr 1991). An dieser Stelle soll keine Diskussion dieser Konzepte erfolgen. Es soll aber ein Konzept vorgestellt werden, das die Silbe und ihren vokalischen Kern für Lese-/Schreibanfängerinnen sehr anschaulich macht. Ausgearbeitet wurde dieses Konzept in der Praxis, von Lehrerinnen einer Schule für Sprachbehinderte in Reutlingen. Nach diesem Konzept werden die Silben als „Silbenboote“ bezeichnet, die geschriebenen Silben werden mit darunter gesetzten Bögen, also „Booten“, gekennzeichnet. Jedes „Boot“

hat einen „Kapitän", den Vokal, der zur visuellen Unterstützung rot markiert wird.

Über dieses Bild können Kinder daran erinnert werden, dass jede Silbe einen Vokal braucht. Da zu Beginn des Schriftspracherwerbs eher Konsonanten verschriftet und Vokale häufig ausgelassen werden, ist dies ein Weg, zu vollständigen Verschriftungen von Silben zu gelangen. Zunächst lernen die Kinder die „Kapitäne" *a, e, i, o* und *u* kennen, später lernen sie, dass es „starke Kapitäne" (die Diphthonge *au, eu, ei* etc.) gibt. Zur Veranschaulichung der Umlautung aufgrund des morphologischen Prinzips (Stammprinzip: „schreibe gleiche Wortbausteine gleich", z.B. <Hände> wegen <Hand>) wird ebenfalls ein Bild gewählt: hier „zieht sich der Kapitän um" oder „setzt eine Mütze auf". Die Doppelvokale <aa, ee, oo> und <ie> (<ie> wird hier verstanden als Doppel-i, was den Kindern auch so verdeutlicht werden kann.) werden als „Zwillingskapitäne" bezeichnet und manche „Kapitäne" haben einen „stummen Diener" (Dehnungs-h), der direkt hinter dem Kapitän steht. Die Konsonanten sind die „Passagiere". Ein Boot kann ohne Passagiere fahren, aber es braucht einen Kapitän (z.B. *E-sel*). Motorisch umgesetzt wird das Bild des Silbenbootes ebenfalls, um die kinästhetische Rückmeldung beim Schwingen zu nutzen. (Die Schärfung (z.B. *Wel-le*) ist nach Buschmann beim Syllabieren aufgrund kinästhetischer Rückmeldung ohne Rückgriff auf das Rechtschreibwissen spürbar (Tacke et al. 1994, 22).) Dabei beginnt die Schreibhand jeweils oben links, „holt das Boot ab" und „zieht es herüber", indem die Schreibhand im tiefen Bogen nach rechts (also in Schreibrichtung) schwingt. Für das nächste Boot wird erneut oben links begonnen. Linkshänder schwingen dabei mit der linken Hand von links nach rechts, also ebenfalls in Schreibrichtung. Zur Einführung dieses Silbenschwingens können sich alle Kinder und die Lehrerin in einen Kreis stellen und gemeinsam rechtsherum schreiten und schwingen. So lässt sich gut beobachten, welche Kinder Probleme beim Schwingen zeigen. Durch die Gruppe erhalten diese Kinder gleichzeitig Unterstützung.

Die Silbensegmentierung ist vor allem für Kinder hilfreich, die Schwierigkeiten bei der Durchgliederung und Verschriftung langer Wörter haben.

Wortstrukturen

Für Kinder, die bei der Durchgliederung von Wörtern Schwierigkeiten zeigen, ist es notwendig, dass sie Lautanalyse und Verschriftung zu Beginn an einfach strukturierten Wörtern erproben. Zweisilbige Wörter, bei denen die einzelnen Silben jeweils die Struktur Konsonant-Vokal aufweisen, also: KV-KV wie z.B. *Rose*, sind am einfachsten zu verschriften, auch aufgrund des Langvokals in der betonten Silbe. Wenn Wörter mit dieser Struktur sicher verschriftet werden, kann die zweite Silbe eine geschlossene Silbe sein: KV-KVK, z. B. *Wagen*, *Nebel*. Erst wenn diese Strukturen auch in längeren Wörtern realisiert werden (z. B. *Banane*, *Telefon*) sollte die betonte Silbe eine geschlossene sein (KVK-KV, z. B. *Nelke*). Bei betonter geschlossener Silbe ist der Vokal kurz, die Silbe endet auf einen Konsonanten und die folgende Silbe beginnt wieder mit einem Konsonanten. Kurzvokale sind jedoch schwieriger identifizierbar als Langvokale und das Zusammenfallen von zwei Konsonanten an der Silbengrenze erschwert die Lautanalyse. Besondere Schwierigkeiten bereitet auch die Konsonantenverbindung am Wort- bzw. Silbenanfang. Beim Spracherwerb ist die Mehrfachkonsonanz für Kinder zunächst sehr schwierig zu realisieren, häufig wird sie reduziert, aus *Knoten* wird „Noten" und aus *Schwein* wird „Wein". In der geschriebenen Sprache ist die Analyse der Konsonantenverbindung für viele Kinder schwierig, vor allem für die Kinder, die lange Probleme bei der mündlichen Realisierung der Mehrfachkonsonanz hatten. Es ist daher sinnvoll, Wörter mit Konsonantenverbindungen am Anfang zu vermeiden und bei Kindern mit Schwierigkeiten zunächst die Verschriftung einfacher Strukturen zu sichern. Später müssen sie bei der Analyse von Konsonantenhäufungen gezielt unterstützt werden. Ein motivierendes und hilfreiches Material sind die Klammerkarten von Crämer (2001): Auf einer Bildkarte steht ein Wort, bei dem die Konsonantenverbindung am Wortanfang fehlt (z. B. „___ille" für *Brille*). Dieser muss ergänzt werden, indem eine Wäscheklammer mit dem passenden Wortanfang vom Kind ausgewählt und „angeklammert" wird (siehe Kap. 2.4).

Abb. 25: Plakat zur Veranschaulichung: Silbenboot mit Kapitän

Steigerung des Schwierigkeitsgrades bei Silbenstrukturen:

(K)V-KV: Oma, Rose, Nase
(K)V-KVK: Ofen, Wagen, Nagel
(K)VK-KV oder (K)VK-KVK: Ente, Nelke, Garten
KVKK: Turm
KKVK: Kran

Die Strukturierung des Wortmaterials nach Schwierigkeitsgraden – so zu finden z. B. im *Kieler Leseaufbau* (Dummer-Smoch/Hackethal 1994) sowie im *Kieler Rechtschreibaufbau* (Dummer-Smoch/Hackethal 1993) zur Förderung von Kindern mit Lese-Rechtschreib-Schwierigkeiten – wird zum Teil kritisiert mit dem Argument, es könne kaum beurteilt werden, was für Kinder wirklich schwierig sei; wichtig sei der persönliche Bezug und das Anknüpfen an individuelle Erfahrungen (Brügelmann/Brinkmann 1998, 17ff). Meines Erachtens ist beides richtig. Aus eigener Erfahrung in der Therapie lese-rechtschreib-schwacher Schülerinnen und der Arbeit mit funktionalen Analphabeten weiß ich, dass Lernerinnen mit Schwierigkeiten beim Schriftspracherwerb von einer Strukturierung des Wortmaterials profitieren (Löffler 2002, 194ff). Anzustreben ist – zumindest für schwache Lernerinnen – die Kombination von einem Zugang über die individuelle Spracherfahrung mit der Möglichkeit, die Schrift eigenständig zu erkunden, und Phasen, in denen an Material gearbeitet wird, das für die Bedürfnisse von Lernerinnen mit Schwierigkeiten im Aneignungsprozess individuell vorstrukturiert wird. Untersuchungen weisen darauf hin, dass vor allem langsam lernende Kinder und Kinder mit Schwierigkeiten von mehr direktiver Instruktion profitieren (Einsiedler 2002, 308). Dabei darf direktive Instruktion nicht mit Frontalunterricht verwechselt werden, sondern heißt vielmehr, dass diese Kinder Hilfen bei der Strukturierung des Schulalltags und des Lernstoffs erhalten.

3.4.3 Aufbau und Sicherung eines Grundwortschatzes

Aufbau und Sicherung des Grundwortschatzes sind sowohl für den Orthographieerwerb als auch für den Leselernprozess unerlässlich. Das schnelle Erfassen ganzer Wörter oder Wortteile gelingt nur bei bekannten Wörtern, also Wörtern, die genug geübt und hinsichtlich Schreibung und Erkennen automatisiert sind. Empfehlenswert ist die Arbeit mit dem *(Regel-)Grundwortschatz* (Naumann 1999):

Der *(Regel-)Grundwortschatz* (R)GWS der Grundschule sollte aus etwa 1000 Wörtern bestehen, die besonders geübt werden, was nicht heißt, dass keine anderen Wörter geschrieben werden! Er soll vor allem häufige Wörter enthalten. Dies einerseits in Bezug auf Erwachsenensprache, andererseits auf Kindersprache, jeweils mündlich und schriftlich, dazu häufig falsch geschriebene Wörter (Angaben zur Häufigkeit vgl. Naumann 1999). Der (R)GWS soll zudem Modellwörter zu Rechtschreibregeln enthalten, damit wichtige Regeln an geeigneten Wörtern erarbeitet werden können. Ein Grundwortschatz sollte nach Möglichkeit individualisiert erstellt werden, also z. B. für die spezielle Klasse oder auch einzelne Lernerinnen. Individuell bedeutsame Wörter sollten immer aufgenommen werden. Einen solchen (R)GWS kann eine Lehrkraft mit der Klasse erarbeiten, indem aus bestimmten Lernsituationen oder Themen einzelne Wörter in den (R)GWS übernommen werden. Zudem können bei der Arbeit an Rechtschreibregeln (zu Beginn des Schriftspracherwerbs sind das u. a. bestimmte Endungen wie *-er*, *-en*) ausgewählte Wörter hinsichtlich zugrunde liegender Regeln untersucht und aufgenommen werden. Hilfe für die Erstellung bietet der „Orientierungswortschatz“ von Naumann (1999), eine nach Häufigkeit und Regeln sortierte Wörterliste.

3.4.4 Verfassen von Texten

Die Bedeutung des Verfassens von Texten wurde bereits unter 3.1.1 hervorgehoben. Um den kommunikativen Aspekt der Schriftsprache in den Mittelpunkt zu rücken, sind viele Schreibanlässe möglich: Briefe, Mitteilungen, Rätsel etc. Das Verfassen von Texten kann bereits im ersten Schuljahr ritualisiert werden, z. B. in Form von „Montagsgeschichten“: Jedes Kind kann eine „Geschichte“ über das zurückliegende Wochenende schreiben und ein Bild dazu malen. Besondere Blätter für diese Geschichten unterstreichen den rituellen Charakter (Überschrift „Montagsgeschichte“, ein Rahmen für das zugehörige Bild, Linien für die Geschichte), insbesondere wenn solche Geschichten gesammelt werden. In solchen Texten der Schülerinnen werden keine Korrekturen vorgenommen, die Texte werden in der Regel auch nicht weiter bearbeitet. Anders ist dies bei Texten, die für die Schreiberinnen selbst oder für die gesamte Klasse als Lesetexte dienen sollen. Solche Texte sollten, um das Erfassen bekannter Wort(teil)gestalten zu unterstützen, in die orthographisch richtige Form gebracht, nach Möglichkeit mit dem Computer geschrieben und nach den oben genannten Kriterien gestaltet werden (siehe Kap. 3.4.1).

Texte können aber auch genutzt werden, um die orthographischen Kompetenzen zu fördern (Hanke 2002). Aus selbst produzierten Texten können wichtige oder schwierige Wörter herausgesucht und genau betrachtet werden. Diese Wörter können dann in den (R)GWS übernommen werden.

Von den Schülerinnen geschriebene Texte eignen sich auch immer, um den Entwicklungsstand des Orthographieerwerbs zu betrachten. Arbeitet man mit Schülerinnen an ihren eigenen Texte, ist es wichtig, genau zu analysieren, welche Korrekturen sie umsetzen können. Für ein Kind, das noch rudimentär verschriftet, ist der Hinweis, dass *Sonne* mit <nn> zu schreiben ist, wenig hilfreich. Dieses Kind sollte Unterstützung bei der Durchgliederung und vollständigen – alphabetischen! – Verschriftung einzelner Silben erhalten. Wichtig ist folglich, immer im Blick zu behalten, auf welchem Stand ein Kind ist und was es als nächstes lernen kann. Nicht jeder Fehler muss korrigiert werden! Die Angst, dass sich ein Kind ein nicht nach den Regeln der Orthographie verschriftetes Wort sofort einprägt, also „falsch abspeichert“ ist unbegründet. In der Regel müssen Wörter länger geübt werden, bevor sie sicher gespeichert sind. Im Erwerbsprozess ist es vielmehr so, dass Kinder Wörter wieder und wieder neu konstruieren, wobei normabweichende Verschriftungen als notwenige Entwicklungsschritte betrachtet werden können (Brügelmann/Brinkmann 1998, 26).

Wie frei geschriebene Texte im Dialog überarbeitet werden können, soll an den unter 3.3.2 dargestellten Beispielen verdeutlicht werden.

Pascal möchte seinen Text zum Winterbild (<Die Faren Schliten Kinter Elf Faren Elf Einerfelt Ront Felt Den Schliten Felt Fonten Schliten>, Abb. 22) selbst am Computer schreiben. Er liest den ersten Satz und bekundet vor allem mimisch Verwirrung bzw. Missfallen, wohl weil einige Wörter mehrmals vorhanden sind. Über die Fragen, wer Schlitten fahre und wie viele Kinder es seien, erarbeiten wir die korrekte Reihenfolge der Wörter in diesem Satz. Pascal benötigt jedoch meinen Hinweis, dass das Wort <Kinder> an den Anfang gehört, weil es die Kinder sind, die hier etwas tun. Der Begriff Subjekt wird nicht verwendet, die intendierten Satzmuster sind von einfacher Struktur (Subjekt, Prädikat, ggf. Objekt/Adverbial). Ein zweiter für ihn notwendiger Hinweis ist, dass das Zahlwort <elf> zwischen Artikel und Nomen gesetzt werden muss, ebenfalls ohne die grammatischen Bezeichnungen zu verwenden. Auf diese Weise kann Pascal den Satz <Die Elf kinder Faren Schliten> schrittweise in den Computer eingeben.

Am Computer geschriebener Text von Pascal

Die Elf kinder Faren Schliten.
Einer felt Runter Fon Dem Schliten.
Die Kinder Bauen Ainen Schneman.

Der Computer erweist sich in diesem Fall als besonders vorteilhaftes Schreibwerkzeug, weil Wörter nachträglich eingefügt werden können, ohne dass sichtbare Spuren der Korrektur bleiben. Notwendig ist dabei das Deaktivieren der automatischen Rechtschreibkorrektur, damit Schreiberinnen nicht durch die roten Unterstreichungen irritiert werden. Der Umgang mit dem Computer stellt für Pascal kein Problem dar. Grammatikalisch korrekt wäre gewesen, den Artikel durch das Zahlwort zu ersetzen, dieser Hinweis hätte Pascal jedoch mit hoher Wahrscheinlichkeit irritiert. Ähnlich gehen wir beim zweiten Satz vor, wobei Pascal kontinuierlich Dativ durch Akkusativ („fällt runter von den Schlitten“) ersetzt. Da Pascal im mündlichen Sprachgebrauch Schwierigkeiten bei der Kasusmarkierung zeigt, kann die Selbstkorrektur hier kaum gelingen, daher gebe ich den korrekten Kasus bzw. Artikel in diesem Fall vor. Pascals zweiter Satz lautet nun: <Einer felt Runter Fon Dem Schliten>. Pascal möchte noch einen dritten Satz hinzufügen und schreibt <Die Kinder Bauen Ainen Schneman>. Für diesen Satz benötigt er nur geringe Unterstützung hinsichtlich der Lautunterscheidung /p/ vs. /b/ beim Wortanfang von <Bauen>.

Pascal ist in der Lage, alphabetisch zu verschriften, mehr verlange ich von ihm hinsichtlich der Einhaltung orthographischer Normen zu diesem Zeitpunkt nicht. Das handschriftliche <Kinter> wird beim Eingeben in den Computer zu <Kinder> korrigiert, denn /d/ ist für Pascal am Silbenanfang deutlich hörbar. Angeleitet wird diese Korrektur durch meine Gegenüberstellung „Kin-ter" versus „Kin-der". Ebenso korrigieren wir die Schreibungen <Runter> und <Fon>. Die Regeln der Morphemkonstanz (<felt>), der Dehnung (<Faren>) und Schärfung (<Schliten>) sowie der Groß- und Kleinschreibung werden nicht angesprochen, da Pascal sie bei seinem Stand der Rechtschreibentwicklung noch nicht nachvollziehen könnte. Die Unterscheidung minimaler Lautmerkmale, z.B. stimmhaft-stimmloser Konsonantenpaare, liegt innerhalb von Pascals Lernmöglichkeiten, daher erhält er hier beim Schreiben Unterstützung. Mit weiteren Regelhinweisen würde ich weit über das Ziel hinausschießen, denn Regeln auf einem zu hohen Niveau könnte er vermutlich nicht verinnerlichen.

Die Art der Korrektur von frei geschriebenen Texten ist allerdings auch abhängig vom Verwendungszweck: Ein Text, der für die Schreiberin bzw. andere Kinder als Lesetext gedacht ist, sollte im Hinblick auf das rationelle Lesen (von der Lehrkraft) in die orthographisch korrekte Form gebracht werden.

Daniel möchte seinen Text zum Chamäleon (<Chamäleon gleten – ut leten – ist – Augen – Sung Lang – Segten – Leten etiwste >, Abb. 23) nicht selbst am Computer schreiben, er möchte aber einen computergeschriebenen Text haben. Ich biete ihm an, den Text für ihn zu schreiben und wir setzen uns gemeinsam an den Computer. Daniel kann nicht vorlesen, was er selbst geschrieben hat. Ich lese ihm die (gemeinten) Wörter vor und mit seinen Ergänzungen werden Sätze daraus. Bei den kurzen Sätzen ist es Daniel möglich, selbst ganze, korrekte Sätze zu bilden. Bei komplexen Zusammenhängen wirkt er schnell hilflos. Für seinen Satz zur Augenbeweglichkeit beim Chamäleon braucht Daniel viel Unterstützung. Hilfreich ist für ihn die Gliederung seiner Aussage (rechts und links, oben und unten, geradeaus), weil er daran scheitert, alle Richtungen gleichzeitig in einen Satz zu bringen.

Der Text soll Daniel als selbst erstellter und persönlich bedeutsamer Leseübungstext dienen. Solche Texte müssen in die orthographisch korrekte Form gebracht werden, damit ökonomisches Lesen über das Erkennen bekannter Wortteile bzw. Wörter möglich ist.

Am Computer erarbeiteter Text von Daniel

Chamäleon
Das Chamäleon kann gut klettern.
Mit den Augen kann es
nach rechts und links,
nach oben und unten
oder geradeaus schauen.
Die Zunge ist lang.
Das Chamäleon frisst Insekten.
Das Chamäleon lebt in der Wüste.

4 Lern- und Lehrprozesse im zweiten Schuljahr

4.1 Zielsetzungen des zweiten Schuljahres

4.1.1 Der Blick auf Kinder mit Förderbedarf

Aus den Lebens- und Lernbiographien von Analphabetinnen ist bekannt, dass die ersten beiden Schuljahre entscheidend für die Schulkarriere sind. Erschreckend ähneln sich die Biographien von jugendlichen und erwachsenen Analphabetinnen. Dabei werden von allen Betroffenen übereinstimmend familiäre, schulische und individuelle Faktoren genannt, die dazu führten, dass sie nicht ausreichend lesen und schreiben lernten (Kap. 1 und Füssenich 2004b). Schule kann noch so gut sein, es wird immer Kinder geben, die aus unterschiedlichen Gründen nicht in den Schriftspracherwerb einsteigen und eine zweite Chance benötigen. Doch leider ist es trotz unseres ausgebauten Schulsystems so, dass Kinder, die am Ende der zweiten Klasse noch nicht über grundlegende Lese- und Schreibfähigkeiten verfügen, kaum Möglichkeiten erhalten, diese in einem zweiten Anlauf zu erwerben, weil der Unterricht in den weiterführenden Klassen elementare Schriftkenntnisse voraussetzt.

Die Ergebnisse von PISA und die hohe Arbeitslosigkeit von Jugendlichen lenken einerseits den Blick auf *Schulversagen* und andererseits auf das *Versagen der Schule*. Sinnvolle Maßnahmen zur Prävention von Analphabetismus, wie Sprachförderung im Kindergarten und Leseförderung, nutzen Kindern mit Förderbedarf aber nur, wenn sie unter lernförderlichen Bedingungen stattfinden. Noch so gut ausgebildete Lehrerinnen können den Anforderungen, die durch die Unterschiede in den kindlichen Entwicklungen entstehen, kaum gerecht werden, wenn keine bildungspolitischen Konsequenzen daraus gezogen werden, dass die ersten beiden Schuljahre die Schullaufbahn entscheidend bestimmen.

Weiterhin ist das zweite Schuljahr relevant, weil Kinder nach der Klasse 2 offiziell „sitzen bleiben" können, während sie die erste Klasse nur auf Wunsch der Eltern wiederholen dürfen. So gehörten z.B. in einer unserer Projektklassen fünf von 25 Kindern zu den Wiederholern. Dies bedeutet für Lehrerinnen, dass sie sich in der zweiten Klasse verstärkt auf Kinder einstellen müssen, die Lernschwierigkeiten haben. Es reicht nicht, diesen Kindern den Stoff noch einmal anzubieten, sondern sie benötigen ein anderes methodisches Vorgehen. Somit ist das zweite Schuljahr eine wichtige Etappe in der schulischen Sozialisation.

Um eine bessere Passung (Schwartz o. J.) zwischen den Voraussetzungen der Kinder und den schulischen Anforderungen zu gewährleisten, sind flexiblere Einschulungen, jahrgangsübergreifendes Lernen sowie variable Verweildauer in einzelnen Klassen erforderlich. Diesen Anforderungen trägt das Modell „Schulanfang auf neuen Wegen" in Baden-Württemberg Rechnung. Dabei soll die Förderung aller Kinder von lernschwach bis hochbegabt sowie die Integration von behinderten Kindern ermöglicht werden.

Andererseits werden Bildungsstandards für das Ende des Anfangsunterrichts (Ende Klasse 2) und für das Ende der Grundschulzeit formuliert, die das Kernwissen und die Kernkompetenzen von Schülerinnen beschreiben. Durch entsprechende Diagnosearbeiten werden die Leistungen der Kinder überprüft. „Forschung zur Schul- und Unterrichtsqualität gibt es nicht erst seit PISA, auch wenn gelegentlich der Eindruck entsteht." (Heckt 2004, 2) Die Bildungspolitik beschäftigt sich schon immer mit der Frage, über welches Wissen und über welche Fähigkeiten und Kompetenzen Kinder am Ende der Grundschulzeit verfügen sollen. Es sollen nun bestimmte Basisqualifikationen bei allen Kindern gewährleistet werden, womit auch eine Verbesserung des Unterrichts verbunden wird.

4.1.2 Bildungsstandards für das zweite Schuljahr

Welche Konsequenzen dies für das Lernen und Lehren hat, wird im Folgenden exemplarisch anhand des Bildungsplans für die Grundschule aus Baden-Württemberg (2004, 48f) gezeigt: Die Kompetenzen für die Inhalte des Faches Deutsch werden in *Sprechen*, *Lesen/Umgang mit Texten und Medien*, *Schreiben* (Texte schreiben und Rechtschreiben) sowie *Sprachbewusstsein entwickeln* untergliedert. Die ausgewählten Beobachtungsaufgaben des FuN-Teilkollegs „Prävention von Analphabetismus in den ersten Schuljahren" beziehen sich auf wesentliche Bereiche der Kompetenzen Schreiben (Texte schreiben und Rechtschreiben), Lesen/Umgang mit Texten und Medien sowie Sprachbewusstsein entwickeln, um den Lernfortschritt aber auch Stagnationen von Kindern unterrichtsbegleitend festzustellen. Die darüber hinaus genannten Kompetenzen werden in den Diagnoseaufgaben (siehe Aufgaben für das Jahr 2003) und auch bei Beobachtungsaufgaben des FuN-Teilkollegs nicht *explizit* aufgegriffen.

Schreiben

„*Texte schreiben:*

Die Schülerinnen können

- eigene Schreibideen entwickeln;
- selbstständig zu individuell ausgewählten und zu vorgegebenen Schreibanlässen kurze Texte schreiben;

- beim Schreiben kleiner Geschichten auf die zeitliche Abfolge achten;
- Fragen an ihre eigenen und an die Texte anderer stellen und Texte entsprechend überarbeiten.“ (Bildungsplan für die Grundschule, Baden-Württemberg 2004, 48)

Die Einschätzung von Textkompetenz wird sowohl auf der Basis eigener Schreibideen als auch auf der von Texten zu vorgegebenen Schreibanlässen vorgenommen. Die Bewertungskriterien beziehen sich auf die in der Literatur (Kap. 4.2.1) genannten, wobei die zeitliche Abfolge sicher ein wichtiges Kriterium ist. Sie wird aber, soweit empirische Daten vorliegen, von Zweitklässlerinnen – wenn überhaupt – nur in Ansätzen beherrscht. Andere Kriterien, wie die Verschriftung der für Leserinnen notwendigen Informationen, sind für diese Altersstufe entscheidender. Weiterhin sind Zweitklässlerinnen nur zu begrenzten Überarbeitungsprozessen fähig (Klein 2001a; 2001b; 2001c).

Da beim Verfassen von Texten sowohl Kriterien der Textkompetenz als auch Grammatik- und Rechtschreibfähigkeiten von Bedeutung sind, werden beide Bereiche der Sprache in den vom FuN-Teilkolleg zusammengestellten Beobachtungsaufgaben betrachtet.

„*Rechtschreiben:*
Die Schülerinnen können

- eigene Texte unter zunehmender Beachtung von Rechtschreibmustern schreiben;
- bei unbekannten Wörtern bekannte Muster anwenden (wie Herleitung über Plural, Grundform bilden, Analogiebildung);
- selbstständig Wörter üben, deren Schreibung ihnen noch schwer fällt und die für sie schreibwichtig sind;
- geübte Wörter normgerecht schreiben;
- orthographische Regelmäßigkeiten entdecken und sich in der Schreibung danach richten (wie Großschreibung, Satzschlusszeichen, Großschreibung von Nomen);
- die wichtigsten Lernwörter, die keiner Regelmäßigkeit folgen, normgerecht schreiben;
- selbstgeschriebene Texte mithilfe einer Vorlage kontrollieren und berichtigen;
- Wörter in einem altersgemäßen Wörterbuch nachschlagen.“ (Bildungsplan für die Grundschule, Baden-Württemberg 2004, 49)

Da eine grundlegende Stufe beim Erwerb der Orthographie das alphabetische Schreiben ist (Kap. 2), dies aber in den Bildungsstandards kaum Berücksichtigung findet, wurde im FuN-Teilkolleg hierauf ein Schwerpunkt gelegt (Kap. 4.2).

Lesen:

„Die Schülerinnen können

- einfache und ungeübte Texte lesen und verstehen und kennen Übungen dazu;
- einfache Fragen zum Text beantworten;
- in kurzen Texten gezielt Informationen finden;
- einfache Arbeitsanweisungen selbstständig lesen und befolgen." (Bildungsplan für die Grundschule, Baden-Württemberg 2004, 48)

Diese aufgeführten Kompetenzen werden in den vom FuN-Teilkolleg ausgewählten Beobachtungsaufgaben berücksichtigt. Da Sinnentnahme nur möglich ist, wenn Kinder die Fähigkeit zu Synthese und den Einsatz von Lesestrategien beherrschen, wurden hierzu entsprechende Aufgaben von uns ausgewählt (Kap. 4.2.3).

Tab. 9: Beobachtungsaufgaben im zweiten Schuljahr

Lernziel	**Monat**	**Beobachtungsaufgaben**
Verfassen von Texten	Dezember	„Das mag ich! Das mag ich nicht!"
	April	Leeres Blatt (Dehn/Hüttis-Graff 2006)
	Mai	„Schellen-Engel" von Paul Klee (Rabkin 1992)
Orthographie	Oktober	Hamburger Schreib-Probe (HSP 1-E1) (May 2002)
	Januar	Alphabetisches Schreiben
Lesen	November	Lesen (Sinnverständnis): Leseaufgabe Fisch
	April	Lesen (Taktiken des Lesens): Leseaufgabe Tierrätsel
	Juni	Lesen (Sinnverständnis): Leseaufgabe Sachtext
Wissen über Sprache (Sprachreflexion)	März	Einsicht in den Aufbau von (Schrift-)Sprache Kenntnis von Begriffen

Sprachbewusstsein entwickeln:
„Die Schülerinnen können

- zunehmend über die Sprache, insbesondere über die Schriftsprache, nachdenken;
- Regelmäßigkeiten in der Sprache entdecken;
- Wörter in Bestandteile zerlegen und verändern;
- in Texten Sätze und Wörter abgrenzen, Satzschlusszeichen setzen.

Die Schülerinnen kennen

- erste Fachbegriffe: Buchstabe, Laut, Selbstlaut, Mitlaut, Zwielaut, Wort, Satz, Nomen (Einzahl, Mehrzahl), Artikel, Verb, Punkt, Fragezeichen, Ausrufezeichen, Komma." (Bildungsplan für die Grundschule, Baden-Württemberg 2004, 49)

Da diese Kompetenzen nicht isoliert, sondern im Zusammenhang mit der Zunahme der mündlichen Fähigkeiten, dem Lesen/Umgang mit Texten, dem Verfassen von Texten sowie dem Orthographieerwerb erworben werden, werden sie in den ausgewählten Aufgaben vor allem im Zusammenhang mit anderen sprachlichen Bereichen betrachtet. „Der Weg führt nicht von der Grammatik zur Sprache, sondern von der Sprache zur Grammatik" (Bildungsplan für die Grundschule Baden-Württemberg (2004, 46). Um sicher zu sein, dass Zweitklässlerinnen – vor allem Kinder mit Förderbedarf – über grundlegende Fähigkeiten, wie Kenntnis erster Fachbegriffe, verfügen, wurde dieser Bereich auch isoliert überprüft. (Kap. 4.2.1 – Kap. 4.4).

4.2 Beobachtungsaufgaben für das zweite Schuljahr

Um einen Einblick in den Schriftspracherwerb der Zweitklässlerinnen zu erhalten, wurden die Fähigkeiten beim Verfassen von Texten, beim Erwerb der Orthographie, beim weiterführenden Lesen sowie beim Erwerb von Wissen über Sprache (Sprachreflexion) erhoben. Idealtypisch ist folgender Ablauf (Tab. 9), der mit Projektklassen weitgehend erprobt ist und auf den sich die Auswertung der Daten bezieht (Kap. 4.3).

4.2.1 Verfassen von Texten

Die in der mündlichen Sprache häufig verwendeten Ellipsen und grammatischen Unvollständigkeiten sind bei schriftlichen Äußerungen unzulässig. Die Schriftsprache verlangt einen bewussten Umgang mit ihren Elementen auf allen sprachlichen Ebenen. Der Begriff Schreiben bezeichnet im engeren Sinn graphomotorische Prozesse bei der Produktion schriftsprachlicher Äußerungen. Eine weitere Auslegung des Begriffs umfasst dagegen alle übergeordneten Ebenen der Planung und des Verfassens von Texten, insbesondere jene Aspekte, in denen sich Schreiben vom Sprechen und vom Lesen unterscheidet. Für alle gezielten Aktivitäten, die Schreiben als mentalen und sprachlichen Prozess charakterisieren, wurde der Begriff Textproduktion bzw. Texte verfassen eingeführt. Diese Anforderungen lassen sich mit einem „Jongleurakt" (Baurmann/Ludwig 1986) vergleichen: Verschiedene Teilprozesse und Anforderungen wechseln sich ständig ab und müssen koordiniert werden, denn das Schreiben findet immer gleichzeitig auf verschiedenen Ebenen statt.

Schreibanfängerinnen lernen erst langsam, diese Fähigkeiten zu koordinieren. Baurmann/Ludwig unterscheiden zwischen fünf Teilprozessen, die beim Schreiben eine Rolle spielen: *motivationale, konzeptionelle, innersprachliche, motorische* und *redigierende. Motivationale Prozesse* bilden die Grundlage jeglichen Schreibens. Ohne inneren Antrieb kommt kein Schreibprozess zustande, während des gesamten Schreibvorgangs muss ein Mindestmaß an Motivation vorhanden sein. Schreiberinnen müssen eine Idee von dem zu schreibenden Text haben, sie werden konzeptionell tätig. Sie entwickeln eine ungefähre Zielvorstellung von ihrem Schreibvorhaben. Erst auf dieser Grundlage können sie ihre Ideen zumindest in Teilen gedanklich, mündlich und schriftlich umsetzen. Im Hinblick auf das innere Konzept sprechen die Autoren von *innersprachlichen Prozessen*, denn sie vollziehen sich im Kopf. Der gedankliche Entwurf wird in einer Folge von Sätzen (Textbildung) und in einer Folge von Wörtern (Satzbildung) ausformuliert. Die innersprachliche Struktur wird anschließend in *motorische Handlungen* umgesetzt. *Redigierende Tätigkeiten*, Formen des Überarbeitens, die einen ständigen Wechsel zwischen Lesen und Schreiben, Überarbeiten und Entwerfen verlangen, sind während des gesamten Vorgangs mitzudenken. Sie finden im Kopf beim Formulieren statt und werden weiterhin bei Überarbeitungen am vorläufigen Text (Pretext) vorgenommen. Der Schreibprozess verläuft zwar zeitlich geordnet, dennoch folgen die einzelnen Teilprozesse nicht aufeinander. Der Schreibprozess verläuft nicht linear, sondern es finden Wiederholungen und Abänderungen statt, die sich wiederum auf die gedankliche Strukturierung auswirken, so dass sich der entstehende Text und die inhaltliche Präzisierung gegenseitig beeinflussen.

Wespel (1997) spricht von zwei Änderungen, die sich in den letzten Jahren in der Schreibdidaktik zeigen. Einerseits werden Schülerinnen von Anfang an angehalten, Texte zu verfassen, wobei sie die Möglichkeit erhalten, schon früh diese komplexe Tätigkeit zu erproben und somit zu erwerben. Andererseits werde nicht davon ausgegangen,

> „in einem lang dauernden Lehrverfahren die Teilkomponenten Buchstabenkenntnis, Schreibschrift, Rechtschreibung erst extensiv (zu) vermitteln, bevor mit dem wirklichen Schreiben begonnen werden dürfe. Wir wissen, dass für

anhaltende Motivation zum Schreiben und für nachhaltige Aneignung des Werkzeugs Schrift nichts effektiver ist als dieser frühe Beginn. Die Texte der Kinder wachsen in dem Maße, in dem wir ihnen Zeit und Gelegenheit geben, ihre Textbildungsfähigkeit zu entwickeln." (Wespel 1997, 8)

Die traditionelle Aufsatzlehre wird vielfach kritisiert (Ludwig 1998), weil sie sich auf bestimmte Aufsatzformen wie Erzählung, Bericht, Erörterung etc. beschränkt. Das Verfassen von Texten sei dabei eine Reproduktion der vorgegebenen geübten Textmuster. Als Ziel der Schreibaufgabe entstehe ein fertiges Produkt, das nach den Kriterien der Lehrperson bewertet und benotet wird.

Aus der Kritik an dieser Form der Aufsatzerziehung ist ein adressatenbezogener Aufsatzunterricht entstanden, der das Kind in seiner Rolle als Autor bewertet und der dem Text eine neue Bedeutung zukommen lässt. Der Aufsatzunterricht habe sich auch in der Grundschule verändert und es würden verschiedene Textsorten verfasst (Klein 2001a). Das Schreiben eines Textes wird als Prozess gesehen, der auf vielfältige Weise eingeleitet, begleitet, vertieft und auch überprüft wird. Klein (2001a, 36) fasst die Kriterien der adressatenbezogenen Aufsatzerziehung zusammen:

- Koordination von sprachlichen Fähigkeiten: Kreativität, Wortschatz und Authentizität bzw. Originalität werden gefördert und gefordert.
- Die inhaltliche Logik, Verständlichkeit und Leserfreundlichkeit stehen im Vordergrund.
- Freies Schreiben: Geschrieben wird über eigene Anliegen der Schülerinnen, die Spontanfassung wird nach den Kriterien der Kinder überarbeitet.
- Schülerorientiert: Das Erstellen eines Produkts steht im Mittelpunkt.

Beim Verfassen von Texten müssen Kinder ihre Lesekompetenz, ihre Rechtschreibkenntnisse und ihre weiteren sprachlichen Fähigkeiten koordinieren und Ideen entwickeln, worüber sie schreiben möchten. Wer schreibt, hat immer schon gelesen. Das gilt auch für Grundschulkinder sowie für Schreibanfängerinnen. Beim Schreiben aktivieren sie Muster, die sie als Leserinnen und als Zuhörerinnen kennen gelernt haben. Schreiben ist, so Dehn (1999, 11), immer an „Kontexte des Denkens, des Formulierens, des Austausches" gebunden. Freies und angeleitetes Schreiben (Schreiben nach Vorgaben) ergänzen sich im Unterricht. Meist überwiegt in der ersten Klasse das freie Schreiben und wird durch angeleitetes Schreiben ergänzt. Texte von Kindern, die im Unterricht entstehen, werden auch beurteilt und korrigiert. Um die Qualität und die Entwicklung von Schülerinnentexten sachlich zu beurteilen, sollte der Blick auf die Stärken des Textes gerichtet sein (Klein 2001b).

Dementsprechend wurden im zweiten Schuljahr angeleitete und freie Schreibanlässe ausgewählt. Es fand auf der Basis dieser Texte mit den Lehrerinnen ein Austausch über bereits vorhandenen Fähigkeiten der Kinder statt.

Insgesamt wurden den Kindern drei verschiedene Schreibaufgaben vorgelegt:

- „Das mag ich! Das mag ich nicht!“
- Leeres Blatt
- Bild „Schellen-Engel“ von Paul Klee

Schreibanlass: „Das mag ich! Das mag ich nicht!“ Damit Kinder möglichst nicht eingeschränkt sind und trotzdem Unterstützung bei der Entwicklung von Schreibideen bekommen, wurde als erste Schreibaufgabe eine Mischform zwischen freiem und angeleitetem Schreiben gewählt. Kinder erhalten ein Blatt mit Linien für Zweitklässlerinnen. Auf der einen Hälfte des Blattes sind Kinder mit fröhlichen Gesichtern abgebildet und die dazu gehörige Schreibaufforderung lautet: „Das mag ich!“ Auf der anderen Hälfte sind Kindergesichter eher traurig und die Schreibaufgabe lautet: „Das mag ich nicht!“ Es ist den Kindern überlassen, ob sie nur einzelne Wörter oder einen zusammenhängenden Text schreiben und ob sie die Aufforderung auf den Bereich des Essens beschränken oder weiter fassen (siehe Füssenich/Löffler 2005).

Die Betrachtung dieser Texte und der weiteren Schreibproben bezieht sich auf die Fähigkeiten zur Textbildung, auf Aspekte von Grammatik- und Rechtschreibkenntnisse sowie auf die Fähigkeit, Texte zu korrigieren (Füssenich 2006). Bei der Bewertung zum jetzigen Zeitpunkt wird die *Textkompetenz* nur danach betrachtet, ob die Texte verständlich sind und wie Kinder Schreibideen entwickeln und umsetzen.

Grammatik- und Rechtschreibkenntnisse werden nach folgenden Kriterien ausgewertet (Kap. 4.2.1):

- Markierung von Wortgrenzen
- Vollständigkeit von Sätzen
- Markierung von Sätzen (Großschreibung und/oder Setzung von Punkten)
- primäre Rechtschreibstrategie
- Anzahl der Wörter (orthographisch richtig oder falsch geschriebene Wörter)

Um Texte korrigieren zu können, müssen Kinder eine Verbindung zwischen Textkompetenz und Rechtschreib- sowie Grammatikkenntnissen herstellen können. Kompetente Schreiberinnen korrigieren ihre Texte. Dabei können sich die Korrekturen entweder auf Aspekte der Textproduktion, auf Rechtschreibung oder auf Grammatik beziehen. Die Fähigkeit, einen Text zu korrigieren, setzt voraus, dass jemand über seinen Text reflektieren kann. Schreibneulinge sind hierzu noch nicht in der Lage. Da Kinder der zweiten Klassen beginnen, auch Korrekturen an ihren schriftsprachlichen

Produktionen vorzunehmen, wurde die Kategorie „Korrekturen“ in die Auswertung aufgenommen.

Leeres Blatt: Um den Zuwachs von Kindern in ihrer Fähigkeit, Texte zu verfassen, festzustellen, wurde den Zweitklässlerinnen im zweiten Schulhalbjahr noch einmal die Aufgabe *Leeres Blatt* vorgelegt, die sie bereits bei der Einschulung und im ersten Schuljahr kennen gelernt hatten. Bei der Einschulung wurde das *Leere Blatt* gewählt, um zu überprüfen, ob eine Vorstellung von Schrift vorhanden ist. Kinder haben das Blatt mit der Aufforderung erhalten, ihren Namen zu schreiben und das zu schreiben und zu malen, was sie möchten. Diese Aufgabe wurde in den unterrichtsbegleitenden Beobachtungen in beiden Schuljahren wieder aufgegriffen um zu sehen, ob Kinder Ideen entwickeln, worüber sie schreiben können, ohne dass sie eine Vorgabe erhalten. Dabei können Kinder sich auf ihr (auch außerhalb der Schule erworbenes) Können beziehen. Sie dürfen das schreiben, was sie möchten, was ihnen wichtig ist und müssen nicht das schreiben, was die Schule wünscht.

Bild „Schellen-Engel“ von Paul Klee: Aufgrund der beeindruckenden Texte der am Projekt beteiligten dritten Klassen zum Bild „Schellen-Engel“ von Paul Klee haben sich die Lehrerinnen der zweiten Klassen geeinigt, diesen Schreibanlass ebenfalls den Kindern ihrer Klasse vorzulegen. Nicht jeder Schreibanlass ist für jedes Kind passend. Für die Entfaltung von Phantasieprozessen reicht es bei manchen Kindern nicht aus, sie der Faszination eines leeren Blattes zu überlassen.

> „Es sind also geeignete Anstöße notwendig, um kreative Prozesse zu initiieren, ohne hierbei zuviel vorzustrukturieren. Der Ansatz mit Anregungen aus der bildenden Kunst zu arbeiten, bietet hierfür eine Fülle von Möglichkeiten.“ (Rabkin 1992)

Die Unterrichtsmaterialien „Schreiben. Malen. Lesen.“ sind aus der Notwendigkeit entstanden, für Kinder, Jugendliche und Erwachsene mit großen Schreibschwierigkeiten motivierende Anstöße zu finden, die ihnen einen individuellen Zugang zur Schrift und darüber hinaus zu kulturellen Inhalten ermöglichen (Rabkin 1992).

Das Aufgreifen dieses Schreibanlasses hat auch den Vorteil, dass im Unterricht an die Inhalte der förderungsdiagnostischen Beobachtungsaufgaben angeknüpft werden kann. Es gibt das Buch „Fantasien von Kindern aus aller Welt“ (Rabkin et al. 1998), in dem Kinder aus verschiedenen Ländern Abbildungen von Kunstwerken weitergestaltet, verändert und zu den Bildern Texte geschrieben haben. Diese sind in der Originalsprache und in der deutschen Übersetzung abgedruckt. So haben Lehrerinnen die Möglichkeit, an die Kulturen und die Sprachen der Kinder ihrer Klasse anzuknüpfen.

„Eine Ziege bleibt immer eine Ziege? Oder? Das muss nicht sein. Eine Ziege kann man auch in ein Rentier verwandeln. Wowa zum Beispiel hat das gemacht. Er geht in Nordrussland zur Schule. Dort kennt man keine Ziegen – aber Rentiere. Jalielah aus Tunesien hingegen verwandelt die Ziege in ein Kamel, denn sie findet, dass Kamele passender für die Wüste sind. Und bei Ha Tien aus China wird die Ziege zu einem Reh, auf dessen Rücken es viele Länder gibt. Fantasie ist grenzenlos." (Rabkin et al. 1998)

Es wurde den Lehrerinnen überlassen, wie sie den Schreibanlass „Schellen-Engel" einführten.

Die Auswertung beider Schreibproben bezieht sich auf Kriterien der Textbildung, Grammatik- und Rechtschreibkenntnisse sowie Korrekturverhalten (Kap. 4.2.1). Bei der *Textbildungsfähigkeit* wird vor allem das Kriterium *Verständlichkeit* betrachtet. Darüber hinaus wird festgehalten, ob Kinder zwischen *Fiktion* und *Realität* unterscheiden, d.h. ob sie in der Lage sind, auch über Inhalte zu schreiben, die in der Realität nicht vorkommen. Dies ist eine Fähigkeit, die Kinder zu diesem Zeitpunkt über ihre literarische Sozialisation (Haueis 2004), vor allem durch audio-visuelle Medien und durch das Vorlesen von kompetenten Leserinnen, erwerben. Weiterhin werden *literarische Muster* notiert, die Kinder aus der Literatur übernehmen, wie die Formulierungen „Es war einmal" oder „Und wenn sie nicht gestorben sind, dann leben sie noch heute." Sollte bereits eine bestimmte *Textart*, wie Geschichte oder Bildbeschreibung, erkennbar sein, wird dies ebenfalls festgehalten. Darüber hinaus wird zum *Wortschatz* der Kinder Stellung genommen. Damit das Niveau von *Grammatik-* und *Rechtschreibkenntnissen* eingeschätzt werden kann, werden die Texte nach den Kriterien *Markierung von Wort- und Satzgrenzen*, *Vollständigkeit von Sätzen, grammatische Besonderheiten, Tempus, Kennzeichnung von wörtlicher Rede* sowie *Vorkommen von Satzgefüge* ausgewertet. Weiterhin wird notiert, ob Kinder ihren Text *korrigieren*. Dabei können sich die Korrekturen auf unterschiedliche Aspekte der Textproduktion beziehen: auf Rechtschreibung, Wortwahl, Grammatik oder auf Textbildung. Zum Schluss wird die Anzahl der Wörter notiert, damit die Texte in ihrer Länge innerhalb der Klasse oder auch für ein Kind über mehrere Monate/Jahre hinweg verglichen werden können.

Überblick über die Auswertungskriterien der Texte *Leeres Blatt* und *Schellen-Engel*

Verständlichkeit
Schreiben aus der Perspektive der Leserinnen

Textart
Geschichte: Es war einmal ...
Bildbeschreibung: Der Schellen-Engel hat wunderschöne Füße.

Realität/Fiktion
Realität: Der Engel ist bunt.
Fiktion: Eines Tages spielte der Engel mit der Glocke aber auf einmal fiel die Glocke zu den Menschen

Literarische Muster
Überschrift: Der Engel
Textbeginn: Es war einmal ...
Schluss: Und die Moral von der Geschichte Glocken verliert man oder nicht ...

Besonderheiten beim Wortschatz
Wortwahl, differenzierte Verben etc.

Satzgefüge
Haupt- und Nebensätze: Es war einmal ein Engel, der hatte eine Glocke.
Nur Hauptsatz: Es war einmal ein Teufel er war böse.

Kennzeichnung von Satzanfang oder -ende
Punkt am Ende oder Großschreibung am Satzanfang: Der Schellen-Engel ging friedlich durch den Wald.
Keine: Es war einmal ein Teufel er war böse er hat viele Kinder geklaut er sieht nicht böse aus er war unter der Erde er hat

Korrekturen
– sofern vorhanden –

Tempus
Präteritum: Es war einmal ...
Präsens: Der Schellen-Engel ist sehr froh, weil er seine Schelle hat.
Perfekt: Er hat viele Kinder geklaut.
Wechsel zwischen den Zeiten

Auslassung von Wörtern
Er heißt Gelbchenengel und er hat ... Er hat gelbe Füße, er ist sehr lieb.

Besonderheiten der Grammatik
Auffälligkeiten: Er war unter *die* Erde.

Besonderheiten der Rechtschreibung

Anzahl der Wörter

Die aufgeführten Auswertungskriterien sind nicht alle für das Lernen und Lehren im zweiten Schuljahr relevant. Doch hat sich bei der Fortsetzung des Projekts in dritten Klassen gezeigt, dass Kinder mit Förderbedarf oft bei der Auflistung einzelner Hauptsätze verharren und meist auch (noch) nicht in der Lage sind, vom Präsens zum Präteritum zu wechseln. Da schriftliches Erzählen an mündliches Erzählen anknüpft, ist es sinnvoll, schon in der zweiten Klasse darauf zu achten, ob Kinder diese Fähigkeiten in der mündlichen Sprache aufweisen (Füssenich 2004b, Rank 1995). Weiterhin verfügen einige Kinder weder mündlich noch schriftlich über literarische Muster und können auch (noch) nicht zwischen Realität und Fiktion unterscheiden. Wie diese Fähigkeit auch durch Lesen und Vorlesen gefördert werden kann, zeigt Kap. 4.4. Erste Korrekturen treten bei manchen Kindern in der zweiten Klasse auf, sie beziehen sich meist auf die Orthographie. Bei Kindern, die auch am Ende der zweiten Klasse weder beim Verfassen von Texten noch bei der Orthographie Korrekturverhalten zeigen (Kap. 2.1 und Kap. 4.4) sollte überprüft werden, ob sie in der mündlichen Sprache Korrekturen vornehmen (Kap. 2.1).

4.2.2 Orthographieerwerb

Die früher ausschließliche Orientierung von Lehrgängen und Materialien an orthographischen Elementen, wie „Wir üben heute die Kürzungszeichen“, wird heute durch eine stufenbezogene Betrachtung des Erwerbs der Orthographie ergänzt, die die jeweilige dominierende Strategie der Schreiberinnen in den Blickpunkt rückt. Im zweiten Schuljahr wurde die *Hamburger Schreib-Probe* eingesetzt (ausführliche Darstellung siehe Kap. 3), weil dieser Test einerseits den Fähigkeiten und Schwierigkeiten von Kindern Rechtschreibstrategien zuordnet, von denen Fördermaßnahmen abgeleitet werden können, und andererseits Vergleichswerte mit anderen Klassen ermöglicht.

Darüber hinaus haben wir das alphabetische Schreiben im Januar ausführlich überprüft. Da, wie Voruntersuchungen (Füssenich 1998) zeigen, besondere Schwierigkeiten der alphabetischen Phase auftreten können und viele Diagnoseverfahren nicht die typischen Schwierigkeiten der alphabetischen Phase erfassen, wurden Wörter zusammengestellt, die von den Kindern verschriftet werden sollen. Zur Überprüfung der Orthographie wurden eingesetzt:

- Hamburger Schreib-Probe (HSP 1-E1)
- Alphabetisches Schreiben

Hamburger Schreib-Probe (HSP 1-E1): Zu Beginn des zweiten Schuljahrs werden die Rechtschreibfähigkeiten der Kinder mit der *Hamburger Schreib-Probe* (HSP 1-E1) diagnostiziert. Alle Kinder schreiben nach

Bildvorlagen die Wörter *Baum*, *Telefon*, *Hund*, *Mäuse*, *Löwe*, *Hammer*, *Spiegel*, *Fahrrad* und den Satz *Die Fliege fliegt auf Uwes Nase*. Bei der Durchführung werden die Abbildungen besprochen und die Wörter in der „gewohnten Alltagssprache“ ausgesprochen. Ableitungshilfen werden nicht gegeben, wie: „Denkt beim Wort *Mäuse* an *Maus*.“ Es ist sinnvoll, mit den Kindern darüber zu sprechen, dass die Wörter schwierig sind und dass sie nicht unbedingt richtig verschriftet werden müssen. Kinder, die mit den gestellten Aufgaben vor ihren Mitschülerinnen fertig sind, können das Tierrätsel auf der zweiten Umschlagseite des Testhefts lösen.

Die HSP 1-E1 unterscheidet zwischen folgenden Strategien für diese Altersstufe, die von Bedeutung sind (May 2002, 4f):

- Als *alphabetische Strategie* wird die Fähigkeit verstanden, den Lautstrom der Wörter aufzugliedern und mit Hilfe von *Graphemen* bzw. *Graphemkombinationen* schriftlich festzuhalten.
- Über die *orthographisch-morphematischen Strategie* werden die Phonem-Graphem-Zuordnungen durch orthographische und morphematische Elemente modifiziert. Orthographische Elemente müssen auswendig gelernt werden (z. B. <ah> in *Fahrrad*). Bei der *morphematischen Strategie* werden Schreibungen entweder durch den Wortstamm (wie bei *fliegt* und Mäuse) oder durch die Zerlegung von zusammengesetzten Wörtern in Wortteile (z. B. bei *Fahr-rad*) abgeleitet.

Da vor allem beim Übergang von der ersten zur zweiten Klasse die Fähigkeit, alphabetisch zu schreiben, relevant ist, legt die HSP 1-E1 hierauf einen Schwerpunkt. Langsam lernende Kinder können auch noch im zweiten Schuljahr Schwierigkeiten mit dem alphabetischen Schreiben haben, deshalb ist es wichtig, diese Fähigkeiten qualitativ zu erfassen.

Alphabetisches Schreiben: Im Januar wurde eine weitere Erhebung der Rechtschreibfähigkeiten vorgenommen. Dabei liegt der Schwerpunkt nur auf der Überprüfung des alphabetischen Schreibens. Bei Kindern mit Schwierigkeiten ist es erforderlich, die alphabetischen Schreibungen genauer zu betrachten und fehlende Phonem-Graphem-Zuordnungen zu analysieren. So werden *Stagnationen* vermieden, die Kinder daran hindern, Rechtschreibmuster zu erkennen und in ihr Wissen zu integrieren. Nur auf der Basis von sicher beherrschtem alphabetischem Schreiben können Kinder ihre Rechtschreibfähigkeiten weiterentwickeln. Vielfach wird von Kindern erwartet, dass sie sich Rechtschreibregeln aneignen, obwohl ihnen das alphabetische Schreiben noch große Probleme bereitet; sie haben z. B. mit der Verschriftung von Mehrfachkonsonanz und der Durchgliederung langer Wörter Schwierigkeiten. Häufig können diese Kinder noch nicht alphabetisch schreiben und integrieren zum Teil diffus Rechtschreibregeln, wie das Dehnungs-h, ohne konkrete Vorstellungen von den zugrunde liegenden Regeln zu haben. Es werden zwar in fast allen Diagnoseverfahren alphabetische Schreibungen überprüft, aber unseres Erachtens werden besondere Schwierigkeiten nicht erfasst. Die meisten „Entwicklungsmodelle" zum Schriftspracherwerb wurden aufgrund von Daten normalentwickelter Kinder erstellt. „Ausgehend vom vorkommunikativen Schreiben über das alphabetische Schreiben lernen sie die Rechtschreibregeln. Sie durchlaufen diese Stufen schnell und meist ohne Mühe. Welche sprachlich-kognitiven Leistungen Kinder vollbringen, aber auch welche Schwierigkeiten auftreten können, zeigen Kinder mit Lernschwierigkeiten." (Füsssenich/Löffler 2003a, 9)

Damit der Entwicklungsstand in diesen Bereichen differenzierter als im Oktober überprüft wird, wurde eine eigene Aufgabe entwickelt. Bei den ausgewählten Wörtern, die die Kinder verschriften, sollte es sich nicht um Lernwörter handeln, sondern um Wörter, deren Silbenstrukturen bzw. deren Schreibung sich die Kinder erarbeiten müssen. Die Aufgabe besteht aus zwei Teilen: Im ersten Teil wird erfasst, ob Kinder in der Lage sind, Wörter in Silben zu gliedern. Im zweiten Teil müssen sie ausgewählte Wörter eigenständig schreiben. Bevor Kinder auch längere Wörter alphabetisch verschriften, müssen sie Wörter in kleinere Einheiten (z.B. in Silben) segmentieren können. Anhand von fünf Wörtern mit unterschiedlicher Silbenstruktur wird die Segmentierungsfähigkeit überprüft. Die ausgewählten Wörter erhalten die Kinder als Silbensalat mit der Aufforderung, das entsprechende Wort zusammenzusetzen. Ein Bild macht deutlich, um welches Wort es sich handelt.

Die Kinder bearbeiten die Aufgabe jeweils einzeln, die Lehrperson kann sie aber in der Klasse erklären und ein Beispiel vorführen, z.B. die Silben des Wortes *Schul-ran-zen* in einen Kreis an die Tafel schreiben und das Wort von einem Kind auf einer Linie daneben schreiben lassen. Zudem ist es sinnvoll, mit Kindern zu klären, was auf den einzelnen Bildern zu sehen ist. Es handelt sich um die Wörter: *Regenschirm*, *Schmetterling*, *Geburtstagskuchen*, *Marmelade*, *Papagei*. Das Wort *Papagei* wurde vor allem deshalb ausgewählt, weil Kinder oft Schwierigkeiten mit der Durchgliederung von Wörtern haben, wenn gleiche oder ähnliche Silben wiederholt auftreten (Kap. 2).

Im zweiten Teil wird anhand von 14 Wörtern die Fähigkeit alphabetisch zu verschriften überprüft (Füssenich 1998; Füssenich/Löffler 2003a, 2003b). Es handelt sich um Wörter, die als Bilder vorgelegt werden:

Schwein	*Gartenzwerg*	*Fenster*
Kreuz	*Brot*	*Schokolade*
Gurke	*Trompete*	*Traktor*
Krokodil	*Schlange*	*Drachen*
Ananas	*Wurst*	

Diese Wörter wurden ausgewählt, weil sie typische Schwierigkeiten des alphabetischen Schreibens beinhalten. Dabei kann es ohne weiteres sein, dass in einem Wort mehrere Schwierigkeiten gleichzeitig enthalten sind. So lässt sich z.B. beim Wort *Schwein* notieren, ob das Kind die Mehrfachkonsonanz am Wortanfang orthographisch korrekt als <Schw> schreiben kann und gleichzeitig kann festgestellt werden, ob es die Graphemfolge <ei> kennt. Ähnlich verhält es sich mit den Wörtern *Traktor* und *Krokodil.* Beide enthalten am Wortanfang eine Konsonantenverbindung: <Tr> bzw. <Kr>. Darüber hinaus sind diese Wörter auch geeignet, weitere Schwierigkeiten zu erfassen. Beim Wort *Traktor* nehmen Kinder oft Lautangleichungen (Assimilationen) vor, weil /t/ und /k/ in einem Wort vorkommen und sich die Phoneme nur in einer Artikulationsstelle unterscheiden. So verschriften manche Schreibneulinge diese Wörter als <Kraktor> oder <Trator>. Haben sie auch Probleme mit den Mehrfachkonsonanten, entstehen Schreibungen wie <Kaktor> oder <Tator>. Wörter, in denen Silben oder ähnliche Silben wiederholt werden, bereiten Lernerinnen oft Schwierigkeiten. So kommt es immer wieder vor, dass das dreisilbige Wort *Krokodil* auf zwei Silben reduziert und als <Krodil> geschrieben wird. Haben Kinder noch Probleme mit der Phonem-Graphem-Zuordnung von Mehrfachkonsonanzen, so würden sie <Kodil> schreiben. Es müsste ebenfalls überprüft werden, ob Kinder diese Probleme „nur" beim Schreiben zeigen, oder ob sie auch (noch) in ihrer mündlichen Sprache auftreten. Tabelle 10 gibt einen Überblick über die Auswertungskriterien und typische Falschschreibungen (s. S. 144):

4.2.3 Weiterführendes Lesen

Brügelmann (1981) beschreibt wesentliche Taktiken des Lesens, auf die kompetente Leserinnen zurückgreifen. Durch parallele Kontrollhandlungen wird dadurch das Verstehen von Texten in angemessener Zeit gewährleistet. Leseanfängerinnen konzentrieren sich je nach Entwicklungsstand auf eine Taktik und lernen erst allmählich, die Taktiken zu verbinden (Beispiele siehe Kap. 4.3).

Taktik 1 – Ausnutzen von Sinnstützen: Leserinnen gehen an einen Text mit bestimmten Erwartungen heran, die durch inhaltliche Vorinformationen geprägt sein können, z.B. durch eine Überschrift, ein begleitendes Bild, einen Satzanfang usw. Je spezifischer diese semantische Eingrenzung erfolgt, desto weniger Merkmale des zu lesenden Wortes sind erforderlich, um zu entscheiden, was es heißt. Die Beherrschung dieser Taktik erhöht die Lesegeschwindigkeit.

Taktik 2 – Ausnutzen von syntaktischen Begrenzungen: Diese Taktik setzt die Beherrschung des grammatischen Regelsystems voraus. Dadurch ist es möglich, beim Lesen Hypothesen zu bilden, wie ein Wort nach der erkenn-

Tab. 10: Schwierigkeiten beim alphabetischen Schreiben

Zielwörter	**Schreibungen**	**Problemfeld**
Krokodil **Kr**euz **Tr**ompete **Tr**aktor **Dr**achen	Kokodil Koiz Tompete Taktor Tachen	Reduktion von Mehrfachkonsonanz
Ana**na**s Pa**pa**gei Krok**o**dil Schok**o**lade	Anas Pagei Krokdil Schoklade	Auslassung von (ähnlichen) Silben
Gur**k**e **Tr**a**k**tor	Kurke Kaktor	Lautangleichungen (Assimilationen)
Z**werg** B**rot**	Zwger Bort	Vertauschung der Reihenfolge von Graphemen
Fen**s**ter Fenst**e**r Trak**t**or	Fenter Fenstr Takor	Auslassung von Graphemen (siehe auch Reduktion von Mehrfachkonsonanz)
Trom**p**ete **D**rachen **K**reuz	Trombete Tachen Greuz	Verwechslung von stimmhaften und stimmlosen Konsonanten
Dra**ch**en (r/ch) Wu**r**st (r/ch) G**u**rke (o/u) Tro**m**pete (n/m) Schw**ei**n (a/ei)	Tare Wuchscht Gorke Tonpete Schan	Verwechslung (weiterer) ähnlicher Vokale und Konsonanten
Schw**ei**n	Schwan	Falsche Phonem-Graphem-Zuordnung
Br**o**t	Broot	Anwendung von Rechtschreibregeln (Übergeneralisierung einer Regel)

baren Stellung im Satz lauten muss. Die Bedeutung dieser Taktik liegt auch in der Beschleunigung der Informationsaufnahme, aber auch in der erhöhten Leseflüssigkeit.

Taktik 3 – Ausnutzen bekannter Wort(teil)gestalten: Die Fähigkeit, Einheiten wie Silben, Signalgruppen und Wortbausteine optisch und akustisch auszugliedern, erlaubt eine ökonomische Gliederung längerer Wörter. Richtet sich die Aufmerksamkeit zu sehr auf das Erlesen einzelner Segmente, geht das eigentliche Ziel, die Sinnentnahme, verloren.

Taktik 4 – Zuordnung von Lautfolgen zu Schriftzeichen: Leserinnen müssen die grundlegenden Aufbauprinzipien des Schriftsystems verstehen und die möglichen Lautentsprechungen der einzelnen Buchstaben kennen. Nur so ist es möglich, unbekannte Wörter zu erlesen oder mit anderen Taktiken zu überprüfen.

Leseschwierigkeiten zeigen sich zunächst in fehlender Synthesefähigkeit und Problemen beim Verstehen des Gelesenen. Brügelmann (1983) unterscheidet zwischen drei kontraproduktiven Vorgehensweisen. Manche Kinder würden buchstabenweise lesen, wobei auch vertraute Wörter nicht als Ganzes erkannt würden. Es bliebe oft beim Erlesen von Wortvorformen und Nichtwörtern, ohne dass größere Sinnzusammenhänge gebildet werden, um den Inhalt des Gelesenen zu verstehen. Er nennt diese Leserinnen „Buchstabensammler". Andere Kinder würden Wortbilder auswendig lernen und seien dann nicht in der Lage, fremde Texte zu lesen. Dieser Kinder bezeichnet Brügelmann als „Wortbildjäger". Eine weitere Gruppe von Kindern mit Leseschwierigkeiten orientierte sich zu sehr am Kontext, was zu einer Ratestrategie führe. Diese Kinder werden „Kontextspekulanten" genannt.

Im ersten Schuljahr werden vor allem die Synthesefähigkeit, die Sinnentnahme über das laute Vorlesen und die Beantwortung von Fragen zum Text überprüft (Kap. 3.2.3). Im zweiten Schuljahr liegt der Schwerpunkt verstärkt auf der Erfassung des Leseverständnisses. Dies wird überprüft, indem Kinder Gelesenes in Handlungen umsetzen und Fragen zum Text schriftlich beantworten. Weiterhin wird die Synthesefähigkeit erneut betrachtet und der Einsatz der Taktiken des Lesens erhoben (Brügelmann 1981; von Wedel-Wolff 1997; siehe auch Leseaufgabe *Tierrätsel*).

Um zu erkennen, wo genau Schwierigkeiten von Kindern beim sinnverstehenden Lesen liegen, ist es notwendig, Leseprozesse differenzierter zu erfassen. Crämer (2000a; 2000b) führt Aspekte auf, die bei der Konstruktion von Leseaufgaben zu berücksichtigen sind: Zuerst sei die Frage zu beantworten, mit welchen Aufgaben sinnverstehendes Lesen überprüft werden könne. Um keine künstliche Trennung zwischen dem Lesen als Technik und der Sinnentnahme aufkommen zu lassen, seien Aufgaben erforderlich, die

> „Kindern durch sinnvolle, funktionale Lesesituationen Spielräume eröffnen, die verschiedenen Zugriffsweisen beim Lesen einzusetzen und die Sinnentnahme bei der Bearbeitung handlungsorientierter Aufgabenstellungen als notwendig und Gewinn bringend zu erleben." (Crämer 2000a, 4)

Die Basis für die Lesebeobachtung ist eine für das Kind bedeutungsvolle Leseaufgabe (Crämer et al. 1997). Nur durch kindgerechte Leseinhalte und handlungsorientierte Aufgabenstellungen würde das Interesse von Kindern geweckt und somit lasse sich Lesemotivation aufbauen. Hierzu gehöre der Einsatz von Bildern, farbigen Lesekarten und Aufgaben, bei denen Kinder handelnd tätig sein müssen. Indem Kinder im Rahmen der Lesebeobachtung schriftliche Arbeitsanweisungen befolgen, Zuordnungen vornehmen oder Rätsel lösen, seien sie durch die Aufgabenstellung direkt gefordert, sinnverstehend zu lesen.

> „Die Anforderung, den Inhalt des Gelesenen unmittelbar in Handlung umsetzen zu müssen, sowie die Selbstkontrollmöglichkeiten geben dem Kind eine direkte Rückmeldung und lassen Irrtümer und unzureichende Zugriffsweisen offenkundig werden. Eine misslungene Lösung der Leseaufgabe reizt zu einem erneuten Versuch und bietet damit die Chance zu einer Differenzierung der Zugriffsweisen." (Crämer 2000a, 40)

Überprüfung des sinnverstehenden Lesens – Leseaufgabe Fisch: Die Leseaufgabe *Fisch* wurde von Crämer für das FuN-Teilkolleg konzipiert, um einen Einblick in die Synthesefähigkeit von Kindern zu erhalten und um zu sehen, ob sie Gelesenes in Handlungen umsetzen können. Kinder, die über diese Fähigkeit bereits in der ersten Klasse verfügen, lösen diese diagnosti-

Tab. 11: Übersicht über die eingesetzten Leseaufgaben

Aufgaben	Ziele
Aufgabe *Fisch*	■ Überprüfung des Sinnverständnisses durch Umsetzung des Gelesenen in Handlungen ■ Synthesefähigkeit
Aufgabe *Tierrätsel*	■ Überprüfung des Sinnverständnisses durch Umsetzung des Gelesenen in Handlungen ■ Taktiken des Lesens
Aufgabe Sachtext *Feuerwehr*	■ Überprüfung des Sinnverständnisses durch die Beantwortung von Fragen

sche Aufgabe fast ohne Fehler. Es kommen immer wieder Kinder in die zweite Klasse, die die Ziele des ersten Schuljahres nicht erreicht haben oder die nach nicht erfolgreichem Abschluss des zweiten Schuljahres diese Klasse wiederholen. Für diese Kinder ist die Leseaufgabe besonders geeignet.

Kinder erhalten ein Blatt mit einem abgebildeten Fisch, in dem verschiedene Tiernamen in Feldern stehen. Sie werden schriftlich aufgefordert, die Tiernamen zu lesen, die Felder *rot* anzumalen, in denen die Namen von Tieren stehen, die vier Beine haben, und die Felder *blau* auszumalen, in denen die Namen von Tieren stehen, die fliegen können.

Um über die Zugriffsweisen von Kindern Informationen zu erhalten, müssen die Aufgaben bestimmte Kriterien erfüllen (Crämer 2000a). Die Leseschwierigkeiten sollten bezüglich des verwendeten Wortschatzes den Fähigkeiten der Kinder entsprechen. Weiterhin wird erfasst, ob Kinder beim Erlesen längerer Wörter noch buchstabenweise (*F-l-i-e-g-e*) vorgehen oder Wörter nach Silben (*Schmet-ter-ling*) oder Morphemen (*Meer-schwein-chen*) segmentieren.

Diese Aufgabe überprüft, ob Kinder Anweisungen lesen, verstehen und umsetzen können. Die Aufforderung lautet:

> *„Male den Fisch an!"*
> *Das Tier hat vier Beine.* rot
> *Das Tier kann fliegen.* blau

Crämer (2000a) geht davon aus, dass diese Aufgaben zeigen, wie auch auf der Wortebene Sinnverstehen überprüft werden kann. Dazu wurde die Aufgabe in einen Kontext integriert. Kinder leisten hierbei nicht nur die Übersetzung der Grapheme in Phoneme, sondern nutzen ihr inneres Lexikon zur Bedeutungsentschlüsselung, um die Entscheidung – Das Tier hat vier Beine oder kann fliegen – treffen zu können, was allerdings voraussetzt, dass Kinder die Tiere und ihr Aussehen kennen. Das Wissen der Kinder kann vor Beginn des Lesens in einem Gespräch thematisiert werden, bei dem sie ihnen bekannte Tiere aufzählen.

> „Auf diese Weise können gleichzeitig Sinnerwartungen aufgebaut werden und die anschließenden Leseversuche des Kindes zeigen, ob es diese beim Lesen nutzt und beim Syntheseprozess schneller zum richtigen Wort gelangt." (Crämer 2000a, 41)

Es ist wichtig, mehrere ähnliche Wörter zu verwenden (*fliegen*, *Fliege*, *Katze*, *Kuh*), um Aufschluss über kontraproduktive Strategien zu erhalten. Durch gezielte Zusammenstellung der Wörter wird das Vorgehen beim Erlesen genau erfasst und die Wortschwierigkeiten dem Leseniveau der Kinder angepasst: Es werden Wörter ausgesucht mit einfacher Vokal-Konsonant-

Struktur (*Hase)*, Wörter mit Konsonantenhäufung (*Schmetterling*, *Fliege*) und mehrsilbige und zusammengesetzte Wörter (*Elefant*, *Schäferhund*).

Die Auswertung erfolgt nach den richtig angemalten Begriffen von Tieren und der Notierung, ob Tiere entweder falsch oder gar nicht angemalt werden. Weiterhin wird festgehalten, ob Kinder die Synthesefähigkeit beherrschen und ob sie bereits Taktiken des Lesens einsetzen (Füssenich/Löffler 2005). Zeigen Kinder größere Schwierigkeiten mit dieser Aufgabe, ist es sinnvoll, dass Lehrerinnen diese im Einzelnen betrachten.

Überprüfung von Lesetaktiken – Leseaufgabe Tierrätsel: Bei der Leseaufgabe *Tierrätsel*, die Crämer ebenfalls für das FuN-Teilkolleg konzipiert hat, wird erhoben, ob Kinder lesend eine Aufgabenstellung verstehen und sie direkt in Handlungen umsetzen können. Kinder erhalten ein Büchlein, in dem steht, was sie tun sollen. Weiterhin bekommen sie eine große Karte, auf der sechs Tierrätsel zu lesen sind, und kleine Karten, auf denen die zuzuordnenden Tiernamen stehen. Kinder sollen die Tierrätsel lesen und die entsprechende Karte mit dem richtigen Tiernamen auf die Karte mit den Rätseln legen. Wenn sie richtig lesen und raten, ist auf den Rückseiten der Karten mit den Tiernamen ein Tier abgebildet (Selbstkontrolle). Damit die Aufgabe auch von leseungewohnten Kindern bewältigt werden kann, wurden die Rätsel nach den Kriterien erstellt, die Texte lesbarer machen (Genuneit 1998; zusammenfassende Darstellung in Kap. 3). Folgende Rätsel sollen die Kinder lösen:

- *Das Tier mag Bananen.*
- *Das Tier ist grau. Das Tier hat einen Rüssel.*
- *Das Tier ist grün. Es kann gut springen und macht quak.*
- *Das Tier kann weit springen. Es trägt sein Kind in einem Beutel.*
- *Das Tier lebt meist im Wasser. Es hat ein großes Maul und spitze Zähne.*
- *Das Tier hat einen Schwanz. Es klettert auf Bäume und frisst gerne Nüsse.*

Diese Leseaufgabe steht im thematischen Kontext *Tiere*. Da die Kinder aufgefordert werden, die Rätsel laut vorzulesen, ist diese Aufgabe geeignet zu überprüfen, welche Lesestrategien Kinder beim Bewältigen dieser Anforderung einsetzen. Da die Aufgabe im thematisierten Kontext steht, kann überprüft werden, ob Kinder beim Lesen Sinnstützen nutzen. Sätze mit sich wiederholenden Satzmustern ermöglichen das Ausnutzen syntaktischer (und semantischer) Restriktionen. Sich wiederholende Wörter und/oder bekannte Wörter (*das*, *Tier*, *hat*, *einen*) legen einen direkten Zugriff nahe. Die Wörter *Rüssel*, *grau*, *Adler*, sich ähnelnde Wörter (*Elefant*, *Esel*, *Ente* und *Affe, Adler, Ameise)* sowie Wörter mit seltenen Graphemen (*Rüssel*) verlangen ein genaues Lesen der Phonem-Graphem-Zuordnungen.

Die Auswertung erfolgt nach folgenden Kriterien:

- Sinnentnahme und Umsetzung in Handlungen
- Besonderheiten beim Synthetisieren
- Einsatz von Lesetaktiken

Da die Aufgabe einzeln mit den Kindern durchgeführt wird und sowohl das Gespräch mit dem Kind als auch das laute Lesen aufgezeichnet (und transkribiert) werden, ist es auch möglich zu sehen, ob Kinder Hilfestellungen aufgreifen oder Schwierigkeiten benennen. Von Kindern, die noch Schwierigkeiten haben, wird eine Transkription ihrer Lesung erstellt.

Überprüfung des sinnverstehenden Lesens – Leseaufgabe Sachtext Feuerwehr: Im zweiten Halbjahr wird die Fähigkeit der Sinnentnahme anhand eines Sachtextes überprüft. Das Lesen von Sachtexten gehört im Alltag und in der Schule zu den täglichen Leseanforderungen. Schwierigkeiten beim Lesen und Verstehen von Sachtexten wirken sich nicht nur auf die Leistungen in Deutsch, sondern auch in Mathematik und in Sachfächern aus. Sachtexte lesen und verstehen erfordert vielfältige Fähigkeiten. Vor allem geht es darum, Textinformationen an das eigene Vorwissen zu integrieren und Beziehungen zwischen den Informationen zu erkennen. Außerdem kommt es darauf an, Standpunkte in Texten wahrzunehmen und Aussagen kritisch zu beurteilen. Weiterhin müssen Textinformationen dauerhaft behalten sowie Informationen in unterschiedlichen Zusammenhängen wiedergegeben werden (Müller 2000).

Der Sachtext Feuerwehr wurde ebenfalls von Crämer für das Projekt entwickelt (überarb. Fassung Crämer 2005). Die Kinder Sabine und Lukas entdecken Rauch in einem Haus und rufen die Feuerwehr. Die Wohnungsbesitzerin hat vergessen, den Herd auszustellen und die Suppe ist angebrannt. Die Feuerwehr schaltet den Herd aus und zieht die Suppe vom Herd. Als Dank lädt die Wohnungsbesitzerin die beiden Kinder zu einem Eis ein. Zusätzlich ist ein Bild mit einem Feuerwehrwagen und einem Feuerwehrmann abgebildet.

Die Kinder in der zweiten Klasse sollen den Text leise lesen und folgende Fragen beantworten:

- *Was sieht Sabine?*
- *Wer ruft die Feuerwehr?*
- *Warum kommt Rauch aus dem Fenster?*
- *Warum lädt Frau Müller Lukas und Sabine zum Eis ein?*

Bei den ersten beiden Fragen reicht es, wenn Kinder nur mit einem Wort antworten, was viele Kinder auch tun. Manche beantworten diese Fragen bereits in vollständigen Sätzen. Bei den nächsten beiden Fragen wird von den Kindern erwartet, dass sie eine Kausalbeziehung herstellen und diese auch verschriften.

4.2.4 Wissen über Sprache (Sprachreflexion)

Im zweiten Halbjahr werden Beobachtungsaufgaben vorgelegt, in denen Teilbereiche des Deutschunterrichts gemeinsam überprüft werden. Wir haben diese Aufgabe „Wissen über Sprache (Sprachreflexion)“ genannt, was in vielen Lehrplänen als *Sprache betrachten* oder *Sprache untersuchen* bezeichnet wird (zur kritischen Sichtung dieser Begriffe Diegritz et al. 2000; Nickel/Spitta 2003). Obwohl die Lehrpläne für die Primarstufe sehr unterschiedlich sind (Giese et al. 2006) haben sie eines gemeinsam: „Sprache betrachten“ bzw. „Sprache untersuchen“ taucht in allen Bundesländern als eigenständiges Teilgebiet auf. Eine Ausnahme bildet Schleswig-Holstein: „Der Lehrplan von Schleswig-Holstein fällt dadurch auf, dass die klassische Lernbereichsbezeichnung und -einteilung durch die Kennzeichnung von Gegenstandsbereichen und Basisqualifikationen ersetzt wird.“ (Giese et al. 2006, 685) Unterschiede zwischen den einzelnen Lehrplänen würden sich in der inhaltlichen Ausdifferenzierung zeigen. In einigen Lehrplänen werde die Betrachtung von Sprache im Zusammenhang mit Rechschreibung gesehen (z. B. Hessen). In anderen Bundesländern (z. B. Brandenburg) werde explizit dargestellt, dass „Sprache betrachten“ in andere Bereiche der Sprache (die mündlichen Sprache, den Umgang mit Texten und den schriftlichen Sprachgebrauch) integriert werde. Unterschiede bestehen auch darin, ab welcher Klasse „Sprachbetrachtung“ vorgesehen wird. In Berlin z. B. tauche dieser Schwerpunkt erst ab Klasse 3 auf und orientiere sich an der traditionellen Reflexion über Wortarten und Satzglieder.

In Baden-Württemberg hat man zu Recht erkannt, dass mit dem Erwerb der Schrift Sprache für Kinder vergegenständlicht werde.

> „Dadurch kann nun Sprache auch unabhängig von konkreten Kommunikationszusammenhängen untersucht werden. Die Kinder lernen verstehen, wie aus kleinen Einheiten größere gebildet und größere in kleinere gegliedert werden können; sie lernen, was Wörter und Sätze sind, neue Wörter zu bilden und die bekannten einzuordnen. (…) Die Untersuchungsverfahren sollen in konkreten Zusammenhängen eingeführt und mit konkretem Material durchgeführt werden. (…) In Klasse 1 sollte die Unterscheidung Laut – Buchstabe und das Verständnis des Wortes als Sinneinheit sowie des Satzes als Informationseinheit gesichert werden. Die weiteren begrifflichen Unterscheidungen können angebahnt werden, die Einführung der grammatischen Bezeichnungen erfolgt in Klasse 2.“ (Baden-Württemberg Bildungsplan 1994, 69)

Im Bildungsplan für die Grundschulen von Baden-Württemberg (2004) werden Kompetenzen für das zweite Schuljahr aufgeführt. Die Leitgedanken für das Fach Deutsch betrachten die Sprachentwicklung auf den Sprachebenen Bedeutung, Grammatik und Aussprache. Weiterhin werden auch metasprachliche Fähigkeiten im Zusammenhang mit kognitiver und interaktiver Entwicklung gesehen.

Bei den Aufgaben, die im Rahmen des FuN-Teilkollegs zum Bereich *Wissen über Sprache (Sprachreflexion)* im März eingesetzt wurden, wird davon ausgegangen, dass es einen Zusammenhang zwischen diesem Bereich der Sprache und allen anderen Inhalten des Faches Deutsch gibt. Die bei den Beobachtungsaufgaben zur Einschulung gewählten Schwerpunkte *Einsicht in den Aufbau von Schrift* und *Kenntnis von Begriffen* werden wieder aufgegriffen und auf einem für Zweitklässlerinnen angemessenen Niveau überprüft. Bei der ersten Aufgabe sollen Kinder zunächst schriftlich ihren Namen und ihre Adresse aufzuschreiben. Dabei wird festgestellt, ob Kinder Leseanforderungen erfüllen können und Begriffe wie „Name, Straße und Wohnort" kennen. Weiterhin müssen Kinder auch wissen, wie Ort und Straße heißen, in denen sie wohnen. In weiteren Aufgaben geht es um den Erwerb von Begriffen, die im Unterricht eine Rolle spielen, wie *reimen*, *Buchstabe*, *Wort*, *Satz* und *Gegenteil*. Kinder sollen aus vorgegebenen Wörtern Reimwörter unterstreichen, sie sollen Wörter in Silben gliedern, Sätze bilden und zu vorgegebenen Wörtern das Gegenteil finden. Die Einsicht in den Aufbau von Schrift wird auch in den Aufgaben zum Reimen, zur Silbengliederung sowie beim Austausch von Anfangsgraphemen betrachtet. Weiterhin wird dieser Bereich untersucht, indem aus vorgegebenen Hauptmorphemen neue Wörter gebildet werden sollen.

Die Aufgaben wurden in der Klasse durchgeführt und es wurden keine Hilfen gegeben. Die Auswertung als Klassenüberblick erfolgt nach folgenden Kriterien:

- Adresse: notieren, was nicht gewusst wurde
- Reimwörter unterstreichen: Anzahl der richtigen und falschen notieren
- Wörter in Silben gliedern: Anzahl der richtigen und falschen notieren
- Wortbildung: Anzahl der richtigen notieren
- Austausch von Anfangsgraphemen: Anzahl der richtigen und falschen notieren
- Satzbildung: Fehler notieren
- Gegenteil finden: Anzahl der richtigen und fehlenden notieren

Bei Schülerinnen mit Unterstützungsbedarf ist es erforderlich, die Ergebnisse zu den einzelnen Aufgaben im Detail anzuschauen.

Abb. 26: Text von Miriam

4.3 Ergebnisse aus dem FuN-Teilkolleg „Prävention von Analphabetismus in den ersten beiden Schuljahren"

4.3.1 Verfassen von Texten

Schreibanlass – „Das mag ich! Das mag ich nicht!" Alle Projektkinder haben zum Schreibanlass „Das mag ich! Das mag ich nicht!" einen Text verfasst. Wie unterschiedlich die Texte sind, wird anhand dreier Schreibproben von Kindern aus Grundschulklassen gezeigt.

Miriam, eine Schülerin, die sowohl bei den Beobachtungsaufgaben zur Einschulung als auch bei den unterrichtsbegleitenden Beobachtungsaufgaben keine Auffälligkeiten zeigt, schreibt in einigen Wörtern auf, was sie gerne mag und was nicht (Abb. 26).

Ihr Text ist verständlich und sie schreibt fünfzehn einzelne Wörter: Nomen, Verben und ein Adjektive, von denen vier orthographisch korrekt geschrieben sind. Ihre Verschriftungen sind vorwiegend alphabetisch (z. B. <Damfnudeln>), enthalten auch schon orthographische Elemente (z. B. <**Sp**ort> und <pupp**en**>). Die meisten Nomen beginnt sie mit großen Anfangsbuchstaben, doch auch einige Verben und das einzige Adjektiv (z. B. <Hinfallen> und <Krank>), während sie einige Nomen mit kleinem Buch-

Abb. 27: Text von Torsten

staben schreibt (z. B. <puppen> und <geburtstag>). Korrekturen treten nicht auf. Miriam hat zwar nur einzelne Wörter geschrieben, hat aber bei anderen Schreibanlässen bereits gezeigt, dass sie schon Sätze verschriften kann.

Torsten (Abb. 27), ein Kind, das zu den schwächsten Lesern und Schreibern gehört, zählt ebenfalls auf, was er gerne mag und was nicht. Sein Text ist verständlich.

Dabei schreibt Torsten im Unterschied zu Miriam vollständige Sätze. Von der Vorgabe „Das mag ich!“ übernimmt er Subjekt und Verb <Ich mag>, setzt das Subjekt an den Satzanfang und beginnt dieses Wort mit großem Druckbuchstaben. Bei der Auflistung, was er nicht mag, übernimmt er die wörtliche Formulierung „Das mag ich nicht“ und setzt das Wort <gumiberchen> hinzu. Er markiert Wort- und Satzgrenzen, indem er den Satzanfang durch Großschreibung kennzeichnet und Lücken zwischen den einzelnen Wörtern lässt. Am Ende der Sätze macht er keine Punkte. Er schreibt eigenständig die Wörter <Pisa>, <Schbageti>, <Fankuchen> sowie <gumiberchen> und verändert die Großschreibung des Wortes „ich“. Insgesamt schreibt er vierzehn Wörter, von denen er vier Nomen nach der alphabetischen Strategie schreibt, diese Wörter enthalten auch schon erste orthographische Elemente, wie <en>. Korrekturen treten in seinem Text nicht auf.

Der Text von Johannes (Abb. 28 und Kasten) ist einer der längsten und komplexesten Texte von allen Projektklassen.

Abb. 28: Text von Johannes

Er ist verständlich. Insgesamt schreibt der Junge 47 Wörter, wobei er verschiedene Wortarten wählt: Nomen, Verben, Adjektive, Pronomen und auch Konjunktionen (z.B. „weil“). Um den Text besser lesen zu können, wurde er noch einmal abgeschrieben.

Abgeschriebener Text von Johannes

„Das mag ich!“
Ich mag Tasc Ich mag Taschenmeser warum sie siend so Tol wegen ihren vielen funngzienen und weil ich damit do to spere Schitzen kann Ich samle Schweizertasenmeser Ich wünse mier ein tolers zu Weihnachten

„Das mag ich nicht!“
Zu laute musick und wen mann nich merft oder gar mit reden schdört.

Johannes hält meist Wortgrenzen ein, und er hat eine Vorstellung von einem Satz. Zu Beginn eines neuen Satzes schreibt er das Wort <Ich> mit Großbuchstaben. Satzzeichen setzt er nur einmal. Er verschriftet – bis auf eine Ausnahme – alle Wörter und ist bereits in der Lage, schriftlich zu begründen sowie Haupt- und Nebensätze zu schreiben: <wegen ihren vielen Funktionen> und <weil ich damit so tolle Speere spitzen kann>. Seine

Tab. 12: Auswertung von drei ausgewählten Texten zum Schreibanlass „Das mag ich! Das mag ich nicht!“

	Miriam	**Torsten**	**Johannes**
Verständlichkeit	Ja	Ja	Ja
Komplette Sätze	Einzelne Wörter	Vollständige Sätze	Haupt- und Nebensätze
Kennzeichnung von Sätzen (Satzanfang groß oder Punkt am Ende)	——	Ja Großbuchstaben	Ja Großbuchstaben
Kennzeichnung von Wortgrenzen	Ja	Ja	Ja
Korrekturen (Radierungen, Ersetzungen ...)	Nein	Nein	Ja
Wortarten	Nomen	Nomen, Verben, Pronomen	Nomen, Verben, Adjektive, Pronomen, Konjunktionen
Rechtschreibstrategie	Alphabetisch	Alphabetisch	Orthographisch
Anzahl der Wörter	15	14	47
Eigene Wörter	15	7	36

Schreibungen sind weitgehend alphabetisch korrekt, weisen orthographische Elemente auf (z. B. <vielen>) und zeigen eine Übergeneralisierung von orthographischen Regeln, wie <siend> und <Mus**ick**>. Johannes ist bereits in der Lage, seinen Text zu korrigieren. Er beginnt mit Druckbuchstaben, streicht die ersten zweieinhalb Wörter durch und beginnt den Text neu in Schreibschrift. Es treten weitere Korrekturen bei der Verschriftung einzelner Wörter auf. Tabelle 12 gibt einen Überblick über die Auswertung der Texte von Miriam, Torsten und Johannes.

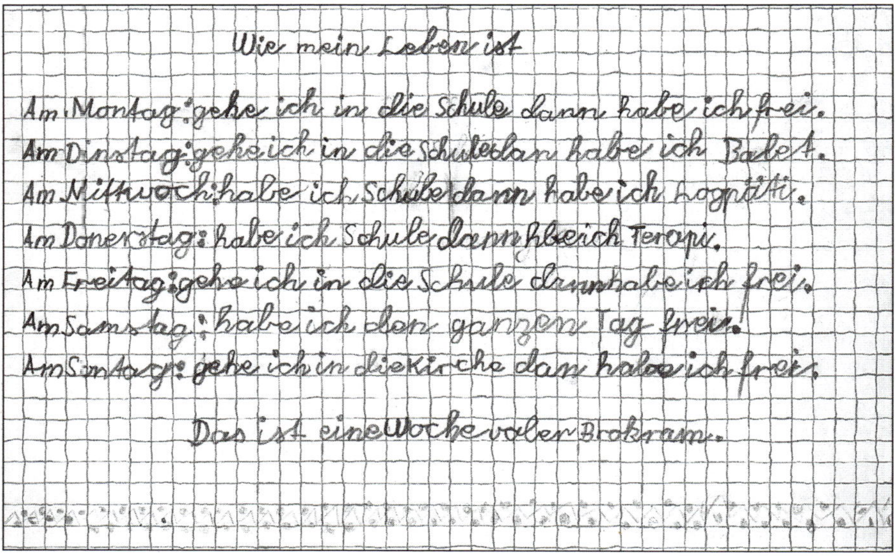
Wie mein Leben ist

Am Montag: gehe ich in die Schule dann habe ich frei.
Am Dinstag: gehe ich in die Schuledan habe ich Balet.
Am Mittwoch: habe ich Schule dann habe ich Logpätti.
Am Donerstag: habe ich Schule dann habeich Terapi.
Am Freitag: gehe ich in die Schule dannhabe ich frei.
Am Samstag: habe ich den ganzen Tag frei.
Am Sontag: gehe ich in dieKirche dan habe ich frei.

Das ist eineWoche voler Brokram.

Abb. 29: Text über den Tagesablauf

Bastian, Schüler der Schule für Sprachbehinderte, schreibt (Die Stellen, die wir nicht lesen konnten, haben wir mit „…" gekennzeichnet.):

> „Das mag ich!"
> *ich mag Basteln.*
> *ich schwimme ser gerne.*
> *ich singe ser gerne.*
> *ich srdiele … zu gerne.*
> *ich mache … bort.*
>
> „Das mag ich nicht!"
> *Mag nicht Fusbalsbilen.*
> *Mag~~t~~ nicht traurich sein.*

Im Oktober der zweiten Klasse hatte Bastian noch gravierende Probleme beim alphabetischen Schreiben (vgl. die Auswertung des alphabetischen Schreibens). Die vorliegende Schreibprobe wurde von ihm zwei Monate später verfasst und zeigt, dass er verständlich schreiben kann. Er schreibt nicht nur alphabetisch, sondern beherrscht schon Rechtschreibregeln, wie die Verdoppelung des Konsonanten in <schwimme>. Bastian setzt sich mit dem Satzbegriff auseinander, indem er das Ende der Sätze durch einen Punkt markiert. Die Satzanfänge schreibt er noch klein. Bastian zeigt bereits Korrekturverhalten: Er verbessert seine Rechtschreibung. Beim Satz <mag nicht traurich sein> schreibt er das Wort *mag* zuerst mit <t>, das er anschließend durchgestrichen hat.

Schreibanlass – Leeres Blatt: Im April des zweiten Schuljahres wurden die Lehrerinnen gebeten, den Kindern erneut das *Leere Blatt* vorzulegen. Diese Aufgabe wurde von Lehrenden und Lernenden bei der Einschulung akzeptiert. In der zweiten Klasse waren sowohl Lehrerinnen als auch Kinder zuerst skeptisch, ob überhaupt eigenständige Texte entstehen. Die Lehrerinnen berichteten, dass manche Kinder gemeint hätten, sie könnten das nicht, obwohl es für sie bei der Einschulung eine Selbstverständlichkeit war, ein leeres Blatt zu beschriften. Die anfängliche Skepsis wich angesichts zahlreicher beeindruckender Texte.

Ein Mädchen beschreibt sehr treffend seinen Tagesablauf (Abb. 29).

Ein Junge aus einer Grundschulklasse schreibt eine Geschichte über einen Dinosaurier (Abb. 30) und Julia schreibt, was ihr in der Schule und zu Hause gefällt (Abb. 31).

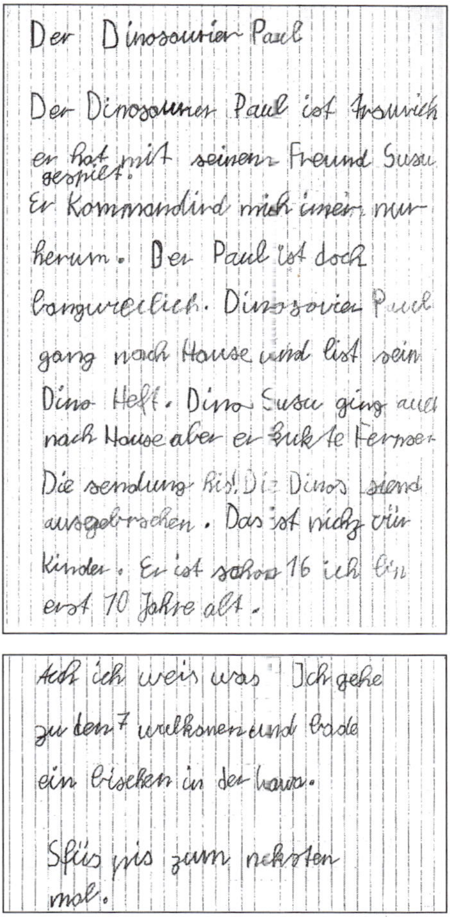
Der Dinosaurier Paul

Der Dinosaurier Paul ist traurich er hat mit seinem Freund Susu gespielt. Er Kommandird mich imer nur-herum. Der Paul ist doch langweilich. Dinosovier Paul gang nach House und list sein Dino Heft. Dino Susu ging auch nach House aber er kukte Fernse- Die sendung hiß: Die Dinos siend ausgebrochen. Das ist nicht vür Kinder. Er ist schon 16 ich bin erst 10 Jahre alt.

Ach ich weis was Ich gehe zu den 7 welkonen und bade ein biselen in der hause.

Süs bis zum nekten mal.

Abb. 30: Text über Dinosaurier

Pinar, das Mädchen, das im Januar der zweiten Klasse noch gravierende Schwierigkeiten beim alphabetischen Schreiben hatte, wurde einige Zeit von einer Studentin (Tritschler 2003) zusätzlich gefördert. Zudem wurde sie in dieser Zeit von ihrer älteren Schwester unterstützt, die mit ihr „übte" und regelmäßig die Hausaufgaben machte. Sie hat bis April ihre Fähigkeiten so verbessert, dass sie einen Text verfasst, der verständlich ist (Abb. 32).

Detlef (Abb. 33), ein Schüler der Schule für Sprachbehinderte, schreibt eine Geschichte zum Thema „Der Vogel". Seine Klassenlehrerin sieht einen Zusammenhang zwischen der traurigen Geschichte und der Trennung der Eltern. Der Text ist nicht nur verständlich, sondern enthält bereits literarische Muster wie eine Überschrift und beginnt wie ein Märchen „Es war einmal ...". Der Text ist in zwei Spalten verfasst. Detlef kann bereits zwischen Fiktion und Realität unterscheiden. Sätze werden durch Großschreibung des ersten Wortes gekennzeichnet. Punkte fehlen so gut wie immer. Es kommen Haupt- und Nebensätze vor und er ist bereits in

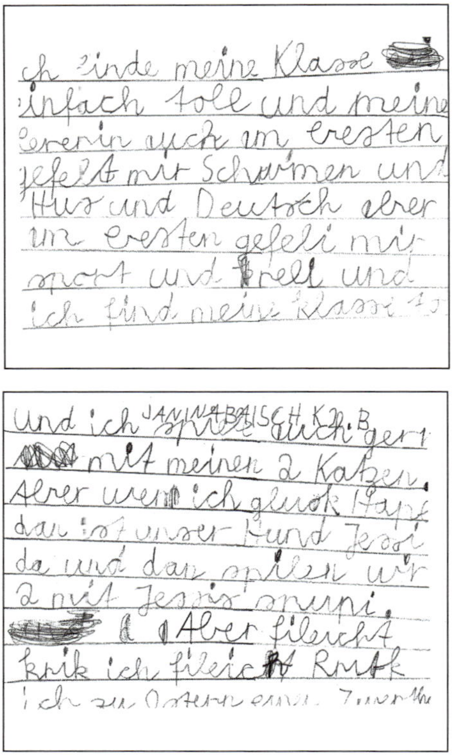

Abb. 31: Text von Julia

der Lage, in der Vergangenheit zu schreiben, auch wenn er noch zwischen Präsens, Präteritum und Perfekt wechselt.

Pascal, ein anderer Junge der Schule für Sprachbehinderte (Abb. 34), schreibt über eine Geburtstagsfeier. Er nutzt das *Leere Blatt*, wobei er nur den ersten Teil von links nach rechts schreibt und ansonsten seine Sätze in interessanten Linien aufs Blatt verteilt. Der Text ist verständlich und die bei der Einschulung und im ersten Schuljahr noch vorhandenen Probleme mit der Aussprache treten in seiner Rechtschreibung nicht mehr auf. Er verschriftet so gut wie alle Wörter, kennzeichnet Sätze durch die Großschreibung des ersten Wortes und durch einige Punkte. Wortgrenzen beherrscht er bis auf wenige Ausnahmen ebenfalls. Er schreibt einige schwierige Wörter, wie z.B. <kriegt> und <Geburtstag> orthographisch richtig.

Schreibanlass – Text zum Bild „Schellen-Engel" von Paul Klee: Jeanette (Abb. 35, S. 160) schreibt bereits eine Geschichte mit einer linearen Handlung, einer Einleitung, einem Höhepunkt und einem Schluss. Der Text enthält literarische Elemente wie die Überschrift <Melinda ist froh>. Die Schreiberin kann bereits zwischen Fiktion und Realität unterscheiden. Sie setzt sich mit dem Satzbegriff auseinander, denn sie kennzeichnet das Ende von einigen Sätzen mit einem Punkt. Sie zeigt eine differenzierte Wohlwahl mit Adjektiven, verschiedenen Verben und adverbialer Bestimmung und ist bereits in der Lage, Haupt- und Nebensätze zu verwenden. Weiterhin wechselt sie zwischen Präsens und verschiedenen Vergangenheitsformen. Ingesamt verfügt Jeanette über eine weit entwickelte Textkompetenz und gute Rechtschreibfähigkeiten, so dass der Text nicht nur verständlich, sondern auch spannend ist.

Auch Matthias (Abb. 36, S. 161) schreibt eine kleine Geschichte. Er verfügt ebenfalls über literarische Muster (vgl. Überschrift und Ende der Geschichte) und über die Fähigkeit, zwischen Realität und Fiktion zu unterscheiden, was seinen Text spannend macht. Er beherrscht bereits die Fähigkeit, Sätze durch Satzzeichen und Großschreibung am Anfang zu kennzeichnen. Genau wie bei Jeanette sind seine Satzanfänge sehr abwechslungsreich. Er schreibt in Hauptsätzen und wechselt zwischen verschiedenen Zeiten.

Detlef, ein Junge aus der Schule für Sprachbehinderte (Abb. 37, S. 162), versetzt sich beim Schreiben in die Rolle des Schellen-Engels und verschriftet seine Ideen, wie er <sich bunt machen> kann. Der Text enthält noch keine Markierung von Satzgrenzen. Bastian (Abb. 38, S. 165), ein weiteres Kind aus dieser Klasse, hat den Engel angemalt und beschreibt die Farben der einzelnen Körperteile auf. Dabei formuliert er vollständige Sätze, die nach dem Muster *Subjekt – Prädikat – Objekt* formuliert sind. Er schreibt die Satzanfänge groß und kennzeichnet das Satzende mit einem Punkt. Die Lehrerin hat alle Texte und Bilder der Kinder zu einem Lesebuch zusammengefasst, wobei sie nur die Rechtschreibfehler entfernt hat (Kap. 4.4.2).

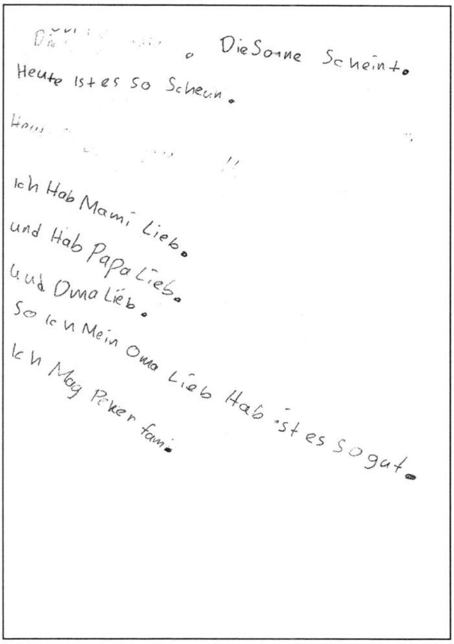
Die Sonne Scheint.
Heute ist es so Scheun.
Ich Hab Mami Lieb.
und Hab Papa Lieb.
und Oma Lieb.
So Ich Mein Oma Lieb Hab ist es sogut.
Ich Mag Peker fam.

Abb. 32: Text von Pinar

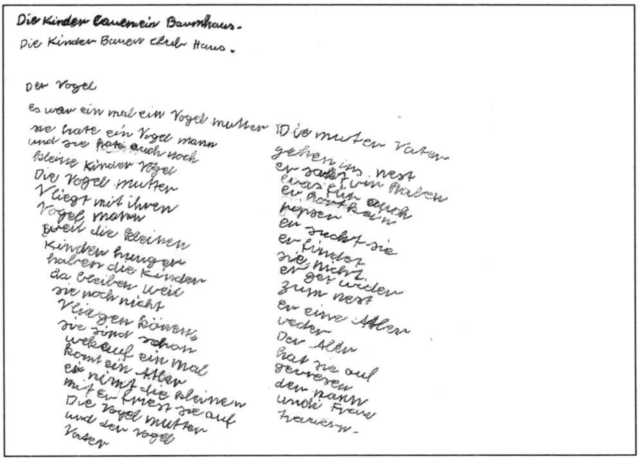
Die Kinder bauen ein Baumhaus.
Die Kinder Bauen club Haus.

Der Vogel

Es war ein mal ein Vogel mutter
sie hate ein Vogel mann
und sie hate auch noch
kleine Kinder Vogel
Die Vogel mutter
Vliegt mit ihren
Vogel mann
weil die kleinen
Kinder hunger
haben die Kinder
da bleiben weil
sie noch nicht
Vliegen können
sie sind schon
wekauf ein mal
komt ein Adler
er nimt die kleinen
mit er friest sie auf
Die Vogel mutter
und der vogel
Vater

Die muter Vater
gehen ins nest
er sacht was ist hir passiert
er findet sie nicht
er get wider
zum nest
er eine Adler
Der Adler
hat sie auf
gewesen
der mann
und die Frau

Abb. 33: Text von Detlef

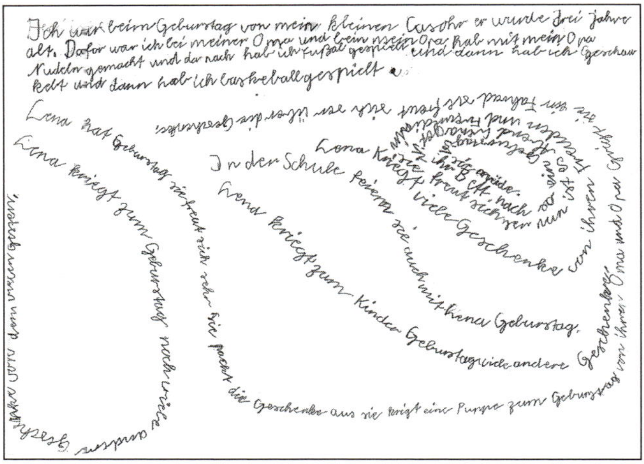

Abb. 34: Text von Pascal

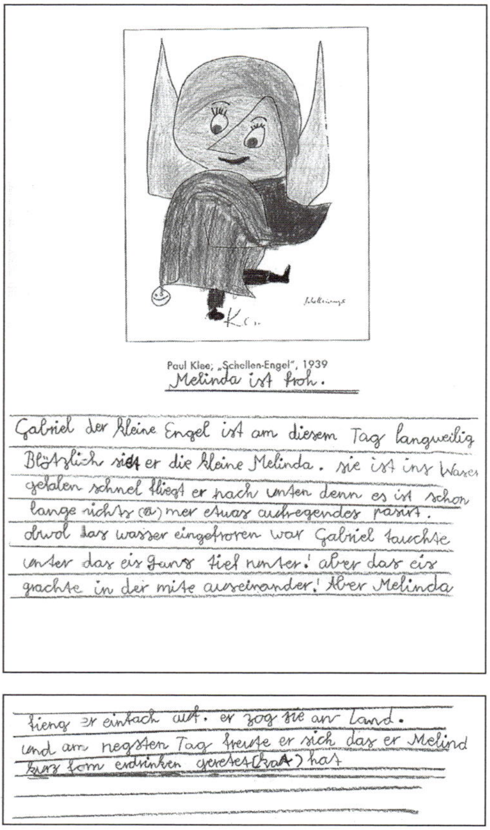

Abb. 35: Text von Jeanette

4.3.2 Orthographieerwerb

Qualitative Ergebnisse der HSP 1-E1: In der HSP 1+ werden von der alphabetischen Strategie die Phonem-Graphem-Zuordnungen *au*, *tele*, *fon*, *u*, *n*, *ö*, *w*, *a*, *er*, *g*, *el* durch das Verschriften von einzelnen Wörtern bzw. eines ganzen Satzes überprüft. In allen Klassen haben die Kinder keine Schwierigkeiten, die ausgewählten Lupenstellen in den einzelnen Wörtern ***Bau**m*, ***Tele**fon*, H**u**nd, *L**ö**we*, *Ha**mm**er* korrekt zu verschriften. Vom Wort *Spie**gel*** werden auch die Lupenstelle *p* und *el* korrekt geschrieben, aufgrund von dialektalen Sprechweisen verwechseln allerdings einige Kinder *p* und *b*.

Von der orthographisch-morphematischen Strategie werden folgende Elemente überprüft: <d> in *Hun**d*** und *Fahrra**d***, <*äu*> in *M**äu**se*, <mm> in *Ha**mm**er*, <sp> und <ie> in ***Spie**gel* sowie

<ah> in *Fahrrad*. Die Auslautverhärtung <d> wird unterschiedlich verschriftet. Im Wort *Hund* wird sie fast immer richtig geschrieben, beim Wort *Fahrrad* schreiben fast alle Kinder lautgetreu, also <t>. Diese Schreibungen lassen sich unterschiedlich erklären: Erstens könnte es sein, dass das Wort *Hund* von Kindern emotional besetzt ist oder es zu den im Unterricht häufig auftretenden Lese- oder Schreibwörtern gehört und Kinder sich deshalb die Schreibung leichter einprägen. Zweitens ist das Wort *Fahrrad* schwerer zu schreiben und Kinder wenden bereits gekonnte Regeln, wie z. B. die Auslautverhärtung, nicht an.

Die Konsonantenverdoppelung <mm> in *Hammer* können fast alle Kinder nicht und reduzieren sie auf ein <m>. Weniger als die Hälfte der Kinder schreibt <ie> nicht korrekt, sie schreiben <i>.

Das Spektrum an verschiedenen Schreibungen von Zweitklässlerinnen wird anhand der Wörter *Mäuse*, *Spiegel* und *Fahrrad* aufgezeigt (Wortliste 1).

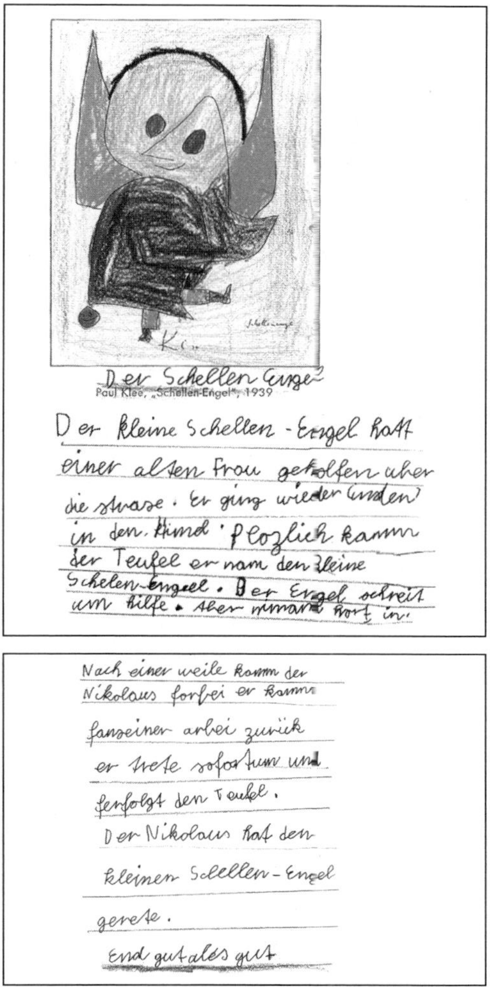

Abb. 36: Text von Matthias

Wortliste 1

Mäuse	**Spiegel**	**Fahrrad**
Moise	Schbigel	Farad
Meuse	Spigel	Farad
Mause	Sigel	Fahrat
Mase	Scpigel	Farahd
Mewse	Schpigel	FaRaDt
Meise	SPiegel	Fahraht
Misse		
Maise		

Abb. 37: Text von Detlef

In einer Grundschulklasse wiederholten fünf Kinder das zweite Schuljahr, von denen zwei zu den schwächsten Schülerinnen der Klasse gehören, wie ihre Schreibungen zeigen (Tab. 13).

Ender zeigt gravierende Schwierigkeiten auf der alphabetischen Ebene. Er lässt <m> in *Baum* aus, kann <tele> nicht im Wort *Telefon* schreiben, verwechselt <u> und <a> (*Hund*), <ö> mit <e> (*Löwe*), <n> mit <m> (*Hammer*). Weiterhin lässt er <m> in *Mäuse* aus und reduziert die Mehrfachkonsonanten am Wortanfang im Wort *Spiegel* auf <s>. Das Kind wurde kurze Zeit später in die Förderschule (Schule für Lernbehinderte) überwiesen. Axels Schwierigkeiten sind nicht so gravierend, doch fällt auf, dass er Unsicherheiten bei der Phonem-Graphem-Zuordnung hat (z. B. die Verschriftungen von den Wörtern *Mäuse*, *Löwe* und *Hammer*).

In einer anderen Grundschulklasse ist Pinar die schwächste Schreiberin. Sie ist das einzige Kind, das die erste Klasse wiederholt hat. Anhand ihrer Verschriftungen wird deutlich, dass sie ebenfalls noch gravierende Probleme mit der Phonem-Graphem-Zuordnung hat (Wortliste 2).

Wortliste 2

Baum	Bam	**Telefon**	TeleFun
Hund	HundDt	**Mäuse**	Misse
Löwe	Lewi	**Hammer**	Hmon/Hmoun
Spiegel	Schgle	**Fahrrad**	HaRaDT

Tab. 13: Schreibungen von Kindern, die die zweite Klasse wiederholen

	Ender	**Axel**
Baum	Bau	Baum
Telefon	TerFan	Telefon
Hund	HaT	Hunt
Mäuse	Uate	Moüse
Löwe	Lefe	Lüwe
Hammer	Hana	Hmer
Spiegel	Sikel	Schpiegel
Fahrrad	Fart	Rat

Auch einzelne Kinder aus einer Schule für Sprachbehinderte haben bei der Verschriftung noch Probleme mit der Phonem-Graphem-Zuordnung. Dies lässt sich vermutlich darauf zurückführen, dass Abweichungen in der Aussprache, in der Grammatik oder in der Semantik vorhanden sind, die sich bei der Umsetzung der Phonem-Graphem-Zuordnungen bemerkbar machen (Tab. 14, S. 164).

In den Grundschulklassen treten folgende Schreibweisen des Satzes „Die Fliege fliegt auf Uwes Nase.“ auf:

> *Die Fliege fligt auf uwes Nase.*
> *die Flieliege Fliegt auf Uwes Nase*
> *die Fliege Flikt auf Uwes Nase.*
> *die Flige Fligt auv Uwes nase*
> *die fliege fligt auf Uwes Mase.*
> *Die Fliege Fliegt auf Uwes nase.*
> *Di Flig Fligt auf Uwes nase.*
> *die Flige fliegt aof uwes Nase*
> *Die Flige flgt auf uwes nase*

Die Kinder halten fast alle Wortgrenzen ein, was vor allem darauf zurückzuführen ist, dass der Satz mit entsprechenden Pausen diktiert wurde. Während die Kinder beim Schreiben der Einzelwörter fast immer mit großen Buchstaben beginnen und das Wort mit kleinen Buchstaben fortsetzen, ex-

Tab. 14: Schreibungen von Zweitklässlerinnen, die eine Schule für Sprachbehinderte besuchten

	Enrico	**Bastian**	**Faru**
Baum	BauM	Baum	Bume
Telefon	DeliFo	TeleF	Teelefon
Hund	Und	cuut	Hont
Mäuse	Mäuse	Muse	Mose
Löwe	Lowe	lwe	Lowe
Hammer	chaEr	cmer	Hamer
Spiegel	Schel	SchPF	Schber
Fahrrad	Fahr	Farat	Fart

perimentieren sie mit der Groß- und Kleinschreibung beim Schreiben des ganzen Satzes. Relativ viele Kinder schreiben *Fliege* groß und dementsprechend schreiben sie auch *fliegt* groß. Die Vermutung liegt nahe, dass sie die erkannte semantische Ähnlichkeit auf die Groß- und Kleinschreibung übertragen. Einige Kinder beginnen den Satz mit großem Buchstaben und setzen an das Ende einen Punkt. Andere wählen weder die Großschreibung am Satzanfang, noch setzen sie einen Punkt an das Ende. Die alphabetische Strategie, die durch <fl> (***Fl**iege*), <au> (***au**f*) und <*nase*> (**Nase**) überprüft wird, wird von so gut wie allen Kindern beherrscht. Das orthographisch-morphematische Element <ie> in *Fliege* ist öfter richtig geschrieben als im Wort *Spiegel*. Die meisten Kinder schreiben das <g> in *fliegen* korrekt, vermutlich orientieren sie sich am Wort *Fliege* und nicht an ihrer Aussprache von *fliegt*.

Pinar schreibt: <die Flgel Filgt afu uws nse>. Auch hier wird, wie beim Schreiben der einzelnen Wörter, deutlich, dass sie Lücken bei der Phonem-Graphem-Zuordnung hat. Weiterhin ist die Vertauschung bei der Reihenfolge der Grapheme offensichtlich: <Filgt> (***flieg***), <afu> (*auf*) (vgl. auch die Auswertung zum alphabetischen Schreiben). Ender schreibt fast unverständlich: <TiFeeFit aU UFse Nase>.

Alphabetisches Schreiben: Detaillierte Fähigkeiten und Schwierigkeiten mit dem alphabetischen Schreiben werden einerseits anhand der Segmentierungsfähigkeit von fünf Wörtern mit unterschiedlicher Silbenstruktur überprüft und andererseits durch das Verschriften von 14 Wörtern, die nach typischen Schwierigkeiten ausgewählt wurden. In allen Grundschulklassen sind einzelne Kinder, die Probleme mit der Gliederung von Wörtern in Silben haben. Sie können vorgegebene Wörter, die sie als Silbensalat erhalten, nicht in eine Reihenfolge bringen, obwohl entsprechende Bilder verdeutlichen, welche Wörter gemeint sind (siehe Füssenich/Löffler 2005): Die 14 Wörter, die ausgewählte Schwierigkeiten mit dem alphabetischen Schreiben enthalten, wurden von keinem Kind in den Grundschulklassen orthographisch korrekt geschrieben. Alle Kinder hatten Probleme mit der Verschriftung von stimmlosen Konsonanten, was allerdings weitgehend auf die dialektale Aussprache zurückzuführen ist.

Abb. 38: Text von Bastian

Pinar zeigt gravierende Auffälligkeiten beim alphabetischen Schreiben. Ihre Schwierigkeiten mit der Segmentierung von Sprache wurden bereits in der ersten Klasse deutlich und auch die Ergebnisse bei der HSP waren sehr niedrig. Pinars Erstsprache ist Türkisch. Sie wiederholte die erste Klasse und gehörte bald wieder zu den Kindern, die Probleme beim Lesen und Schreiben lernen hatten. Dies fiel vor allem beim Lesen auf: Sie zeigte Schwierigkeiten bei der Synthese und der Sinnentnahme. Beim Schreiben wurden ihre Schwierigkeiten erst sichtbar, als die Klassenlehrerin eigenständiges Schreiben verlangte. Insgesamt war sie langsamer, unmotivierter und desinteressierter als viele andere Kinder. Die Lehrerin wollte ein Sonderschulaufnahmeverfahren einleiten, was am Widerspruch der Eltern scheiterte. Für die Lehrerin lag nahe, die Schwierigkeiten des Kindes als vererbtes Defizit anzusehen, da ein Familienmitglied bereits eine Sonderschule besucht. Die ältere Schwester hat allerdings die Schule mit der Mittleren Reife abgeschlossen. Der Ruf nach einer anderen Schulart ist naheliegend und verständlich, ersetzt aber nicht die Erfassung der genauen Fähigkeiten und Schwierigkeiten dieses Kindes. Im November der zweiten Klasse schrieb Pinar: „Ein Fisch kin kann Doch Nich so wi Get es zu FiGn Ich will auch FiGn wie geht es ich auch FiLGn Schüsen.“ Pinar konnte genau sagen, was sie geschrieben hatte: „Ein Fisch kann doch nicht so. Wie

Abb. 39: Schreibfähigkeit von Pinar in der ersten (wiederholten) Klasse: Lernbeobachtung „November" (Dehn)

geht es zu fliegen? Ich will auch fliegen. Wie geht es? Ich auch fliegen. Tschüs."

Zu dieser Zeit hatte Pinar Freude, Texte zu verfassen, sie schrieb zu jedem Bild und nutzte jeden Schreibanlass. Da aber die Texte aufgrund ihrer geringen Fähigkeiten nicht lesbar waren, stagnierten ihre Lese- und Schreibfähigkeiten, obwohl sie ständig schrieb. Nach kurzer Zeit konnte sie ihre eigenen Verschriftungen nicht mehr lesen.

In der ersten (wiederholten) Klasse schreibt sie in der ersten Lernbeobachtung einige Grapheme korrekt (Abb. 39).

Sie verfügt zwar über Einsichten in die Phonem-Graphem-Zuordnungen, scheint aber beim Abhören ihrer eigenen Aussprache immer wieder mit der Reihenfolge der Grapheme durcheinander zu kommen. Vom Wort *Sofa* verschriftet sie zwar alle Grapheme (<SFOA>), allerdings zuerst die Konsonanten <S, F> und anschließend die Vokale <O> und <A>. Bei *Mund* kann sie alle Konsonanten wiedergeben, wobei sie das Anfangsgraphem <M> richtig schreibt, die beiden anderen Konsonanten aber vertauscht. Den Vokal lässt sie aus. Ähnlich verhält es sich mit der Schreibung von *Turm*. Das Anfangsgraphem ist korrekt, den Vokal lässt sie aus, und *M* (geschrieben als <N>) und <R> vertauscht sie. Warum am Ende noch ein <I> steht, ist nicht nachvollziehbar. Das Wort *Badehose* bestehend aus vier Silben weist auf den ersten Blick eine geringe Phonem-Graphem-Korrespondenz auf. Wenn man davon ausgeht, dass Pinar Probleme mit der Stimmgebung von Konsonanten hat und deshalb <P> und <T> für *B* und *D* einsetzt, sind die Anfänge der ersten beiden Silben korrekt verschriftet, von den restlichen Silben hat nur das *S* eine Entsprechung. Bei der Lesebeobachtung wird deutlich, dass Pinar zwar alle Grapheme der einzelnen zu lesenden Wörter benennen kann, die Synthese gelingt aber nur mit intensiver Hilfestellung durch die Lehrerin.

In der zweiten Klasse haben sich Pinars Fähigkeiten beim Schreiben nicht verbessert, weil sie weiterhin erhebliche Probleme mit der Durchgliederung der Sprache hat und gravierende Unsicherheiten beim alphabeti-

Tab. 15: Pinars Schreibungen

Schreibungen	Zielwörter
RESCHIRM	Regenschirm
SCHMET-LING	Schmetterling
GE-BURTS-TAGS-CHEN	Geburtstagskuchen
MAR-LA-DE	Marmelade

schen Schreiben zeigt. Sie kann die vorgegebenen Wörter, die sie als Silbensalat erhält, nicht in eine Reihenfolge bringen, obwohl entsprechende Bilder verdeutlichen, welche Wörter gemeint sind (Tab. 15).

Die Schwierigkeiten werden auch beim alphabetischen Schreiben deutlich. Tabelle 16 zeigt die Auswertung.

Durch eine gezielte Förderung hat Pinar ihre Fähigkeiten verbessert. Dabei wurde vor allem die Segmentierung der Sprache in Silben sowie die Reihenfolge beim Verschriften der Phonem-Graphem-Zuordnungen gefördert. Außerdem lernte das Kind auch, Mehrfachkonsonanten zu schreiben (Kap. 4.4.3).

Die Kinder der Schule für Sprachbehinderte haben ihre Fähigkeiten, alphabetisch zu schreiben erheblich verbessert (vgl. Auswertung der HSP 1-E1). Sie haben keine Probleme mit der Gliederung von Wörtern in Silben. Enrico schreibt viele Wörter orthographisch korrekt. Schwierigkeiten bereitet bei einigen Wörtern noch die Verschriftung von Mehrfachkonsonanz, z. B. bei *Krokodil*, obwohl er diese bei anderen Wörtern bereits beherrscht. Unlesbar ist noch das Wort *Drachen*: <rdhe>. Vermutlich liegt dies daran, dass ihm die Artikulationsstellen von *r* und *ch*, die nahe beieinander liegen, Probleme bereiten. Bastian schreibt Wörter wie *Schwein*, *Brot*, *Schlange*, *Ananas* orthographisch richtig. Andere Wörter verschriftet er entsprechend seiner schwäbischen Aussprache, z. B. als <Wurscht>. Stimmhafte Konsonanten werden meist entstimmlicht, z. B. schreibt er <**Tr**ache> für ***D**rachen*. Auffälligkeiten treten noch im Zusammenhang mit Assimilationsprozessen auf: <**K**arge> (*Gurke*), <**T**ratror> (*Traktor*). Weiterhin sind einige Unsicherheiten bei der Phonem-Graphem-Zuordnung zu beobachten, wie bei *u* und *a*: <Karge> statt *Gurke* und das *Sch* von *Schokolade* wird auf <S> reduziert. Auch Faru schreibt die meisten Wörter richtig bzw. entsprechend seiner schwäbischen Aussprache. Die Mehrfachkonsonanten am Wortanfang beherrscht er ebenfalls. Entsprechend seiner Aussprache ersetzt er zwei Mal die velaren Konsonanten g und *k* durch <t>: <Gartenzwer**t**> und <**T**reuz> (*Kreuz*), obwohl er diese Konsonanten in anderen Wörtern bereits korrekt verschriftet.

Tab. 16: Pinars Schwierigkeiten beim alphabetischen Schreiben

Pinar	Zielwörter	Problemfeld
KoKoDil Tare/Tachen Koiz/Koyze Topet/Tompete	**Kr**okodil **Dr**achen **Kr**euz **Tr**ompete	Reduktion von Mehrfachkonsonanz
Anas	A**na**nas	Auslassung von (ähnlichen Silben)
Bort Schawan ZwGer Schlaen	B**ro**t **Schw**ein Zw**erg** **Schla**nge	Vertauschung der Reihenfolge von Graphemen
Schawan Koiz/Koyze	Schw**ei**n Kr**eu**z	Fehlende Phonem-Graphem-Zuordnung
Tare/Tachen	**D**rachen	Verwechslung von stimmhaften und stimmlosen Konsonanten
Guke Trar/Takor Schlaen Fentr	Gu**r**ke Trak**t**or Schlan**g**e Fen**ste**r	Auslassung von Graphemen
Tare/Tachen	Drachen (r/ch)	Verwechslung weiterer (ähnlicher) Grapheme
Koyze Schawan	Kreuz Schwein	Hinzufügung von Graphemen

4.3.3 Weiterführendes Lesen

Sinnverstehendes Lesen – Leseaufgabe Fisch: Bei dieser Leseaufgabe müssen Kinder Tiernamen lesen und das Gelesene in Handlungen umsetzen. Sie müssen entscheiden, ob die Tiere zwei oder vier Beine haben und dementsprechend die Felder blau oder rot anmalen. Die Ergebnisse sind sehr unterschiedlich. Es gibt Klassen, in denen fast alle Kinder diese Aufgabe bewältigen können. In anderen Klassen treten erhebliche Probleme auf.

Torsten kennt die abgebildeten Tiere. Aufgrund seiner Lesefähigkeit, die er in der ersten Klasse gezeigt hat, müsste er die Namen der Tiere auch lesen können. Dass er von 14 Tieren nur drei richtig zuordnet, liegt mit großer Wahrscheinlichkeit daran, dass er zu Beginn der zweiten Klasse noch nicht in der Lage ist, die Handlungsanweisung sinnentnehmend zu lesen und in Handlungen umzusetzen. Er scheint die Farben rot und blau nach dem Zufallsprinzip einzusetzen.

Anhand der Ergebnisse wird deutlich, dass einige Kinder mit nicht deutscher Erstsprache zwar lesen können, aber entweder nicht über das entsprechende Wissen über Tiere verfügen oder die deutschen Begriffe nicht kennen. Einige Kinder haben sowohl Schwierigkeiten mit der Synthese als auch dem sinnentnehmenden Lesen und verfügen über zu geringes Sachwissen: Pinar kann sich die Aufgabe nicht lesend erarbeiten, kennt einige Tiere nicht und hat noch Probleme mit der Synthesefähigkeit. Von den vorgegebenen Wörtern kann sie nur sechs der Aufgabenstellung entsprechend anmalen.

Armin, ein Kind mit deutscher Erstsprache, malt acht Tiere richtig an. Obwohl er die Aufgabenstellung lesend versteht, kann er die Wörter *Eisbär*, *Meerschweinchen*, *Vogel*, *Elefant*, *Feldmaus* und *Fliege* nicht sinnentnehmend lesen, so dass er die Rätsel nicht lösen kann. Einzelne Wörter, wie *Biene*, *Feldmaus* und *Schäferhund* scheinen besondere Schwierigkeiten zu bereiten, denn sie werden von mehreren Kindern nicht richtig angemalt, obwohl davon auszugehen ist, dass sie die Tiere kennen und die Fragen zu den Tieren entsprechend beantworten könnten.

Überprüfung von Lesetaktiken – Leseaufgabe Tierrätsel: In allen Klassen sind Kinder, die diese Aufgabe ohne Probleme lösen. Manche wissen bereits vom Material her, was zu tun ist, ohne dass sie genau lesen. Diese Aufgabe gibt einen guten Einblick in die Zugriffsweisen und zeigt, welche Kinder noch Leseschwierigkeiten haben. Ercan erliest die Arbeitsanweisungen sofort und führt sie aus. Er liest die Rätsel ebenfalls schnell und löst sie bis auf eines. Das Rätsel „Das Tier ist grau. Das Tier hat einen Rüssel." kann er nicht lösen und schweigt längere Zeit. Er schaut verschiedene Antwortkarten an und kommt zu keinem Ergebnis. Im Gespräch stellt sich heraus, dass er nicht weiß, was ein *Rüssel* ist. Danach kann er auch dieses Rätsel lösen. Diese Beobachtung ist kein Einzelfall. Auch bei anderen Aufgaben fällt immer wieder auf, dass Ercan und auch andere Kinder Begriffe nicht kennen.

Tobias hat noch Schwierigkeiten mit der Synthese. Er liest: „kle:tet/kle:tet auf Bäume und frisst gern Nü/Nüsse". Trotzdem kann er das Rätsel richtig lösen und findet die richtige Antwort, nämlich *Eichhörnchen*.

Florian erliest sich langsam viele Wörter. Anhand seiner Synthesefähigkeit wird deutlich, dass ihm dies gut gelingt. So liest er z. B. „Es k-ann gut sp/sp-r-i:ngen und ma:/ und ma:ch/macht…" Er versteht, was er liest und kann das Rätsel lösen.

Ramona liest: „Das Tier hat einen Schwar/einen Schwanz". Sie scheint die Taktiken des Lesens „Ausnutzung von syntaktischen Begrenzungen (Taktik 2)" und „Zuordnung von Lautfolgen zu Schriftzeichen (Taktik 4)" zu nutzen. Sie liest und korrigiert sich selbst, weil sie weiß, das nach einem Satzanfang wie „Das Tier hat einen ..." ein Substantiv kommen muss. Da ihr vermutlich kein Substantiv mit „Schwar ..." einfällt, reflektiert sie ihr Lesen, überprüft die Phonem-Graphem-Zuordnungen und findet schließlich das richtige Wort *Schwanz*. Trotz dieser kurzen Unterbrechung kann sie das Rätsel schnell und richtig lesen.

Auch Lothar korrigiert sein Lesen, vermutlich setzt er dieselben Taktiken des Lesens ein: „Das Tier hat einen Schwarz .../Schwanz."

Andreas korrigiert ebenfalls sein Lesen durch Rückgriff auf die Taktiken des Lesens. Es fällt ihm wohl auf, dass das Wort *spiel* nicht vor dem Wort *Zähne* stehen kann. Er überprüft die Phonem-Graphem-Zuordnung und kommt zum richtigen Ergebnis: „Es hat ein großen Mau:l und spiel .../spit-ze ... Zähne. ... Krokodil?" Dass er beim Lesen einen grammatischen Fehler macht („ein großen Maul"), hindert ihn nicht an der Sinnentnahme.

Karin setzt die Taktik „Ausnutzen von Sinnstützen (Taktik 1)" ein, indem sie statt *Karten* „Katzen" liest:

K Lege alle ... klei-nen Katz-en auf den Tisch
L Gibt es hier Katzen?

L Genau. Das sind die kleinen Karten.
A ... Mhm.

Niels liest sinnentnehmend und merkt selbst, dass er statt des Wortes *Quak* „Quatsch" gelesen hat. Er lacht und löst das Rätsel trotzdem richtig.

N Das Tier ist grün. Es kann gut ... springen und macht
L

N Quatsch. ... (10 Sek.) Katze, nee. (liest die Tiernamen)
L

N Känguru! Das springt gut.
L Weißt du ... Hm, ja. Aber was steht denn

N ist grün ... (7 Sek.) Eichhörnchen ist braun.
L als erstes da. Das Tier
N ...
L Mhm. Fällt dir ein Tier ein, das grün ist?

N Grün? Frosch, ja.
L Ja.

Überprüfung des sinnverstehenden Lesens – Leseaufgabe Sachtext Feuerwehr: Die meisten Kinder in den Grundschulklassen und den Klassen der Schule für Sprachbehinderte können den Text über die Feuerwehr sinnentnehmend lesen und die Fragen richtig beantworten, wie die Beispiele in Tabelle 17 zeigen.

Die Ergebnisse der drei ausgewählten Kinder zeigen das Spektrum an richtigen Antworten: Dirk beantwortet die ersten beiden Fragen nur mit einem Wort, bei den Fragen 3 und 4 kann er die Kausalbeziehung auch schriftlich beantworten. Ramona beantwortet die erste Frage mit einem ganzen Satz und die zweite nur mit einem Wort. Sie hätte das Wort *Lukas* aus dem Text abschreiben können, verschriftet es aber eigenständig und schreibt es mit <ck>. Frage 3 und 4 beantwortet sie richtig mit jeweils einem Satz. Elena antwortet sehr ausführlich auf die Fragen zum Text: Sie verschriftet schon wörtliche Rede und setzt einige Satzzeichen.

Torsten beantwortet die Fragen 1, 2 und 4 ebenfalls richtig. Die Frage 3 bereitet ihm Schwierigkeiten. Auf die Frage, warum Rauch aus dem Fenster kommt, schreibt er: <Ein Feuerwehrman schaltet den Herd aus>. Auch er

Tab. 17: Richtige Antworten zu den Fragen zum Sachtext Feuerwehr

Fragen 1–4	**Dirk**	**Ramona**	**Elena**
Was sieht Sabine?	Rauch	Das haus von Fr. Müller Brend.	Sabine ruft: Aus Fenster kommt Rauch
Wer ruft die Feuerwehr?	Lukas	Luckas	Lukas sagt Wir müssen die Feuerwehr rufen
Warum kommt Rauch aus dem Fenster?	Weil die Frau Müller nicht den Herd ausgemacht hat.	Weil Fr. Müller Fergesen hat den herd aus zu schalten	Frau Müller ist nicht zu Hause sie Hat vergessen ihren Herd auszumachen
Warum lädt Frau Müller Lukas und Sabine zum Eis ein?	Weil sie die Feuerwehr gerufen haben.	Weil sie ihr haus geretet haben	Sie sagt zu Sabine und Lukas: Vieer Dank! Ich lade euch zu einem Eis ein.

Tab. 18: Die Antworten von Bastian, Faru und Julia

Fragen 1–4	**Bastian**	**Faru**	**Julia**
Was sieht Sabine?	Die Fjerwer	–	ein Haus
Wer ruft die Feuerwehr?	Die Fjerwer ruft tim	Die Frau hat vergessen Herd auszumachen	Lukas
Warum kommt Rauch aus dem Fenster?	Weil da Fajer ist	Weil Herd an ist	Weil frau Müller fergesen hat den Hert aus zu schalten.
Warum lädt Frau Müller Lukas und Sabine zum Eis ein?	Weil Die Fajerwer die geretet hat	Der Lukas hat die Feuerwehr an gerufen	Weil frau Müller inen sehr dang bar war.

hätte das Wort *Feuerwehrmann* aus dem Text abschreiben können, verschriftet es aber nach eigenen Regeln alphabetisch und lässt einen Buchstaben aus. Die Antworten der Kinder Bastian, Faru, und Julia fasst Tabelle 18 zusammen. Benjamin und Faru haben größere Probleme, die Fragen zum Text zu beantworten. Julia beantwortet nur die erste Frage falsch. Anhand der weiteren Antworten wird ersichtlich, dass sie den Text richtig verstanden hat.

4.3.4 Wissen über Sprache (Sprachreflexion)

Die diagnostische Aufgabe Wissen über Sprache (Sprachreflexion) besteht aus sieben Unteraufgaben:

> *1. Schreibe deinen Namen auf und wo du wohnst!*

Die meisten Kinder können ihren Namen und ihre Adresse schreiben. Viele schreiben nur ihren Vornamen, manche mit Fehlern.

In allen Klassen gibt es Kinder, die mit dieser Aufgabe Schwierigkeiten haben. Einige Beispiele belegen dies (Tab. 19). Darüber hinaus gibt es Kinder, die kennen zwar die Straße, in der sie wohnen, aber mit gravierenden

Tab. 19: Zweitklässlerinnen, die ihre Adresse nicht schreiben können

	Elena	**Fabius**	**Bastian**	**Benjamin**
Name	Elena	Fabius	Bastian	Benjamin
Straße	18	Hochhaus	jant	64
Wohnort	Deutschland	6. Stock	53	Theodor

Rechtschreibfehlern, z.B. „Gehehauptmastrase" für Gerhard-Hauptmann-Str. Ihren Wohnort schreiben sie nicht. Es ist anzunehmen, dass sie den Begriff „Wohnort" nicht kennen.

2. *Unterstreiche die Wörter, die sich reimen!*

Beispiel: *Sonne* – Mond – *Tonne*

Insgesamt mussten die Kinder sieben Reimwörter finden. Die Ergebnisse der Klassen sind sehr unterschiedlich. Es gibt Klassen, in denen so gut wie alle Kinder diese Aufgabe richtig beantworten, während in anderen Klassen mehrere Kinder mit Auffälligkeiten sind. Die Kinder der Klassen für Sprachbehinderte schneiden nicht grundsätzlich schlechter ab als die der Grundschulklasse. Bei einigen wird deutlich, dass sie die Aufgabenstellung nicht verstehen, obwohl sie die Aufgabe durch ein Beispiel demonstriert bekommen. Clara, Jennifer und Bastian verstehen die Aufgabe nicht: Clara unterstreicht alle vorgegebenen Wörter. Jennifer nimmt keine Unterstreichungen vor und Bastian streicht die Gedankenstriche zwischen den Wörtern durch. Patrick streicht als einziger in den ersten beiden Aufgaben die Wörter durch, die semantisch zusammengehören. Ansonsten gibt es kaum Kinder, die nach semantischen Kriterien die Wörter zuordnen, wie dies noch bei der Reimaufgabe zur Einschulung zu beobachten war.

Bei den letzten drei Aufgaben streicht Patrick alle drei Wörter durch. Yildiz unterstreicht willkürlich zwei von den drei vorgegebenen, wobei sie durch das Zufallsprinzip auch ein Reimpaar findet. Die Schwierigkeiten mit dieser Aufgabe liegen eher im Leseverständnis sowie im Nichtverstehen des Begriffs „reimen".

Tab. 20: Schwierigkeiten bei der Silbensegmentierung

	Adrian	Patrick	Pinar
Gurke	+	Gu-rke	Gur-ke
Banane	Ban-an-e	+	Bana-ne
Marmelade	+	Mar-mela-de	Mar-me-lade
Schokolade	+	Sch-ok-ol-ade	Schoko-lade
Wassermelone	Was-er-mel-one	Was-ser-mel-one	Wasser-melone

> *3. Schreibe die Wörter so auf:*
>
> Beispiel: To-ma-ten-sa-lat

Die meisten Kinder konnten die Aufgabe problemlos lösen. In allen Klassen sind aber Kinder, die mit der Aufgabe Schwierigkeiten haben. Es liegt weniger daran, dass sie die Aufgabe nicht sinnverstehend lesen konnten, sondern daran, dass sie Probleme haben, die Wörter in Silben zu gliedern, wie drei Beispiele zeigen (Tab. 20). Einzelne Kinder mit Verständnisproblemen haben nichts geschrieben.

Peter hat analog zum Beispiel *Tomatensalat* auch bei den anderen Wörtern das Lexem <Salat> angehängt und die Wörter entsprechend seinen Fähigkeiten untergliedert:

> *Gu-r-ke-sa-lat*
> *Ba-na-ne-alat*
> *Mar-me-la-de-salat*
> *Scho-ko-la-de-salat*
> *Wa-sser-salat*

> *4. Schreibe drei Wörter auf, in denen* schwimm *vorkommt!*
>
> Beispiel: *Schwimm*becken
>
> *Schreibe drei Wörter auf, in denen* schlaf *vorkommt!*
>
> Beispiel: ein*schlaf*en

Die meisten Kinder können diese Aufgabe problemlos bewältigen. Agathe schreibt <Schwimmbad>, <Schwimmkurs>, <Schwimmhose> und <ausschlafen>, <verschlafen>, <eingeschlafen>. Clara fallen die Wörter <Schwimmbecken>, <schwimmen>, <Schwimmbad> und <einschlafen>, <schlafen>, <Schlafenszeit> ein. Diese und ähnliche Wörter schreiben viele Kinder. Manche Kinder kommen nur auf ein oder zwei Wörter, wie Titus, der <Schwimmbecken> und <schlafen> sowie <Schlafkind> schreibt. Torsten notiert <schlafen>, <einschlafen> und <nichteinschlafen>.

In allen Klassen sind Kinder, die Schwierigkeiten haben, diese Aufgabe zu bearbeiten. Pinar versteht die Aufgabenstellung gar nicht. Sie schreibt einige Wörter, die sie auswendig schreiben kann: <Kinder>, <Ball>, <Mama> und <Papa>. Yildiz und Jennifer schreiben gar nichts. Jochen hat die Aufgabenstellung nur bedingt verstanden. Im ersten Wort <Schwimmbad> kommt das Morphem <schwimm> vor, die beiden anderen Wörter <Freibad> und <Hallenbad> gehören zum semantischen Feld <schwimmen>, enthalten aber nicht das geforderte Morphem. Ähnlich verhält es sich mit dem Morphem <schlaf>. Er assoziiert <einpennen> und <hinliegen>.

5. Wenn du den ersten Buchstaben tauschst, entsteht ein neues Wort:
Rose, Wand, rund, Haus, Mund

Die meisten Kinder haben mit dieser Aufgabe keine Schwierigkeiten. Einigen fällt bei einzelnen Wörtern entweder kein Reimwort ein oder sie schreiben ein Wort, das es im Deutschen nicht gibt. So assoziiert Markus als Reimwort zu *Haus* <Paus> und Frank fällt zu *Wand* <kann> ein. Elisabeth erfindet sogar drei Wörter, die es in unserer Sprache nicht gibt: <Mand>, <sund> und <Dund>. Tizian und Pinar können die Aufgabe nicht lösen. Entweder verstehen sie die Aufgabenstellung nicht oder sie kommen auf keine Reimwörter. Sogar ein Kind, das die zweite Klasse wiederholt, findet keine Reimwörter.

6. Bilde aus den Wörtern einen Satz!
Sommer – Schwimmbad, Hund – spielen – bellen

In vielen Klassen haben die Kinder keine Schwierigkeiten mit dieser Aufgabe, wie einige Beispiele zeigen:

> *<Ich gehe im Sommer geh ich ins schwimmbad>*
> *<der Hund bellt wen er spielen will>*
> *<Der Sommer ist da und man kann ins Schwimmbad gehen.>*
> *<der Hund tut spielen und bellen>*
> *<Sommer endlich bist du ins Schwimmbad gekommen.>*

Manche Kinder bilden aus den vorgegebenen Wörtern auch mehrere Sätze: <Es ist ein Sommertag. Ich und meine Eltern gehen ins Schwimmbad.> Einige Kinder lesen „Bälle“ statt *bellen* und schreiben dementsprechend: <Hünde spielen mit bellen.> Ab und zu werden auch Wörter ausgelassen: <Die Hunde spielen bellen.> Manche Sätze enthalten grammatische Auffälligkeiten: <ein Hund spielt mit einen ball und bellen>

Sehr unterschiedlich ist die formale Markierung eines Satzes. Es gibt Kinder, die das erste Wort groß schreiben und am Ende des Satzes einen Punkt setzen. Andere beginnen den Satz ohne Großbuchstaben, markieren aber das Ende des Satzes durch einen Punkt. Viele machen weder einen Punkt, noch kennzeichnen sie den Satzanfang.

In den gemeinsamen Lehrerfortbildungen wird immer wieder thematisiert, dass Kinder zahlreiche Begriffe nicht kennen. Bei den Beobachtungsaufgaben zur Einschulung wurde dies ausführlich an den Begriffen „Zahl“ und „Buchstabe“ diskutiert. Dass in den meisten zweiten Klassen die Kinder mit dieser Aufgabe keine Schwierigkeiten haben, führen wir auf diese Diskussion zurück. Die Lehrerinnen haben vermutlich, darauf geachtet, dass wesentliche Begriffe immer wieder thematisiert werden. Eine der untersuchten Klassen weicht von diesem Ergebnis sehr ab: Mehr als die Hälfte der Kinder hat dort mit dieser Aufgabe gravierende Probleme. Agathe versteht die Aufgabenstellung nicht. Sie assoziiert zu den ersten vorgegebenen Wörtern *Frühling*, *Sommer*, *Herbst*, *Winter* und zu den zweiten *lachen*, *singen*, *schaukeln*, *waschen*. Pinar und zahlreiche andere Kinder schreiben gar nichts. Clara schreibt die Wörter ab und ergänzt sie um das Wort <Schwimmer>. Es liegt die Vermutung nahe, dass im Unterricht nicht regelmäßig wichtige Begriffe besprochen wurden.

7. Finde zu jedem Wort das Gegenteil!

Beispiel: groß – klein

Auch diese Aufgabe macht den meisten Kindern keine Schwierigkeiten. Einige Beispiele sind in Tabelle 21 zu sehen.

Es scheint für einige Kinder schwierig zu sein, von einigen Wörtern das Gegenteil zu finden, wozu der Begriff „Riese“ gehört. Manchen Wörtern werden auch Begriffe zugeordnet, die von der Erfahrung her zusammengehören, so z. B. *Haus* zum Begriff *Stadt*. Andere Kinder gehen auch handlungsbezogen vor. Für sie ist *Riese kam* das Gegenteil von *Stadt gehen*.

Tab. 21: Zweitklässlerinnen finden Gegenteile

	Martin	Jeanette	Anabell
kalt	warm	warm	Warm
aufmachen	zumachen	zumachen	Zumachen
Riese	Kleine Riese	Zwerg	Kein Riese
lang	kurz	kurz	Kurz
Stadt	Dorf	Dorf	Dorf
nass	Droken	droken	Trocken

4.4 Konsequenzen für das Lehren

Wenn Lese- und Schreibschwierigkeiten nicht als individuelles Problem der Kinder angesehen werden, sondern als ein Wechselspiel zwischen familiären, individuellen und schulischen Faktoren, sollte besonders der Blick auf das Lehren gelenkt werden (Bergk 1980, 100). Valtin geht davon aus, dass die Lernenden

> „nicht nur zu einer *gedanklichen Klarheit in bezug auf Funktion und Aufbau der Schrift* gelangen müssen. Sie brauchen ferner metakognitives Wissen in bezug auf geeignete Lern- und Übungsstrategien sowie effektive Arbeitstechniken. Häufig sind die falschen Vorstellungen und Strategien, die Kinder entwickeln, Ausfluß falscher Lehrstrategien, aber häufig sind sie auch einfach deshalb zustande gekommen, weil Lehrer und Lehrerinnen zuwenig den Entwicklungsstand des Kindes kennen und berücksichtigen." (Valtin 1996, 370)

Auf die unterschiedlichen Entwicklungen von Kindern einzugehen, könne nicht bedeuten, dass die Kinder von Beginn an in homogene Leistungsgruppen aufgeteilt werden, unabhängig von einander lernen und sich in ihrem Leistungsstand immer mehr voneinander entfernen.

> „Differenzierung sollte in den ersten Schuljahren vorrangig unter sozialem Aspekt erfolgen (zum Einüben kooperativer Verhaltensweisen, zum gegenseitigen Anregen) und erst in zweiter Linie unter dem Leistungsaspekt, zumal das strenge Differenzieren in homogene Leistungsgruppen sich als unvorteilhaft für die sozial-emotionale Entwicklung der Kinder der schwächeren Gruppen herausgestellt hat." (Valtin 1996, 383)

Valtin empfiehlt ein dreischrittiges Vorgehen:

- Ausgehen von einer gemeinsamen Basis
- Differenzierung
- Phasen der Freiarbeit und des offenen Lernens

Weiterhin nennt sie Verhaltensweisen, die Lehrerinnen möglichst vermeiden sollen. Hierzu gehören häufiges lautes Vorlesen, mechanisches Abschreiben von Wörtern oder kleinen Texten sowie Rechtschreibübungen, in denen Kinder die korrekte Schreibung „erraten" sollen.

Kretschmann/Rose (2000) setzen sich mit der Lese- und Schreibförderung bei Kindern mit Lernblockaden auseinander und sehen eine erfolgreiche kognitive Förderung nur im Zusammenhang mit einer affektiven Stabilisierung. Hierzu gehören u. a. die Faszination des Lerngegenstands, Unterstützung durch die Lehrenden, Berücksichtigung der Lernausgangslage der Kinder, entlastende und beruhigende Hilfsangebote und Erfolgsrückmeldungen. Weiterhin ist es wichtig, die Interessen der Kinder zu kennen, um sie motivieren zu können.

„Lernorte schaffen" – so lautet ein Beitrag von Schumann/Groß (2004). Die Frage des Lernorts sollte sich nicht verkürzt auf die richtige Schulart beschränken, sondern es ist zu klären, „wie Lernorte für Lernprozesse allgemein gestaltet sein müssen, damit alle Kinder ihre Kompetenzen einbringen können und so in ihrer Lernentwicklung Fortschritte machen. Ein Lernort könnte z. B. die Arbeit mit dem *Leeren Blatt* (Kap. 2.4) sein, wenn Kinder einen Text gemeinsam verfassen und sich gegenseitig Anregungen und Unterstützung geben. Ein anderer Lernort könnte auch darin bestehen, dass Kinder, die mit dem alphabetischen Schreiben noch Schwierigkeiten haben, Übungen zum alphabetischen Schreiben bekommen, damit sie diese Probleme überwinden.

> „Solche Orte zu schaffen ist Aufgabe jeder Schule und jedes Faches. Dabei kommt der Grundschule besondere Bedeutung bei. Sie ist der Ort des Erwerbs kultureller Kompetenzen und sollte nicht Ort der Auslese sein (...)." (Schumann/Groß 2004, 38)

Wenn im Folgenden zwischen *Verfassen von Texten*, *Orthographieerwerb*, *weiterführendem Lesen* und *Wissen über Sprache (Sprachreflexion)* unterschieden wird, bedeutet dies nicht, dass diese Inhalte des Deutschunterrichts nur isoliert gelernt und gelehrt werden. „Diese Bereiche sind eng miteinander verknüpft und sollen von den Kindern auch im Unterricht nicht isoliert, sondern ganzheitlich erlebt werden." (Wespel 2004, 7)

4.4.1 Verfassen von Texten

Ossner (1995) unterscheidet zwischen vier Funktionen des Schreibens, die schon für den Anfangsunterricht relevant sind:

- für sich schreiben (Beispiel: Tagebuch)
- für andere schreiben (Beispiel: eine Geschichte für andere schreiben)
- schreiben an andere (Beispiel: Einladung)
- schreiben zur Gedächtnisentlastung (Beispiel: Hausaufgaben notieren)

Baurmann (1996) hat Erst- und Zweitklässlerinnen befragt, was sie gerne schreiben. Es wurden vor allem Notizen, Wunsch- und Einkaufzettel, Wichtiges zum Tage, Briefe und Mitteilungen an Familienangehörige sowie Geschichten genannt. Die Ergebnisse sollten Lehrerinnen ermutigen, möglichst viele Schreibanlässe zu bieten und unterschiedliche Materialien, die ebenfalls die Motivation erhöhen.

In der Fachdidaktik herrscht die Auffassung vor, dass sich in den Anfangsklassen freies und angeleitetes Schreiben abwechseln sollten. Folgende didaktische Prinzipien führt Klein (2001c, 39f) ab der ersten Klasse ein.

Für das *freie Schreiben:*

- Die Schülerinnen entscheiden, wann sie einen Text verfassen wollen und zu welchem Thema. Gelegenheit besteht in der täglichen Schreibzeit.
- Alle Texte werden vorgelesen und besprochen (Textpräsentation).
- Bilder übernehmen eine den Text ergänzende Funktion. Sie bilden das noch nicht „Schreibbare" ab. Die Schreiberinnen erläutern ihre Geschichten anhand der Bilder.
- Die Sammlung der Geschichten erfolgt im eigenen Geschichtenheft, ggf. fügt die Lehrerin dem Bild einen diktierten Text hinzu.
- Erste Kriterien einer Textkritik werden gemeinsam erarbeitet, z.B. die Frage: Ist der Text verständlich? Fällt es den Mitschülerinnen schwer zuzuhören? Wenn ja, warum? Wie viele Sätze wurden geschrieben? Passt das ausgewählte Bild zum Text?

Didaktische Prinzipien für das *angeleitete Schreiben:*

- Alle Schülerinnen schreiben zur gleichen Zeit zum gleichen, von der Lehrerin vorgegebenen Thema.
- Die Texte werden in Mappen gesammelt (Mein Lieblingstier, Mein Lieblingsspielzeug usw.). Das Thema wird bildlich festgehalten und eventuell mit Wörtern ergänzt.

- Die Arbeit am Erzählfaden beginnt, damit der Handlungsverlauf einer Geschichte für alle sichtbar wird.
- Zwei vorgegebene Texte werden verglichen. Welcher Text gefällt den Schülerinnen besser? Warum?
- Die Einsicht in den Aufbau eines Textes wird durch Unterscheidung von Satzreihen und Geschichten vorbereitet.
- Das Schreiben zu einem Bild erfolgt mithilfe von Wörterlisten. Der entsprechende Arbeitsauftrag könnte lauten: Bilde Sätze! Oder: Erfinde eine Geschichte!

Die Äußerungen der anderen Kinder geben den Autorinnen Rückmeldungen und Hilfen für die Überarbeitung der Texte.

Klein führt folgende Hilfen auf, die ab der ersten Klasse eingesetzt werden können:

Der Erzählfaden: Mündliche Erzählungen würden das schriftliche Erzählen vorbereiten und es würde verschiedene Möglichkeiten geben, auf das Entwickeln eines Handlungsfadens hinzuweisen. Es kann sich ein gemeinsamer Erzählstrang entwickeln, der sich an Gegenständen, Bild- oder Wortkarten orientiert. Eine andere Möglichkeit ist das gemeinsame Nacherzählen eines Märchens, einer Geschichte aus einem Bilderbuch oder eines Kinderfilms. Jedes Kind kann sich anschließend eine Szene aussuchen, die es gestaltet. Die Reihenfolge der Texte und Bilder sollte im Unterricht besprochen werden.

Bei der Präsentation der Texte fallen den Kindern bald wiederkehrende Probleme auf. „Um diese für die Kinder begrifflich handhabbar zu machen, habe ich sie personifiziert und sie als „Unfugtreiber in Schülertexten“ bezeichnet.“ (Klein 2001c, 40) Sie helfen die Aufmerksamkeit der Zuhörerinnen auf die sprachliche Gestaltung der Texte zu lenken. In den ersten beiden Schuljahren treten nur der *Punktefresser* und der *Dann-Und-Danner* auf. Die beiden „Unfugtreiber“ werden bildlich vorgestellt und an zentraler Stelle im Klassenzimmer aufgehängt (Abb. 40 und 41).

Bei den weiteren Textpräsentationen helfen sie, vorgelesenen Texten kriterienorientiert und konzentriert zu folgen sowie den Autorinnen Anregungen für die Überarbeitung ihrer Texte zu geben. Eine weitere Überarbeitung der Schülerinnentexte sieht Klein im zweiten Schuljahr nicht vor.

Um das Verfassen von Texten anzuregen und die Entwicklung von Literalität zu fördern, sollten Bilder und Texte als Vorgaben angeboten werden. Schreiben als „kulturelle Tätigkeit“ (Dehn 1999) bietet die Möglichkeit, Texte im Zusammenhang mit literarisch-künstlerischen Angeboten (Rabkin 1992) entstehen zu lassen, so dass die Kinder auch vorgegebene literarische Muster schreibend für sich übernehmen können (vgl. Kap. 4.2; Dehn 1999; Weinhold 2000).

Ich bin der
Punktefresser

Ich bin erst satt, wenn ich alle Punkte aufgefressen habe.

Da war mein Freund er hatte einen Fußball einer schrie ...

Abb. 40: Der Punktefresser (Klein 2001c, 42)

Ich bin der
Dann-und-Danner

Der Anfang der meisten Sätze heißt bei mir:

Dann... Dann... Und dann... Und dann...

Abb. 41: Der Dann-und-Danner (Klein 2001c, 42)

Werden Texte in einem Geschichtenbuch veröffentlicht oder dienen sie als Lesetexte, ist es sinnvoll, Rechtschreibfehler zu korrigieren. Diese können entweder mit den Kindern gemeinsam oder auch von der Lehrerin verbessert werden. Kindertexte mit korrigierter Rechtschreibung legen den Schwerpunkt auf den Inhalt des Textes, zeigen seine Stärken, aber auch Passagen, die für Leserinnen nicht verständlich sind und unter Umständen einer inhaltlichen Veränderung oder Ergänzung bedürfen.

Sammeln Kinder ihre Texte in einem eigenen Schreibtagebuch, sind diese Korrekturen kontraproduktiv, denn sie würden Kindern die Möglichkeit nehmen, ihre eigene Schreibentwicklung zu rekonstruieren. Bei Notizen u. ä., die Kinder nur für sich selbst schreiben, kann eine von der Lehrerin gewünschte Überarbeitung die Schreibmotivation hemmen, da sie von den Kindern nicht als sinnvoll empfunden wird.

Kinder mit Unterstützungsbedarf beim Schriftsprachbedarf benötigen auch beim Verfassen von Texten Hilfestellungen. Manche Schreibanfängerinnen schreiben aufgrund fehlender Phonem-Graphem-Zuordnungen so verkürzt, dass ihre Texte kaum lesbar sind. Dehn (1990, 120) berichtet von Christina, die ein Rätsel auf einem Kneipenzettel schreibt: <SRI NDRD schz>. Im Gespräch über diesen Text stellt sich heraus, dass sie das Rätsel „Es kriecht in der Erde und ist schwarz.“ meint. Dieser Text zeigt, dass sie manche Wörter nicht verschriftet hat und von anderen nur die Grapheme, die sie wahrnehmen kann. Dies ist Christinas erster eigener Text. Bis dahin hat sie sich nicht getraut zu schreiben. Der Spaß am gemeinsamen Raten hat sie zum Schreiben motiviert. Da auch dieses Rätsel in ein Rätselbuch der Klasse aufgenommen wird, hat ihre Lehrerin den Text normgerecht vorgeschrieben und die von Christina bereits geschriebenen Buchstaben mit Punkten gekennzeichnet, um ihr zu zeigen, was sie schon alles kann. Christina hat ihren eigenen Text anschließend abgedruckt.

Andere Kinder haben keine Ideen, was sie schreiben können, oder lassen regelmäßig Wörter beim Schreiben aus. Manche zeigen in den Texten grammatische Auffälligkeiten – eventuell bedingt, dass Deutsch nicht ihre Erstsprache ist. Diese Kinder benötigen eine zielgerichtete Förderung, die berücksichtigen sollte, ob die Probleme nur in der Schriftsprache auftreten, oder auch im Mündlichen vorhanden sind (Füssenich 2004b). Carina schrieb in der zweiten Klasse wunderbare Geschichten, deren Verständnis erschwert war, weil sie keine Punkte setzte. In der Förderung wurde anhand ihrer eigenen Texte der Satzbegriff erarbeitet. Nachdem sie das Ende des zweiten Satzes gefunden hatte, war sie zufrieden und wunderte sich, dass sie noch weitere Sätze finden sollten, und sagte: „Wie? Noch mehr Punkte?“

Kinder, die sich gar nicht trauen zu schreiben, können ihre Ideen auch Mitschülerinnen oder den Lehrerinnen diktieren und die Texte werden gemeinsam weitergestaltet.

Welche Möglichkeiten der Einsatz des *Leeren Blattes* für die Förderung von Textfähigkeit bietet, ist in Kap. 2.4 dargestellt.

4.4.2 Orthographieerwerb

Rechtschreiben lernen ist nicht die Aneignung einer Kulturtechnik, sondern vor allem ein kognitiver Prozess, der es Lernerinnen ermöglicht, Schrift in einer von Schrift geprägten Kultur zu nutzen.

Naegele/Valtin (2000) betonen, dass viele schwache Schreiberinnen erfolgreich abschreiben können, ihnen aber diese Übungsform beim Erwerb von Rechtschreibregeln nicht viel nützt. Der Gedanke, der hinter den Abschreibübungen steckt, sei der einer veralteten Wortbildtheorie. Trotzdem gebe es immer wieder Schülerinnen, die erhebliche Probleme beim Abschreiben hätten, weil ihr visuelles Gedächtnis für Sprache begrenzt sei und Teile vergessen würden. Ihre Strategie sei falsch, wenn sie das flüchtig Gelesene aus dem Gedächtnis ohne Rückkoppelung übertragen. Die Autorinnen schlagen folgende Hilfen vor:

- Klar gegliederte, gut lesbare Tafeltexte
- Großer Computerdruck auf Folien am Overheadprojektor
- Mehr Zeit
- Wörterlisten mit der richtigen Vorgabe
- Die Vermittlung von Strategien zum Speichern größerer Einheiten, wie Silben oder Morpheme

Derartige Maßnahmen zur Verbesserung von Abschreibleistungen fördern natürlich die Rechtschreibung, obwohl hierfür noch weitere Hilfen notwendig sind. Wie Abschreiben sinnvoll geübt werden kann, zeigt von Wedel-Wolff (2003).

Kinder mit Problemen beim Erwerb der Orthographie üben zu Hause und in der Schule und sind meist doch nicht erfolgreich (Naegele/Valtin 1997). Dies hängt vermutlich damit zusammen, dass sie keine effektiven Übungsformen anwenden. Valtin (1993a) befragte Schreiberinnen verschiedener Altersstufen, was sie tun, wenn sie sich ein schweres Wort merken wollen. Dabei stellten sich gravierende Unterschiede zwischen guten und schlechten Schreiberinnen heraus. Nur die guten Rechtschreiberinnen setzen effektvolle Strategien ein. Sie achten auf die Besonderheiten des Wortes und wählen ein methodisches Vorgehen, das unterschiedliche Aktivitäten umfasst: „Genau angucken, merken, schreiben, vergleichen, sich das Wort diktieren lassen." (Naegele/Valtin 1997, 221)

Die früher übliche ausschließliche Orientierung an isolierten orthographischen Elementen wird heute ergänzt durch eine stufenbezogene Betrachtung des Rechtschreiberwerbs (Kap. 3), die die jeweils dominierende Strategie der Schreiberin in den Blick rückt. Befinden sich Schreiberinnen auf der alphabetischen Stufe oder orientieren sie sich bereits an orthographischen Mustern (May 1993)? Beide Sichtweisen greifen dennoch zu kurz, denn erfolgreiche Schreiberinnen unterscheiden sich von weniger erfolgreichen darin, ob sie ihr Wissen flexibel einsetzen. Nach May nutzen schwache Lernerinnen ihre vorhandenen Möglichkeiten schlechter als erfolgreiche und verharren oft auf einer Zugriffsweise. Durch häufiges Ausweichverhalten verpassen sie wichtige Erfahrungs- und Auseinandersetzungsmöglichkeiten mit der Schriftsprache.

Börner (1995a) hat anhand von Äußerungen zu Verschriftungen das Problemlöseverhalten von jugendlichen und erwachsenen Analphabetinnen untersucht. Sie fragt, wie sich Schreiberinnen mit ihren Schreibprodukten auseinander setzen und inwiefern sie Erkenntnisse zur Rechtschreibung auf neue Aufgabenstellungen übertragen können. Auch wenn Börner das Problemlöseverhalten von älteren Lernerinnen untersucht hat, lassen sich die Ergebnisse auf den Unterricht mit Zweitklässlerinnen übertragen, denn die entscheidenden Zugriffsweisen werden in den ersten Jahren erworben.

Börner unterteilt das Problemlöseverhalten von Schreiberinnen in vier Gruppen (Abb. 42, S. 184).

Die erste Gruppe verweigert aus Misserfolgsangst die Auseinandersetzung mit der Schriftsprache, da sie nicht mit ihren Fehlern konfrontiert werden will. Die Schreiberinnen der zweiten Gruppe versuchen, Schreibschwierigkeiten zu verdrängen, indem sie sich vordergründig der Schreibaufgabe stellen. Dabei verbalisieren sie, dass sie kein Problem haben, obwohl sie nicht normgerecht – entsprechend ihres Entwicklungsstandes – schreiben. Sie sehen keinerlei Notwendigkeit, über die Verschriftung nachzu-

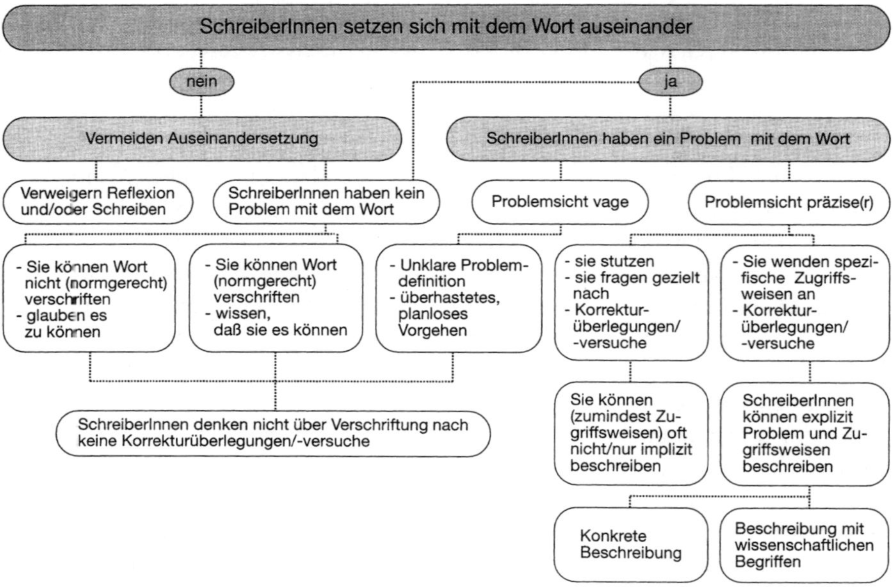

Abb. 42: Problemlöseverhalten von Schreiberinnen (Börner 1995a, 100)

denken. Anita äußert bei einer Reihe von Wörtern auf die Frage, wie sie auf ihre Schreibweise gekommen ist, Folgendes: „Das wusste ich." und „Das konnte ich schon schreiben." (Börner 1995b, 82ff) Diese Wörter kann sie auch nicht zerlegen. Sie sagt auf die Nachfrage, was genau sie schon schreiben konnte: „Alles" oder „Das ganze Wort". Etwa ein Drittel der Wörter oder Wortteile, die sie nach ihren Aussagen schon schreiben konnte, wurden nicht normgerecht verschriftet.

Hiervon zu unterscheiden sind die Schreiberinnen der dritten Gruppe, die sich der Schreibaufgabe stellen und verbalisieren, dass sie keine Probleme haben. Ihre Schreibungen sind richtig, der Schreibprozess läuft automatisch ab. Problemlöseverhalten zeigen sie erst, wenn sie auf ein Wort stoßen, das ihnen nicht geläufig ist. Die Schreiberinnen, die zur vierten Gruppe gehören, verbalisieren, dass sie ein Problem haben. Sie lassen sich in zwei Untergruppen aufteilen:

a) Schreiberinnen, die vage ein Problem wahrnehmen und
b) Schreiberinnen, die ein spezifisches Problem erkennen.

Schreiberinnen der ersten Gruppe „stehen der Verschriftung hilflos gegenüber und haben keine Strategie zur Lösung des Problems." (Börner 1995b, 82) Sie können ihre vorhandenen Fähigkeiten nicht einschätzen und bewusst anwenden, weshalb sie auch keine Korrekturversuche anstellen. Albert kennzeichnet Wörter, bei denen er unsicher war, mit: „Ich hab's versucht zu schreiben: ich hab's irgendwie geschrieben." Die Verschriftungen sind nicht normgerecht: Er kann der Bitte, genauer zu beschreiben, was er getan hat, nicht nachkommen (Börner 1995a; 1995b). Schreiberinnen, die ein spezifisches Rechtschreibproblem erkennen, können sich im Weiteren je nach Kenntnisstand unterschiedlich verhalten. Paul z. B., der dialektgefärbt spricht, hat Probleme mit der Verschriftung von stimmhaften und stimmlosen Konsonanten. Zu einem fortgeschrittenen Zeitpunkt der Förderung wendet er nicht mehr nur die Strategie „Vorsprechen" oder „nach Gehör schreiben" an, sondern stutzt erkennbar an neuralgischen Punkten, überlegt und setzt seine Überlegungen fort. Es treten Korrekturversuche und verbale Überlegungen auf, die mehr oder minder erfolgreich sind.

Schreiberinnen mit zunehmenden Rechtschreibfähigkeiten und ausdifferenziertem Problemlöseverhalten verbalisieren und wenden bewusst spezifische schriftsprachliche Zugriffsweisen an, die sie auch explizit beschreiben können. Sie zeigen darüber hinaus Korrekturverhalten und Korrekturüberlegungen, die zunehmend produktiver werden. Jens schreibt *Flecken* richtig und kommentiert: *„ef -el*, das ist klar, und wie *Fläche*, wird es ja geschrieben, und dann *ecke* fast wie *Ecke.*" (Börner 1995b, 89) Er hat hier die normgerechte Verschriftung erreicht, indem er die Anlautgruppe vom Wort segmentiert hat (*Fl-ecken*). Diese Anlautkombination hat er sich paradigmatisch erarbeitet, indem er als Vergleich ein anders Wort mit derselben Anlautkombination heranzog (*Fl-äche*), gleichzeitig hat er diese sequentiell in Feinbestandteile zerlegt (*ef-el*). Den überbleibenden Wortteil (*-ecken*) hat er sich mittels der Klanganalogie („fast wie *Ecken*") erschlossen.

Um Rechtschreibleistungen zu verbessern, müssen Schülerinnen lernen, orthographisch relevante Aspekte der Sprache zur Kenntnis zu nehmen. Beim Schreiben müssen sie immer mehrere sprachliche Gesichtspunkte gleichzeitig und aufeinander bezogen in einer Abfolge von Bearbeitungsschritten berücksichtigen. Dabei sollten sich einzelne Teilzugriffe nicht gegenseitig stören oder behindern (May 1993).

Naegele/Valtin sind der Meinung (1997), dass die Vermittlung von Übungsformen und Arbeitstechniken konkreter Lerngegenstand im Unterricht sein sollte, wozu z. B. folgende Fragen gehören:

- Wie schreibt man sinnvoll ab?
- Wie lernt man am besten ein schweres Wort?
- Wie übt man für ein Diktat?
- Wie arbeitet man mit Wörterlisten bzw. einem Grundwortschatz?

Folgende Ziele sollten sich die Lehrkräfte für einen guten Rechtschreibunterricht setzen (Menzel 1985, 30):

Rechtschreibkönnen: Eine Anzahl von Wortschemata müssen Lernerinnen so vermittelt bekommen, dass sie sie ohne über ihre Schreibungen nachdenken zu müssen, in schulischen und außerschulischen Alltagssituationen aus dem Gedächtnis abrufen können.

Rechtschreibdenken: Lernerinnen müssen mit dem kategorial-orthographischen Wissen so vertraut gemacht werden, dass sie eine Anzahl von Wortformen, Wörtern und Wortkombinationen, die nicht zum gespeichert Grundbestand gehören, durch Transferprozesse und/oder Regelbildung richtig schreiben können.

Rechtschreibvermittlung: Bei Unsicherheiten oder Unkenntnis einer Schreibung sollten Lernerinnen in die Lage versetzt werden, die richtige Schreibung mit Hilfe eines Wörterbuches oder ihres Regelapparates ermitteln zu können.

Rechtschreibmotivation und -verantwortung: Es muss bei Lernerinnen eine Motivation geschaffen werden, dass sie im Hinblick auf die Leserinnen Fehler vermeiden wollen.

Da Zweitklässlerinnen noch nicht die komplette Rechtschreibung beherrschen können und müssen, ist die differentialdiagnostische Unterscheidung zwischen *Fehlern* als *entwicklungsbedingten Notwendigkeiten* und als *Indiz für Lernschwierigkeiten* notwendig (Dehn/Hüttis-Graff 2006; Kap. 2).

Mann (2001b) versteht unter Rechtschreibunterricht Strategievermittlung und vertritt die Ansicht, dass den Kindern von Anfang an die Unterscheidung zwischen alphabetischen (lautgetreuen) und nicht alphabetischen Schreibungen vermittelt werden sollte. Die Wörter, die weitgehend lautgetreu verschriftet werden, nennt Mann Mitsprechwörter und sie sind geeignet, Kindern den Zusammenhang zwischen Phonemen und Graphemen zu vermitteln. Zuerst lernen Kinder vor allem, lautgetreue Wörter zu verschriften. Dabei ist die Grundlage der Verschriftung nicht die Umgangssprache, die oft dialektgefärbt und verkürzt ist, sondern eine Aussprache, die weitgehend der Schriftsprache angeglichen ist. Diese bezeichnen Betz/Breuninger (1998) als Pilotsprache. Anregungen für die Unterrichtspraxis stehen in den Kap. 2.4 und 3.4 sowie bei von Wedel-Wolff (2003, 85f).

Die Wörter, die ausgewählt wurden, um die Fähigkeit des alphabetischen Schreibens zu überprüfen, sind auch geeignet, diese Stufe des Orthographieerwerbs zu fördern. Diese Wörter können in Form von Kreuzworträtseln, Bingo und anderen Spielen genutzt werden, um die Phonem-Graphem-Zuordnung zu stabilisieren.

Die nächsten Phasen des Erwerbs der Orthographie sind nur im Zusammenhang mit der Erweiterung von Sprachwissen (Sprechreflexion) möglich. Anregungen zu Übungen zur morphematischen Gliederung von Sprache und zur Groß- und Kleinschreibung geben Bünting et al. (2000), von Wedel-Wolff (2003; 2004b) und Peschel/Reinhardt (2001).

4.4.3 Weiterführendes Lesen

Lesen ist mehr als das „Übersetzen" von Buchstaben und das Zusammenziehen der Laute zu einem Wort. Das Lesenlernen wird wie anderes Lernen auch als nie endender Prozess verstanden, der weit über die Beherrschung von Lesetechniken hinausgeht. Lesen – und damit Verstehen – basiert auf dem Zusammenspiel zwischen dem Text und dem (Vor-)Wissen der Leserin. Damit sinnverstehendes Lesen möglich wird, werden Informationen aus einem Text mit dem Sprach- und Weltwissen der Leserin vernetzt und erweitert. Dass somit Lesen ein kognitiver Prozess ist, ist offensichtlich. Scheerer-Neumann (2003, 521) nennt folgende Aspekte, die für den Erwerb von Lesefähigkeit notwendig sind:

- Bewusstwerdung sprachlicher Einheiten, wie Phonem-, Silben- und Wortstrukturen
- Kommunikative Funktion des Lesens
- Erwerb und flexibler Einsatz von Lesetaktiken (Kap. 4.2)

Leseinteressen von Kindern zu berücksichtigen führt zur Steigerung von Lesemotivation und somit zur Verbesserung des Lesens und Verstehens von Texten. Wie unterschiedlich Leseinteressen und Leseanlässe der Kinder in einer Klasse sein können, führen Kleinschmiedt-Bräutigam/Hoppe (2003, 6) auf:

- *Hussein und Sara lesen zur Durchführung eines Löwenzahnexperiments eine Karte aus der Experimente-Kartei.*
- *Miriam liest konzentriert im Mathematikunterricht eine schwierige Textaufgabe.*
- *Simon liest fünf Frühlingsgedichte. Er muss entscheiden, welches ihn am meisten berührt.*
- *Nach einem Konflikt lesen Emin und Hussein in der Klassenordnung.*
- *In der Lesekonferenz lesen die Mitglieder der Reihe nach Textstellen aus einem Märchen vor, die sie nicht verstanden haben.*
- *Tom und Jan suchen auf dem Stadtplan das Technikmuseum, das Ziel des morgigen Klassenausflugs.*
- *Michelle ist in ein Buch über Vulkane vertieft und notiert sich daraus Stichpunkte für ihren Minivortrag.*

- *Moritz aus der 4 a besucht heute die 1 b, um kleinen Gruppen von Kindern aus seinem früheren Lieblingsbuch vorzulesen.*
- *In den freien Leseminuten liest Tino in einer Tabelle seiner Fußballzeitschrift, um den momentanen Stand seines Lieblingsvereins in der Bundesliga zu erfahren.*
- *Mara sitzt am Computer und liest ihren Text genau durch, um zu erkennen, an welchen Stellen sie ihn noch überarbeiten muss.*

Ein Kind kann lesen, wenn es einen Text verstanden hat. Deshalb sollte Lesefähigkeit in der Schule nicht länger durch lautes (Vor-)Lesen überprüft und gefördert werden. Ganz offensichtlich kann flüssiges Vorlesen sogar darüber hinwegtäuschen, dass ein Text nicht verstanden wird, in dem Sinne, dass die Leserin Informationen aus dem Text nicht nutzen und mit externem Wissen (z. B. Vorwissen) in Verbindung bringen kann.

Entscheidend für Fortschritte im Leselernprozess von Leseanfängerinnen ist das Zutrauen in die eigenen Fähigkeiten, womit der Wille gemeint ist, sich mit einem zu erlesenden Text auseinander zu setzen und sich die Leseaufgabe zuzutrauen. In Untersuchungen (Dehn 1984; Hüttis-Graff 1987; May 1986) wird gezeigt, dass schwache Leserinnen ängstlich und verunsichert an Leseaufgaben herangehen, während sich erfolgreiche Lernerinnen diesen Anforderungen voller Zutrauen in ihre Fähigkeiten stellen. Schwache Leserinnen erweitern ihre Lesefähigkeit nicht durch den Prozess des Erlesens, sondern ziehen sich durch Vermeidungsverhalten zurück. Sie bilden dadurch wichtige Fähigkeiten des Problemlösens nicht aus, sondern bleiben entweder auf einem bestimmen Niveau stehen oder lassen bereits entwickelte Fähigkeiten wieder verkümmern. Ihnen fehlt es an Stringenz, sie verharren auf ihren Zugriffsweisen und sagen – als Notfallreaktion – schließlich irgendein Wort oder eine sinnleere Silbenfolge. Aus diesem Grund setzt jede Leseförderung bei der Förderung von Motivation an, sich Lesetexten zu widmen.

Um Kinder in ihrem Leseprozess zu fördern ist die Unterscheidung von Mann (2002, Altenburg 2004) zwischen verschiedenen Formen des Lesens – *Vorlesen*, *stilles Lesen* und *Leseübung* – sinnvoll.

Vorlesen: Professionelle Vorleserinnen üben ihre Texte, bevor sie sie der Öffentlichkeit präsentieren. Auch Schülerinnen sollten, gerade wenn ihnen das Lesen schwer fällt, die Möglichkeit haben, das Vorlesen vorzubereiten. Sie können z. B. ein Lieblingsbuch aussuchen und in Absprache mit der Lehrerin einen Text auswählen, der ihren Fähigkeiten entspricht und die Zuhörfähigkeit der anderen nicht strapaziert. Erst wenn sie sich sicher fühlen, lesen sie vor. Dabei sollte beachtet werden, dass nur die Vorleserin das Buch vor sich hat. Die Lehrerin und die Klasse sprechen anschließend über den Inhalt des Vorgelesenen und nicht über die Lesefähigkeit.

Vorlesen fördert ebenfalls das Lesen. Es können Texte vorgelesen werden, die über dem Leseniveau der Zuhörerinnen liegen. Hiermit fördern Lehrerinnen Motivation, selbst zu lesen. Zu den ausgewählten Texten können neben erzählenden Texten auch Sachtexte, Ausschnitte aus Zeitungen, Werbebroschüren und Handzettel gehören. Kleinschmidt-Bräutigam/Hoppe (2003, 11) schlagen vor, dass Kinder einen Vorlese-Steckbrief ausfüllen, in den sie eintragen:

- wie sie sich fühlen, wenn ihnen vorgelesen wird,
- wie sie Vorlesen finden,
- welche Vorlesegeschichten ihnen besonders gut gefallen,
- welche Vorlesewünsche sie haben,
- wer ihre Lieblingsvorleserinnen sind,
- welches ihr liebster Vorleseplatz ist.

Vorlesen muss sich auch nicht auf den Deutschunterricht beziehen, sondern bietet sich auch in anderen Fächern an.

Stilles Lesen: Das stille Lesen ist im Alltag die häufigste Form des Lesens. Leseanfängerinnen sind dazu oft noch gar nicht in der Lage. Sie lesen den zu lesenden Text sich selbst laut vor, was ein Äquivalent zum späteren Stilllesen ist, das nicht unterbunden werden sollte. Dieses leise Vor-Sich-Hinlesen darf nicht mit dem lauten Reihum-Vorlesen verwechselt werden. Im Anfangsunterricht lässt sich das stille Lesen durch verschiedene Leseanlässe fördern: Arbeitsblätter bearbeiten, bei denen zunächst der Sinn der Aufgabe entschlüsselt werden muss. Handlungsanweisungen lesen und ausführen sowie Sätze und Wörter einem Bild zuordnen.

Lesetexte sind leichter zu verstehen, wenn sie nach bestimmten Kriterien (Genuneit 1998 und Conrady 1995, eine zusammenfassende Darstellung steht in Kap. 2) aufbereitet sind. Themen, die Kinder betreffen, sind für sie bedeutsam und motivieren zum Lesen. Deshalb ist es sinnvoll – genau wie beim Texte verfassen – Kindern ein reichhaltiges Angebot an Lesetexten zu bieten, aus dem sie auswählen können. Von Wedel-Wolff (2004a, 18ff) gibt zahlreiche Anregungen für den Unterricht.

Selbst verfasste Texte eignen sich auch zum leise Lesen. In einer Klasse wurden die Texte zum Schellen-Engel (Kap. 4.3) zu einem Text- und Lesebuch zusammengestellt und jedes Kind erhielt ein Exemplar. Dabei wurden nur die Orthographie und die Interpunktion korrigiert. Die Texte von zwei Kindern lauten (Abb. 37, S. 162 und Abb. 38, S. 165):

Detlef:
Der weiße, bunte Schellen-Engel
Ich bin so weiß,
ich möchte auch mal bunt sein.
Wie schaff ich das nur?
Ich hätte eine Idee,
ich male mich an.
Aber wo kriege ich die Farben her?
Ah, in der alten Truhe –
Ich hole mir die Farben schnell.
Jetzt habe ich die Farben,
ich male mich jetzt an.
Juhu, ich bin jetzt bunt.

Bastian:
Der Engel sieht am Kopf rot aus.
Der Engel sieht an den Füßen
orange aus.
Der Bauch sieht blau aus.
Die Flügel sehen blau aus.
Die Augen sehen weiß aus.
Der Rand sieht bunt aus.

Leseübung: Die dritte Lesesituation, die Leseübung, ist vor allem für Kinder mit Unterstützungsbedarf wichtig. Im Anfangsunterricht wird sie oft mit dem „Reihum-Vorlesen“ verwechselt. Für Schülerinnen ist es sinnvoll, Leseübungen eindeutig von den beiden anderen Lesesituationen zu unterscheiden. Von Wedel-Wolff (2004a, 64; auch Menzel 2002) führt Übungen zur Steigerung der Lesefertigkeit auf folgenden Ebenen auf:

- Buchstabenebene: Phonem-Graphem-Korrespondenzen festigen, Wörter synthetisieren und Hypothesen überprüfen. Von Wedel-Wolff (2004a, 76) schlägt z. B. vor, Kindern ein Puzzle vorzulegen, bei dem sie Sätze Bildern zuordnen sollen. Die Sätze enthalten Minimalpaare, so dass z. B. zwischen „Das Auge ist blau.“ und „Das Auto ist blau.“ unterschieden werden muss.
- Wortebene: Nutzung von bekannten Wörtern und Wortteilen, Wörter strukturieren, Wörter ganzheitlich und Wortgrenzen erfassen sowie von grafischen Normtypus abstrahieren. Wörter zu strukturieren lernen Kinder, wenn sie bei einem Domino-Spiel zusammengesetzte Wörter aneinanderlegen, wie zu *Sommerabend* das Wort *Abendkleid* (von Wedel-Wolff, 1997, 44).
- Satzebene: Nutzung von syntaktischen und semantischen Begrenzungen. Von Wedel-Wolff (2004a, 67) hält eine verzögerte Wortvorgabe in Texten für sinnvoll. So kann z. B. ein Anlaut vorgegeben werden („Martin sieht ein K“) und auf der Rückseite wird der gesamte Text wiedergegeben („Martin sieht ein Kamel.“).
- Textebene: Nutzung von Sinnstützen (wie Überschrift oder Bilder), Textaufbau erkennen, Informationen entnehmen/überprüfen und antizipierendes Lesen fördern.

Menzel (2002) setzt sich mit Methoden zur Verbesserung der Lesefähigkeit und des Textverständnisses auseinander. Dabei führt er folgende Hilfen auf, die das Lesen und Verstehen erleichtern:

- Vor dem Lesen eines Textes: Oft sind es Überschriften der Bilder, die einen neugierig machen.
- Erstes Durchlesen: Oft ist es gut, wenn man sich über einen Text erst einmal schnell informiert.
- Genaues Durchlesen: Die meisten Texte muss man genau lesen.
- Unterstreichen, markieren: In jedem Text gibt es Wichtiges, das man hervorheben muss.
- Fragen an den Text stellen und beantworten: Jeder Text stellt Fragen an die Leserinnen, die man sich klar machen muss.
- Zum Text etwas Schriftliches festhalten: Etwas selbst Geschriebenes hilft, einen Text besser zu verstehen.
- Wiedergabe eines Textes: Oft beweist man erst, ob man den Text gut verstanden hat, wenn man seinen Inhalt anderen wiedergibt.

Lehrerinnen greifen oft in den Leseprozess von Kindern ein und wollen ihnen helfen. Dehn (1998) untersucht zahlreiche Interaktionen zwischen Lehrenden und Schülerinnen. Dabei analysiert sie die Hilfestellungen einerseits unter dem Aspekt, ob sie den Kindern einen Lerntransfer ermöglichten, d.h. ob die angebotenen Hilfen geeignet sind, in ähnlichen Lesesituationen Schwierigkeiten bzw. Fehler besser zu bewältigen. Andererseits wurde gefragt, ob die Hilfen das Zutrauen der Lernenden in ihre eigenen Fähigkeiten fördern oder ob die Kinder ihre Fehler eher als Misserfolg erleben. Dehn stellt fest, dass die meisten Hilfen der Lehrenden nicht lernförderlich sind, sondern zu Verwirrung und Misserfolgserlebnissen führen. Hilfreich sind Hilfestellungen, die das Wort als Ganzes meinen, wie: „Was könnte das Wort heißen?“ oder „Versuch noch mal!“. Hilfestellungen, die sich auf Silben beziehen, werden von den Lernenden leichter angenommen als die Vorgabe einzelner Buchstaben, vermutlich weil die Silbe die natürliche Einheit der mündlichen Sprache ist und Kinder leichter auf sie zurückgreifen können als auf einzelne Buchstaben. Kinder müssen die Buchstaben in ihrem Leseversuch erst rekonstruieren, einzelne als falsch erkennen und korrigieren. Hilfen wie „Das ist kein …“ sind deshalb kontraproduktiv, weil sie das Falsche noch einmal benennen. Um das Interesse an dem gelesenen Inhalt zu erhalten, ist es auch ratsam, Fehler, die den Sinn nicht verändern, stehen zu lassen.

4.4.4 Wissen über Sprache (Sprachreflexion)

Der Schriftspracherwerb ist Teil der sprachlich-kognitiven Entwicklung. Durch seinen Erwerb erweitern sich auch die Fähigkeiten der mündlichen Sprache. Kinder durchlaufen einen grammatischen Grundkurs (Haueis 2000): Deshalb zeigen sich die Einsichten von Kindern in die Struktur unseres Schriftsystems und in der Zunahme dieser Fähigkeiten in der Verwendung unterschiedlicher Strategien.

> „Spezifische Fähigkeitsbündel wie Segmentierungsfähigkeiten, phonologische Diskriminierungsfähigkeiten, Analogiebildungsfähigkeiten oder Fähigkeiten zur abstrakten Perspektive auf die Sprache selbst als Gegenstand des Nachdenkens (Dekontextualisierungsfähigkeiten) werden als Vorläufer- und/oder Begleitfähigkeiten für erfolgreiches Lesen- und Schreibenlernen hervorgehoben." (Nickel/Spitta 2003, 278)

Welche Segmentierungen und Strategien Kinder durch den Erwerb der (Schrift-)Sprache in den Bereichen Verfassen von Texten, Orthographieerwerb und Lesen erwerben, wird in den vorhergehenden Kapiteln gezeigt. Dabei spielen nach Haueis (2000, 146) vier Formen des Umgangs mit Wörtern eine wichtige Rolle:

- das Aufgliedern von Wörtern unter verschiedenen Gesichtspunkten
- die Bildung neuer Wörter durch Flexion
- die Bildung neuer Wörter durch Zusammensetzung und Ableitung
- das Ordnen von Wörtern unter verschiedenen Gesichtspunkten

Diese Fähigkeiten erweitern das Wissen der Kinder über Sprache.

Um über Sprache nachzudenken und zu sprechen (Kap. 2) benötigen Kinder entsprechende Begriffe und die Fähigkeit, Sprache zu segmentieren. Aus diesem Grund wurden in den Aufgaben auch *Wissen über Sprache (Sprachreflexion)* isoliert überprüft. Anhand der Ergebnisse wird deutlich, dass im Unterricht immer wieder geklärt werden muss, dass verwendete Begriffe Kindern bekannt sind. Darüber hinaus sollte bei Problemen der Segmentierung von Sprache immer wieder an die Segmentierungsfähigkeit der mündlichen Sprache angeknüpft werden. Vorschläge für den Unterricht sind in den Kap. 2.4, 3.4 sowie 4.2 bis 4.3 dargestellt.

Der Lehrplan Grundschule von Baden-Württemberg (2004) und auch Lehrpläne anderer Bundesländer sehen vor, dass Kinder am Ende der zweiten Klasse Sätze abgrenzen, Satzschlusszeichen setzen können sowie die Großschreibung von Nomen erwerben. Diese Fähigkeiten entwickeln Kinder in der Auseinandersetzung mit Schrift, aber auch durch explizites Sprechen über Sprache und durch Einprägen von Regeln. Die Erklärungen von Lehrerinnen, z. B. zur Groß- und Kleinschreibung, sind sehr unterschiedlich. Die noch oft verbreitete Alltagtheorie „Alles, was man anfassen kann, wird groß geschrieben." kann bei Kindern zu den Schlüssen führen, dass das Wort *Igel* klein geschrieben wird, weil man Igel in der Realität nicht anfassen kann. Peschel/Reinhardt (2001, 3) geben einen Überblick über wesentliche Regeln. Zuerst stellen sie fest, dass fast alle Wörter klein geschrieben werden, nur Satzanfänge und Nomen (Namenwörter) nicht. Sie schreiben weiterhin, dass Nomen nicht leicht zu erkennen sind: „Du wirst nach und nach ein Gefühl dafür bekommen." Ansonsten führen sie folgende Regeln auf:

- Alle Namen von Dingen, die man zählen kann, sind Nomen: *zwei Augen, drei Dinos*
- Alle Wörter, die alleine mit einem Artikel (der, die, das) stehen können, sind Nomen: *der Computer, die Rakete*
- Aber auch vieles, das man nicht sehen, hören, riechen, schmecken oder anfassen kann, hat einen Namen. Wir können es spüren, und in Gedanken einkreisen: *die Angst, der Hunger, das Glück, der Traum.*" (Peschel/Reinhardt 2003, 3)

5 Schlussbemerkung

Die Erfassung der sprachlichen Voraussetzungen eines jeden Kindes beim Schulbeginn sowie die frühestmögliche, kontinuierliche Lernbeobachtung seiner schriftsprachlichen Fähigkeiten bilden die Basis für einen „passenden" Unterricht und eine gezielte Förderung. Doch auch bei bester Passung und individueller Förderung wird es immer Schülerinnen geben, die nur langsam Fortschritte erzielen. Es kann nicht Ziel sein, dass alle Kinder bis zum Ende der zweiten Klasse auf demselben Stand sind, sondern das Ziel muss sein, dass alle Schülerinnen gemäß ihrer individuellen Voraussetzungen und Fähigkeiten Fortschritte machen. Das heißt nicht nur, schwache Schülerinnen zu fördern, sondern auch gute Schülerinnen zu fordern. Die Fähigkeiten aller Kinder sollen gewürdigt werden, indem man Kinder mit Schwierigkeiten beim Schriftspracherwerb unterstützt, aber andere nicht langweilt mit Dingen, die sie bereits kennen, sondern ihnen ausreichend „Futter" gibt, damit sie ihre Kenntnisse vertiefen können.

Anhang

Quellennachweise

S. 34ff, 103ff, 141ff Die Anlautaufgabe, die Diagnoseaufgabe „Alphabetisches Schreiben“ sowie einige der Beobachtungsaufgaben für die Einschulung (Eingangsdiagnostik) sind nach der Idee von: Füssenich, Iris; Löffler, Cordula (2003a): Erwerb des alphabetischen Schreibens: Aufgaben für die Überprüfung des Entwicklungsstands bei der Einschulung, im ersten und zweiten Schuljahr. Praxis Grundschule, 26, Heft 3, 4–17
–; – (2003b): Lern- und Lehrprozesse beim alphabetischen Schreiben. Grundschule, 35, Heft 5, S. 9–12

S. 36 Wir danken folgenden Firmen für die Abdruckgenehmigungen: Coca-Cola GmbH, DaimlerCrysler AG, Ferrero oHG mbH, Langnese-Iglo GmbH, LEGO GmbH, McDonald's Deutschland Inc., RTL Television GmbH

S. 58 Photo von Claudia Crämer, **S. 60, 62** Photos von Michael Kersten, Vorlage von Claudia Crämer

S. 89ff Lernbeobachtung Schreiben „November“, Lernbeobachtung Schreiben „Januar“, Lernbeobachtung Schreiben „Mai“, Lernbeobachtung Lesen „November“, Übersicht zur Auswertung aus: Dehn, Mechthild; Hüttis-Graff, Petra (2006): Zeit für die Schrift II. Beobachtung und Diagnose. Berlin

S. 96ff, 146ff Tierrätsel 1 und 2, Leseaufgabe Fisch nach der Idee von: Crämer, Claudia (2000a): „Nicht-s? – Ah, nix!“ Diagnose und Förderung des sinnverstehenden Lesens. Grundschule 7–8, 39–49 (in Zusammenarbeit mit den Autorinnen)

S. 158ff „Schellen-Engel“ von Paul Klee aus: Rabkin, Gabriele (1992) Schreiben. Malen. Lesen. Wege zur Kultur. Stuttgart

S. 171 Sachtext Feuerwehr: Idee und Konzept von Claudia Crämer (in Zusammenarbeit mit den Autorinnen); überarbeitete Fassung in Crämer, Claudia (2005): Schwierig zu lesen? Ja, aber für jedes Kind anders. Grundschule, Heft 4, 44–49

S. 181 „Punktefresser“ und „Dann-und-Danner“ aus: Klein, Ursula (2001c): Arbeitsweisen des Schreibunterrichts. Grundschule, 33, Heft 11

Literatur

Altenburg, Erika (2004): Lesekompetenz – Nachdenken nach PISA und IGLU. In: Dräger, Monika; Gräser, Hanne; Hecker, Ulrich; Sengelhoff, Barbara (Hrsg.): Lesen ist Verstehen. Schriften auf Wegen zu Kindern. Beiträge der Deutschen Gesellschaft für Lesen und Schreiben (DGLS 1). Frankfurt/M., 26–46

Andresen, Helga (1985): Schriftspracherwerb und die Entstehung von Sprachbewusstheit. Opladen

– (1998): Spiel, Zeichen,... Zur Ontogenese dekontextualisierten Zeichengebrauchs. In: Giese, Heinz; Ossner, Jakob (Hrsg.): Sprache thematisieren. Freiburg, 21–44

– (2002): Interaktion, Sprache und Spiel. Zur Funktion des Rollenspiels für die Sprachentwicklung im Vorschulalter. Tübingen

Augst, Gerhard (1978): metakommunikation als element des spracherwerbs. Wirkendes Wort, Heft 5, 328–339

Balhorn, Heiko; Brügelmann, Hans (Hrsg.) (1987): Welten der Schrift in der Erfahrung der Kinder. Konstanz

–; –; Kretschmann, Rudolf; Scheerer-Neumann, Gerheid (Hrsg.) (1991): Regenbogenlesekiste. Texte für Erstleser. Bücher, Poster, Spiele, Kopiervorlagen, Materialien für den Anfangsunterricht. Überarbeitete Auflage. Hamburg

Baumgarten, Stephan; Füssenich, Iris (Hrsg.) (2002): Sprachtherapie mit Kindern. 5. Auflage. München/Basel

Baurmann, Jürgen; Ludwig, Otto (1986): Aufsätze vorbereiten – Schreiben lernen. Praxis Deutsch 80, 16–25

– (1996): Was Kinder über das Schreiben wissen. Eine empirische Untersuchung. In: Peyer, Ann; Portmann; Paul R. (Hrsg.): Norm, Moral und Didaktik – Die Linguistik und ihre Schmuddelkinder. Tübingen, 241–266

Beier, Helge (1991): Naive Lese- und Schreibversuche. Die Grundschulzeitschrift, Schulanfang: Lesen und Schreiben können, Sonderheft 1991, 9–11

Bergk, Marion (1980): Leselernprozeß und Erstlesewerk. Bochum

Betz, Dieter; Breuninger, Helga (1998): Teufelskreis Lernstörungen. München

Bierwisch, Manfred (1976): Schriftstruktur und Phonologie. In: Hofer, Adolf (Hrsg.): Lesenlernen: Theorie und Unterricht. Düsseldorf, 50–81 (Zuerst in: Probleme und Ergebnisse der Psychologie, Heft 43, 1972, 21–44)

Bildungsplan für die Grundschule von Baden-Württemberg, (1994). In: Kultus und Unterricht. Amtsblatt des Ministeriums für Kultus und Sport, Lehrplanheft 1. Stuttgart

Bildungsplan für die Grundschule von Baden-Württemberg (2004). Stuttgart

Birkel, Peter (2007): Weingartener Grundwortschatz. Rechtschreib-Test für erste und zweite Klassen (WRT 1+). Handanweisung. 2. Auflage. Göttingen

Börner, Anne (1995a): Sprachbewusstheit funktionaler AnalphabetInnen am Beispiel ihrer Verschriftungen. Frankfurt/M.

– (1995b): Lese- und Rechtschreibförderung bei Kindern, Jugendlichen und Erwachsenen. In: Stark, Werner; Fitzner, Thilo; Schubert, Christoph (Hrsg.): Schulische und außerschulische Prävention von Analphabetismus. Eine Fachtagung in der evangelischen Akademie in Bad Boll. Stuttgart, 81–91

Bosch, Bernhard (1984): Grundlagen des Erstleseunterrichts. Reprint der 1. Auflage 1937. Frankfurt/M.

Breuer, Helmut; Weuffen, Maria (1993): Lernschwierigkeiten am Schulanfang. Weinheim/Basel

Brinkmann, Erika; Brügelmann, Hans (1997): Beobachtungshilfen für den Anfangsunterricht im Lesen und Schreiben. In: Naegele; Valtin (Hrsg.), 98–107

–; – (1999): Offenheit mit Sicherheit. Kommentar zur Ideen-Kiste 1, Schrift-Sprache. 5., verbesserte Auflage. Hamburg

Brügelmann, Hans (1981): Taktiken des Lesens – Zugriffsweisen im Leseprozeß. In: Ritz-Fröhlich, Gertrud (Hrsg.): Lesen im 2.-4. Schuljahr. Bad Heilbrunn, 81–91

– (1983): LIES: Buchstabensammler oder Wortbildjäger? Über den Weg der Schrift vom Papier ins Gehirn. In: betrifft: erziehung, 16, Heft 12, 22–29

– (1984): Die Schrift entdecken: Beobachtungshilfen und methodische Ideen für den Anfangsunterricht im Lesen und Schreiben. 1. Auflage. Konstanz

– (1985): Erkennen und fördern, was Kinder schon können. Zur Beobachtung naiver Erfahrung mit Schrift für das Lesen- und Schreibenlernen. In: Bergk, Marion; Meiers, Kurt (Hrsg.): Schulanfang ohne Fibeltrott. Überlegungen und Praxisvorschläge zum Lesenlernen mit eigenen Texten. Bad Heilbrunn/Obb., 38–48

– (1987): Umgangsformen mit Schriftsprache – Beobachtungsaufgaben zum Schulanfang. In: Eberle, Gerhard; Reiß, Günther (Hrsg.): Probleme beim Schriftspracherwerb. Möglichkeiten ihrer Vermeidung und Überwindung. Heidelberg, 133–153

– (1989a): Gezinktes Memory: Lese- und Schreibaufgaben für Schulanfänger – eine Beobachtungshilfe für Lehrer/innen. In: Günther, Klaus B. (Hrsg.): Ontogenese, Entwicklungsprozess und Störungen beim Schriftspracherwerb. Heidelberg, 124–134

– (1989b): Kinder auf dem Weg zur Schrift. 3., verbesserte und vor allem vergrößerte Auflage. Konstanz

– (1998): Kinder lernen anders, vor der Schule – in der Schule. Lengwil am Bodensee

–; Balhorn, Heiko (Hrsg.) (1990): Das Gehirn, sein Alfabet und andere Geschichten. Konstanz

–; Brinkmann, Erika (1994): Stufen des Schriftspracherwerbs und Ansätze zu seiner Förderung. In: Brügelmann, Hans; Richter, Sigrun (Hrsg.), 44–52

–; – (1998): Die Schrift erfinden. Lengwil am Bodensee

–; Richter, Sigrun (Hrsg.) (1994): Wie wir recht schreiben lernen. 10 Jahre Kinder auf dem Weg zur Schrift. Lengwil am Bodensee

Bünting, Karl-Dieter; Eichler, Wolfgang; Pospiech, Ulrike (2000): Handbuch der deutschen Rechtschreibung. Berlin

Coltheart, Max (1978): Lexical Access in Simple Reading Tasks. In: Underwood. Geoffrey (Eds.): Strategies of Information Prozessing. London, 151–216

Conrady, Peter (1995): Spaß am Lesen – auch für Jugendliche und Erwachsene. Kriterien bei der Auswahl von Texten und Büchern für leseungewohnte Leserinnen und Leser. In: Dahrendorf, Malte (Hrsg.): Grenzen der Literaturvermittlung. Beiträge Jugendliteratur und Medien. 6. Beiheft, 68–73

Crämer, Claudia (2000a): „Ni:cht-s? – Ah, nix!“ Diagnose und Förderung des sinnverstehenden Lesens. Grundschule, 32, Heft 7/8, 39–49

– (2000b): Lesen und Verstehen. Praxis Grundschule 23, Heft 4, 4–49
– (2001): Sinnvolle Aufgaben bei der Einführung von Buchstaben. Praxis Grundschule, 24, Heft 3, 14–24
– (2003): Lesen – Verstehen – Handeln. Praxis Grundschule, 26, Heft 3, 36–46
– (2005): Schwierig zu lesen? Ja, aber für jedes Kind anders. Grundschule, Heft 4, 44–49
–; Füssenich, Iris; Graf, Ulrike; Gehring, Carsten; Löffler, Cordula; Röbe, Edeltraud; von Wedel-Wolff, Annegret; Wespel, Manfred (2003): Wie Lehren und Lernen ineinander greifen. In: Andresen, Ute; Sasse, Ada (Hrsg.): Selber aber nicht allein. Schriftspracherwerb und Unterricht (DGLS). Frankfurt/M., 62–86
–; –; Schumann, Gabriele (1996): Lese- und Schreibschwierigkeiten im Zusammenhang mit Problemen der gesprochenen Sprache. Die Sprachheilarbeit, Heft 1, 5–21
–; –; – (1998): Lesekompetenz erwerben und fördern. Braunschweig
–; Schumann, Gabriele (1990): Äußerungen in einem Volkshochschulkurs mit sogenannten „Null-Anfängern“. In: Brügelmann; Balhorn (Hrsg.): 217
–; – (2002): Schriftsprache. In: Baumgartner; Füssenich (Hrsg.): 256–319

Dehn, Mechthild (1983): Vom „Verschriften“ zum Schreiben. Grundschule, 15, Heft 7, 28–31
– (1984): Lernschwierigkeiten beim Schriftspracherwerb. Zeitschrift für Pädagogik, Heft 1, 93–114
– (1990): Christina und die Rätselrunde. Schule als sozialer Raum für Schrift. In: Brügelmann; Balhorn (Hrsg.): 112–124
– (1991): Die Faszination des Leeren Blattes. Die Grundschulzeitschrift, Schulanfang: Lesen und Schreiben können, Sonderheft 1991, 4–7
– (1994): Schlüsselszenen zum Schrifterwerb. Arbeitsbuch zum Lese- und Schreibunterricht in der Grundschule. Weinheim/Basel
– (1996): Schwierige Lernentwicklung und Unterrichtskonzept. In: Dehn et al. (Hrsg.): 16–30
– (1998): Lehrerhilfen bei Leseschwierigkeiten. In: Crämer et al. (Hrsg.): 45–70
– (1999): Texte und Kontexte. Schreiben als kulturelle Tätigkeit in der Grundschule. Bochum
– (2006): Zeit für die Schrift I. Lesen lernen und Schreiben können. Berlin
–; Hüttis-Graff, Petra (2006): Zeit für die Schrift II. Berlin
–; –; Kruse, Norbert (Hrsg.) (1996): Elementare Schriftkultur. Schwierige Lernentwicklung und Unterrichtskonzept, Schriftkultur. Weinheim/Basel
–; –; May, Peter (2003): Schreiben und Lesenlernen. Beobachtung des Lernprozesses im 1. Schuljahr. Freie Hansestadt Hamburg, Behörde für Bildung und Sport, Amt für Schule (Hrsg.). Nachdruck (Erstveröffentlichung 1987)
Diagnosearbeiten an Grundschulen in Baden-Württemberg (2003): Klasse 2, Deutsch. Landesinstitut für Erziehung und Unterricht. Stuttgart
Diegritz, Theodor; Riegler, Susanne; Thieme, Simone (2000): Der Aufbau von Sprachbegleitbewusstsein bei GrundschülerInnen durch Reflexion über Sprache. Wirkendes Wort, Heft 1, 67–85
Döbert-Nauert, Marion (1985): Verursachungsfaktoren des Analphabetismus. Deutscher Volkshochschulverband. Bonn/Frankfurt
Döbert, Marion (1997): Schriftspracheunkundigkeit bei deutschsprachigen Er-

wachsenen. In: Eichler, Thomas (Hrsg.): Zwischen Leseanimation und literarischer Sozialisation. Konzepte der Lese(r)förderung. Oberhausen, 117–139

–; Hubertus, Peter (2000): Ihr Kreuz ist die Schrift. Analphabetismus und Alphabetisierung in Deutschland. Bundesverband Alphabetisierung e.V. (Hrsg.). Münster/Stuttgart

Dummer-Smoch, Lisa; Hackethal, Renate (1993): Kieler Rechtschreibaufbau. 2., überarbeitete Auflage. Kiel

–; – (1994): Kieler Leseaufbau. 4., überarbeitete Aufl. Kiel

Ehlich, Konrad; Rehbein, Jochen (1976): Halbinterpretative Arbeitstranskription (HIAT). Linguistische Berichte, 45, 21–41

Einsiedler, Wolfgang (2002): Unterricht in der Grundschule. In: Cortina, Kai S.; Baumert, Jürgen; Leschinsky, Achim; Mayer, Karl Ulrich; Trommer, Luitgard (Hrsg.): Das Bildungswesen in der Bundesrepublik Deutschland. Reinbek, 285–341

Feilke, Helmuth (2001): Über sprachdidaktische Grenzen: Von „Erfindern", „Entdeckern" und „Mentoren". Didaktik Deutsch 10, 4–25

Frith, Uta (1985): Beneath the Surface of Developmental Dyslexia. In: Patterson, K. E.; Coltheart, M. (Eds.): Surface Dyslexia: Neuropsychological and Cognitive Studies of Phonological Reading. London, 301–330

Füssenich, Iris (1987): Gestörte Kindersprache aus interaktionistischer Sicht. Heidelberg

– (1991): Zur Funktion der Schrift für die Therapie von Aussprachestörungen. In: Balhorn, Heiko (Hrsg.): Fibel ade? Lesen und Schreiben in der Grundschule, Beiträge der Jahrestagung der Deutschen Gesellschaft für Lesen und Schreiben von 1991/92. Hamburg, 22–30

– (1992): Förderunterricht fördert. Wie Kinder mit Entwicklungsverzögerungen die Schrift entdecken. Die Grundschulzeitschrift, Heft 57, 1992, 42–44

– (1993): Wie wird man Analphabet/in? In: Stark, Werner Fitzner, Thilo; Schubert, Christoph (Hrsg.): Berufliche Bildung und Analphabetismus. Eine Fachtagung. Evangelische Akademie Bad Boll. Stuttgart, 59–67

– (1998): Analphabetismus aus der Sicht der Sonderpädagogik. In: Huber, Ludowika; Kegel, Gerd; Speck-Hamdan, Angelika (Hrsg.): Einblicke in den Schriftspracherwerb. Braunschweig, 75–82

– (2000): LRS in den Klassen 1-10. Handbuch der Lese- und Rechtschreib-Schwierigkeiten. Band 2: Schulische Förderung und außerschulische Therapien. Weinheim/Basel, 129–139

– (2001): Sind Sprachstörungen immer hörbar? Grundschule, Heft 5, 14–17

– (2002): Semantik. In: Baumgartner; Füssenich (Hrsg.): 63–104

– (2003): „Sag ruhig Piep!" Wie Markus die Regeln der Aussprache entdeckte. Grundschule, 35, Heft 2, 21–22

– (2004a): Wenn er mehr als seinen Namen schreiben soll…, Grundschule, 36, Heft 9, 24–26

– (2004b): Lesen und Schreiben bei sprachgestörten Kindern und Jugendlichen. In: Grohnfeldt, Manfred (Hrsg.): Lehrbuch der Sprachheilpädagogik und Logopädie, Band 5: Bildung, Erziehung und Unterricht, Stuttgart, 234–247

– (2006): Schreibschwierigkeiten. In: Bredel, Ursula; Günther, Hartmut; Klotz,

Peter; Ossner, Jakob; Siebert-Ott, Gesa (Hrsg.): Didaktik der deutschen Sprache. Band 1. 2. Auflage. Paderborn, 261–270

–; Geisel, Carolin (2008): Literacy im Kindergarten. Vom Sprechen zur Schrift. München/Basel

–; Löffler, Cordula (2003a): Erwerb des alphabetischen Schreibens: Aufgaben für die Überprüfung des Entwicklungsstands bei der Einschulung, im ersten und zweiten Schuljahr. Praxis Grundschule, 26, Heft 3, 4–17

–; – (2003b): Lern- und Lehrprozesse beim alphabetischen Schreiben. Grundschule, 35, Heft 5, 9–12

–; – (2005): Materialheft Schriftspracherwerb. Einschulung, erstes und zweites Schuljahr. München/Basel

Genuneit, Jürgen (1998): Lesetexte für Leseungewohnte. In: Crämer et al. (Hrsg.): 151–163

Giese, Heinz W.; Osburg, Claudia; Weinhold, Swantje (2006): Sprachunterricht in der Primarstufe. In: Bredel, Ursula; Günther, Hartmut; Klotz, Peter; Ossner, Jakob; Siebert-Ott, Gesa (Hrsg.): Didaktik der deutschen Sprache. Band 2. 2. Auflage. Paderborn, 684–697

–; Gläß, Bernhard (1984): Analphabetismus und Schriftkultur in entwickelten Gesellschaften. Das Beispiel Bundesrepublik Deutschland. Der Deutschunterricht, Heft 6, 25–37

Graf, Ulrike (2004): Schulleistungen im Spiegel kindlicher Wahrnehmungs- und Deutungsarbeit. Eine qualitativ-explorative Studie zur Grundlegung selbstreflexiven Leistens im ersten Schuljahr. Hamburg

Grund, Martin; Haug, Gerhard; Naumann, Carl Ludwig (1994): Diagnostischer Rechtschreibtest für 4. Klassen (DRT 4). Ingenkamp, Karlheinz (Hrsg.). Weinheim/Basel

–; –; – (1995): Diagnostischer Rechtschreibtest für 5. Klassen (DRT 5). Ingenkamp, Karlheinz (Hrsg.). Weinheim/Basel

Grust, Helga (1997): Der andere Blick. Lernmöglichkeiten wahrnehmen und im Unterricht stärken. Die Grundschulzeitschrift, Heft 107, 14–15

Günther, Hartmut (1988): Schriftliche Sprache. Strukturen geschriebener Wörter und ihre Verarbeitung beim Lesen. Tübingen

– (1993): Erziehung zur Schriftlichkeit. In: Eisenberg, Peter; Klotz, Peter (Hrsg.): Sprache gebrauchen – Sprachwissen erwerben. Stuttgart/Düsseldorf/Berlin/Leipzig, 85–96

Günther, Klaus-B. (1986): Entwicklungs- und sprachpsychologische Begründung der Notwendigkeit spezifischer Methoden für den Erwerb der Schriftsprache bei sprachentwicklungsgestörten, lernbehinderten und hörgeschädigten Kindern. In: Augst, Gerhard (Hrsg.): New Trends in Graphemics and Orthography. Berlin, 354–382

Haarmann, Dieter (1973): Über die allmähliche Verfertigung der Sprache beim Reden. Spontane Selbstkorrekturen im Sprachverhalten von Schulanfängern. In: Arbeitskreis Grundschule e.V.: Schulanfang. Lernen und Lehren im ersten Schuljahr. Frankfurt, 97–112

Hacker, Detlef (2002): Phonologie. In: Baumgartner; Füssenich (Hrsg.): 13–62

Hanke, Petra (2002): Lernen mit eigenen Texten in den ersten Schulwochen. Grundschule, 34, Heft 3, 40–42
– (2006): Methoden des Rechtschreibunterrichts. In: Bredel, Ursula; Günther, Hartmut; Klotz, Peter; Ossner, Jakob; Seibert-Ott, Gesa (Hrsg.): Didaktik der deutschen Sprache. Band 2. 2. Auflage. Weinheim, 785–801
Hansen, Karl (1929): Die Problematik der Sprachheilschule in ihrer geschichtlichen Entwicklung. Halle
Haueis, Eduard (2000): Sprache vergegenständlichen: Dürfen Lehrkräfte weniger wissen als Kinder im 1. und 2. Schuljahr können müssen? In: Balhorn, Heiko; Giese, Heinz; Osburg, Claudia (Hrsg.): Betrachtungen über Sprachbetrachtungen. Grammatik und Unterricht. Seelze, 142–152
– (2004): Im toten Winkel: Leseförderung und Schriftspracherwerb. In: Härle, Gerhard; Rank, Bernhard (Hrsg.): Wege zum Lesen und zur Literatur. Baltmannsweiler, 21–34
Heckt, Dietlinde Hedwig (2004): Nichts gegen Standards, aber… Grundschule: Special, Standards, 2
Herné, Karl Ludwig (2003): Lesen und schreiben lernen mit Anlaut- und Buchstabentabellen. *www.praxisgrundschule.de* (Stand: Dezember 2004)
Hüttis-Graff, Petra (1987): Umgang mit Fehlern. Kognitive Prozesse von Leselernern. Diss. Universität Hamburg
– (1992): Wer bekommt das Bild? Die Grundschulzeitschrift, Heft 57, 74–75
– (1996): Beobachten als didaktische Aufgabe. In: Dehn et al. (Hrsg.): 31–39
– (1997): Lernschwierigkeiten – Lernchancen. Beobachten und Unterrichten. Die Grundschulzeitschrift, Heft 107, 8–13
–; Baark, Claudia (1996): Die Schulanfangsbeobachtung. Unterrichtsaufgaben für den Schriftspracherwerb. In: Dehn et al. (Hrsg.): 132–155

Jansen, Heiner; Mannhaupt, Gerd; Marx, Harald; Skowronek, Helmut (1999): Bielefelder Screening zur Früherkennung von Lese- und Rechtschreibschwierigkeiten (BISC). Göttingen

Karia, Thomas; Rosenberg, Leibl (1986): Das Dings Buch ist das! München
Klein, Ursula (2001a): Gestalten des Schreibunterrichts. Grundschule, 33, Heft 11, 36–38
– (2001b): Die Beurteilung von Texten. Grundschule, 33, Heft 11, 49–51
– (2001c): Arbeitsweisen des Schreibunterrichts. Grundschule, 33, Heft 11, 39–48
Kleinschmidt-Bräutigam, Mascha; Hope, Irene (2003): Neues Lernen – Neues Lesen – Neues bewerten. Überlegungen und Beispiele zu neuen Wegen im Umgang mit (Lese-)Leistungen. In: Grundschulunterricht, Heft 1, 5–12
Kretschmann, Rudolph (1987): Sprachanalytische Vorstufen der Lesekompetenz. In: Balhorn; Brügelmann (Hrsg.): 200–206
–; Dobrindt, Yvonne; Behring, Karin (1998): Prozessdiagnose und Schriftsprachkompetenz in den Schuljahren 1 und 2. Horneburg
–; Rose, Anna (2000): Lese- und Schreibförderung bei Kindern mit Lernblockaden. Zeitschrift für Heilpädagogik, Heft 6, 222–231
Küspert, Petra; Schneider, Wolfgang (1998): Würzburger Leise Leseprobe (WLLP). Göttingen
–; – (2006): Hören, lauschen, lernen. Sprachspiele für Kinder im Vorschulalter –

Würzburger Trainingsprogramm zur Vorbereitung auf den Erwerb der Schriftsprache. 5. Auflage. Göttingen

Linke, Angelika; Nussbaumer, Markus; Portmann, Paul R. (2001): Studienbuch Linguistik. 4., unveränderte Auflage. Tübingen
Löffler, Cordula (2002): Analphabetismus in Wechselwirkung mit gesprochener Sprache. Zu Sprachentwicklung, Sprachbewusstsein, Variationskompetenz und systematisch fundierter Förderung von Analphabeten. Reprint. Aachen
Ludwig, Otto (1998): Vom Sinn und Unsinn des Schreibens in der Schule. In: Stark, Werner; Fitzner, Thilo; Schubert, Christoph (Hrsg.): Wer schreibt, der bleibt! – Und wer nicht schreibt? Stuttgart, 125–132
Lurija, Aleksandr R. (1982): Sprache und Bewußtsein. Köln
– (1986): Die historische Bedingtheit individueller Erkenntnisprozesse. Weinheim

Mann, Christine (2001a): Eingreifstellen. In: Mann, Christine; Oberländer, Hilke; Scheid, Cornelia: LRS – Legasthenie. Prävention und Therapie. Ein Handbuch. Weinheim/Basel, 107–134
– (2001b): Ein idealtypischer Weg des Schriftspracherwerbs. In: Mann, Christine; Oberländer, Hilke; Scheid, Cornelia: LRS – Legasthenie. Prävention und Therapie. Ein Handbuch. Weinheim/Basel, 15–57
– (2002): Legasthenie verhindern. 5., neu ausgestattete Auflage, Bochum
Marx, Harald (1998): Knuspels Leseaufgaben (KNUSPEL-L). Göttingen
May, Peter (1986): Schriftaneignung als Problemlösen. Analyse des Lesens(lernen)s mit Kategorien des Problemlösens. Frankfurt/M.
– (1990): Kinder lernen rechtschreiben: Gemeinsamkeiten und Unterschiede guter und schwacher Lerner. In: Brügelmann; Balhorn (Hrsg.): 245–253
– (1993): Vom Umgang mit Komplexität beim Schreiben. In: Balhorn, Heiko; Brügelmann, Hans (Hrsg.): Bedeutungen erfinden – mit Schrift und untereinander. Konstanz, 277–289
– (2002): Hamburger Schreib-Probe HSP 1–9. Diagnose orthographischer Kompetenz zur Erfassung der grundlegenden Rechtschreibstrategien. Handbuch. 6., aktualisierte und erweiterte Auflage. Hamburg
–; Arntzen, Helga (2000): Hamburger Leseprobe. Klasse 1–4. Testverfahren zur Beobachtung der Leselernentwicklung in der Grundschule. Hamburg.
–; Dehn, Mechthild; Hüttis, Petra (2002): Hamburger Lesetest 1 (HLT 1). Gruppenlesetest für Klasse 1. Hamburg
Menzel, Wolfgang (1985): Rechtschreibunterricht. Theorie und Praxis. Aus Fehlern lernen. Seelze
– (2002): Lesen lernen dauert ein Leben lang. Praxis Deutsch, Heft 176, 20–40
Müller, Astrid (2000): Sachtexte lesen und verstehen. Lernchancen, Heft 13, 4–12
Müller, Rudolf (1984): Diagnostischer Lesetest zur Frühdiagnose von Lesestörungen. DLF 1-2. Weinheim
– (1990): Diagnostischer Rechtschreibtest für 1. Klassen (DRT 1). Ingenkamp, Karlheinz (Hrsg.). Beiheft mit Anleitung. Weinheim/Basel
– (1997a): Diagnostischer Rechtschreibtest für 2. Klassen (DRT 2). Ingenkamp, Karlheinz (Hrsg.). 3., neu normierte Auflage. Weinheim/Basel
– (1997b): Diagnostischer Rechtschreibtest für 3. Klassen (DRT 3). Ingenkamp, Karlheinz (Hrsg.). 3., neu normierte Auflage. Weinheim/Basel

Naegele, Ingrid M. (2001): Förderung von Schülerinnen und Schülern mit besonderen Schwierigkeiten im Lesen und Schreiben. Analyse der Erlasse und Richtlinien in den Bundesländern. In: Naegele, Ingrid M.; Valtin, Renate (Hrsg.): LRS – Legasthenie in den Klasse 1–10. Handbuch der Lese-Rechtschreib-Schwierigkeiten. Band 1: Grundlagen und Grundsätze der Lese-Rechtschreib-Förderung. 5., neu ausgestattete Auflage. Weinheim/Basel, 19–28

–; Valtin, Renate (1997): Schreiben lernt man nur durch Schreiben. In: Naegele, Ingrid M.; Valtin, Renate (Hrsg.): LRS in den Klassen 1–10. Handbuch der Lese-Rechtschreib-Schwierigkeiten. Band 1: Grundlagen und Grundsätze der Lese-Rechtschreib-Förderung. Weinheim/Basel, 217–228

–; – (Hrsg.) (2000): LRS in den Klassen 1–10. Handbuch der Lese-Rechtschreib-Schwierigkeiten. Band 2: Schulische Förderung und außerschulische Therapien. Weinheim/Basel

Namgalis, Lisa; Heling, Barbara; Schwänke, Ulf (1990): Stiefkinder des Bildungssystems. Hamburg

Naumann, Carl Ludwig (1989): Gesprochenes Deutsch und Orthographie. Frankfurt/M.

– (1999): Orientierungswortschatz. Weinheim/Basel

– (2004): Lese-Rechtschreib-Schwierigkeiten – eine Teilleistungsschwäche? Eine sprachdidaktische Betrachtung. In: Schulte-Markwort, Michael; Reich-Schulze, Eveline; Nolte, Marianne; Zimpel, André Frank; Goossens-Merkt, Heinrich; Schlüter, Harald; Wicher, Klaus (Hrsg.) (2004): Aufmerksamkeitsdefizit, Hyperaktivität, Teilleistungsstörungen. Dokumentation der Ringvorlesung in Hamburg im Sommer 2002. Materialien zur Berufsbildung. Band 10. Hamburg, 186–200

Neuhaus, Marianne (1987): Was denken Kinder über Schrift? Beobachtung individueller Lernwege beim Erwerb der Schriftsprache, unveröffentl. Hausarbeit. Dortmund

Nickel, Sven; Spitta, Gudrun (2003): Rechtschreibbewusstheit als Konzept orthographischen Lernens? Ein Forschungsbericht an der Universität Bremen. In: Brinkmann, Erika; Kruse, Norbert; Osburg, Claudia (Hrsg.): Kinder schreiben und lesen. Beobachten – Verstehen – Lehren. Freiburg, 278–285

Ong, Walter J. (1987): Oralität und Literalität. Opladen

Osburg, Claudia (1997): Gesprochene und geschriebene Sprache. Aussprachestörungen und Schriftspracherwerb. Baltmannsweiler

– (2002): Begriffliches Wissen am Schulanfang: Schulalltag konstruktivistisch analysiert. Freiburg

– (2003): Wenn Kinder nicht verstehen (können). Tipps, um Sprachfallen im Unterricht zu erkennen. Praxis Grundschule, 26, Heft 3, 28–31

Ossner, Jakob (1995): Prozessorientierte Schreibdidaktik in Lehrplänen. In: Baurmann, Jürgen; Weingarten, Rüdiger (Hrsg.): Schreiben. Opladen, 29–51

– (2001): Orthographische Formulare. In: Feilke, Helmuth; Knappest, Klaus Peter; Knobloch, Clemens (Hrsg.): Grammatikalisierung, Spracherwerb und Schriftlichkeit. Tübingen, 127–153

Peschel, Falko; Reinhardt, Astrid (2001): Der Sprachforscher. Seelze

Probst, Holger (2002): Testaufgaben zum Einsteig in die Schriftsprache. Horneburg

Rabkin, Gabriele (1992): Schreiben. Malen. Lesen. Wege zur Kultur. Stuttgart
– (1995): Anregungen zum freien Schreiben und Gestalten. Behörde für Schule, Jugend und Berufsbildung der Freien und Hansestadt Hamburg und dem UNESCO-Institut für Pädagogik in Hamburg (Hrsg.). Stuttgart/Dresden
–; Arntzen, Helga; Zingel, Antje; Wolgast, Katharina (1998): Fantasien von Kindern aus aller Welt. Stuttgart
Rank, Bernhard (1995): Wege zur Grammatik und zum Erzählen. Hohengehren
Redder, Angelika (2001): Aufbau und Gestaltung von Transkriptionssystemen. In: Brinker, Klaus; Antos, Gerd; Heinemann, Wolfgang; Sager, Sven F. (Hrsg.): Text- und Gesprächslinguistik. Linguistics of Text and Conversation. 2. Halbband. Berlin, 1038–1059
Reichen, Jürgen (1982): Lesen durch Schreiben. Zürich
Reuter-Liehr, Carola (1991): Ein zweijähriges Förderprojekt in der Orientierungsstufe. In: Bundesverband Legasthenie e.V. (Hrsg.): Legasthenie. Bericht über den Europäischen Fachkongreß 1990. Hannover, 189–196
Richter, Sigrun (1994): Geschlechterunterschiede in der Rechtschreibentwicklung von Kindern in der 1. bis 5. Klasse. In: Richter, Sigrun; Brügelmann, Hans (Hrsg.): Mädchen lernen anders. Bottighofen, 51–65
–; Brügelmann, Hans (1994): Der Schulanfang ist keine Stunde Null. Schrifterfahrungen, die Kinder in die Schule einbringen. In: Brügelmann; Richter (Hrsg.): 62–77

Scheerer-Neumann, Gerheid (1987): Wortspezifisch: ja – Wortbild: Nein. Ein letztes Lebewohl an die Wortbildtheorie. Teil 2: Lesen. In: Balhorn; Brügelmann (Hrsg.): 219–243
– (1989): Entwicklungsprozesse beim Lesenlernen: Eine Fallstudie. In: Beck, Manfred (Hrsg.): Schriftspracherwerb – Lese-Rechtschreibschwäche. Tübingen, 15–38
– (2001): Förderdiagnostik beim Lesenlernen. In: Naegele, Ingrid M.; Valtin, Renate (Hrsg.): LRS – Legasthenie in den Klassen 1–10. Handbuch der Lese-Rechtschreib-Schwierigkeiten. Band 2: Schulische Förderung und außerschulische Therapien. 2., überarbeitete Auflage. Weinheim/Basel, 70–86
– (2003): Entwicklung der basalen Lesefähigkeit. In: Bredel, Ursula; Günther, Hartmut; Klotz, Peter; Ossner, Jakob; Siebert-Ott, Gesa (Hrsg.): Didaktik der deutschen Sprache. Band 1. Paderborn, 513–524
Schenk-Danzinger, Lotte (1991): Legasthenie. Zerebral-funktionelle Interpretation, Diagnose und Therapie. 2. Auflage. München/Basel
Scheunemann, Bettina (1996): Vorschulkinder auf dem Weg zur Schrift. Pädagogische Konsequenzen für den Unterricht mit sprachbehinderten Kindern. Wissenschaftliche Hausarbeit. Pädagogische Hochschule Ludwigsburg
Schmid-Barkow, Ingrid (1997): Vom didaktischen Nährwert der Silbe. Didaktik Deutsch, 2, 3, 53–61
– (1999): Kinder lernen Sprache sprechen, schreiben denken. Beobachtungen und Sprachbewusstheit bei Schulanfängern mit Sprachentwicklungsstörungen. Frankfurt/M.
Schulte, Klaus (1980): Sprechlehrhilfe PMS: Informationen des phonembestimmten Manualsystems zur Sprechtherapie und Artikulation bei geistig-, lern- und sprachbehinderten, gehörlosen und schwerhörigen Kindern; Texte zu Film- und Video-Dokumenten »Sprechlehrsystm PMS«. Heidelberg

Schumann, Gabriele; Groß, Christoph (2004): Lernorte schaffen. Grundschule, 36, Heft 9, 38-42

Spitta, Gudrun (1988): Geben Sie Kindern Zeit, damit sie aus ihren Fehlern lernen können! Die Grundschulzeitschrift, Heft 2, 6–11

Stern, Elisabeth (2003): Lernen – der wichtigste Hebel der geistigen Entwicklung (Teil 2). Universitas, 58 (6), Nr. 684, 567–582

Schwartz, Erwin (o. J.): Die Aufgabe des Schulanfangs. Bildsamkeit und grundlegende Bildung. Braunschweig

Tacke, Gero; Brezing, Hermann; Schultheiß, Günter (1994): Rhythmisch-syllabierendes Mitsprechen als Möglichkeit, die Rechtschreibung zu verbessern. In: Lehren und Lernen. Zeitschrift des Landesinstituts für Erziehung und Unterricht, 20, 1. Stuttgart, 13–39

Thomé, Günther (2003): Entwicklung der basalen Rechtschreibkenntnisse. In: Bredel, Ursula; Günther, Hartmut; Klotz, Peter; Ossner, Jakob; Siebert-Ott, Gesa (Hrsg.): Didaktik der deutschen Sprache. Band 1. Weinheim, 369–379

Tritschler, Yvonne (2003): Fähigkeit zur Phonem-Graphem-Zuordnung als Grundlage für den Schriftspracherwerb am Beispiel der Förderung von Zweitklässler mit erheblichen Problemen im Lesen und Schreiben. Wissenschaftliche Hausarbeit. Pädagogische Hochschule Ludwigsburg

Valtin, Renate (1986): Kinder lernen schreiben und über Sprache nachdenken: Eine empirische Untersuchung zur Entwicklung schriftsprachlicher Fähigkeiten. In: Valtin, Renate; Naegele, Ingrid M. (Hrsg.): Schreiben ist wichtig! Grundlagen und Beispiele für kommunikatives Schreiben(lernen). Frankfurt/M. 23–53

– (1993a): Motivation, Rechtschreibstrategien und Regelverwendung von guten und schwachen Rechtschreibern. In: Valtin, Renate; Naegele, Ingrid M. (Hrsg.) (1993), 95–111

– (1993b): Schreiben ist wichtig!: Grudlagen und Beispiele für kommunikatives Schreiben(lernen), 3. Auflage. Frankfurt/M.

– (1996): Zur Entstehung von Lern-Behinderungen durch falsche Lehr-/Lernkonzepte beim Schriftspracherwerb. In: Eberwein, Hans (Hrsg.): Handbuch Lernen und Lernbehinderungen. Weinheim/Basel. 239–387

– (1998): Erwerb und Förderung schriftsprachlicher Kompetenzen aus grundschulpädagogischer Sicht. In: Huber, Ludewika; Kegel, Gerd; Speck-Hamdan, Angelika (Hrsg.): Einblicke in den Schriftspracherwerb, Braunschweig, 59–74

– (2000): Schwierigkeiten beim Schriftspracherwerb. Hinweise und Hilfen für die Förderdiagnostik. In: Naegele; Valtin (Hrsg.): 48–69

–; Naegele, Ingrid M. (Hrsg.) (1993): Schreiben ist wichtig! Grundlagen und Beispiele für kommunikatives Schreiben(lernen), 3. Auflage. Frankfurt/Main

Volmert, Johannes (Hrsg.) (2000): Grundkurs Sprachwissenschaft. 4. Auflage. München

von Wedel-Wolff, Annegret (2000): Was Leseproben verraten. Grundschule, 32, Heft 7/8, 33–35

– (2003): Üben im Rechtschreibunterricht. Braunschweig

– (2004a): Üben im Leseunterricht der Grundschule. 2. Auflage. Braunschweig

– (2004b): Grundlagen für alternative Diktatformen. Grundschule, 36, Heft 1, 24–27

Waller, Manfred (1988): Komponenten der metasprachlichen Entwicklung und Bedingungen ihres ontogenetischen Aufbaus. Zeitschrift für Entwicklungspsychologie und Pädagogische Psychologie, Band XX, 4, 297–321

Weinhold, Swantje (2000): Text als Herausforderung. Zur Textkompetenz am Schulanfang. Freiburg

Wespel, Manfred (1997): Texte wachsen lassen … und überarbeiten. In: Grundschule, 29, Heft 11, 8

– (2004): Von der Leitidee „Sprach- und Schriftkultur" zu Kompetenzen im Sprechen, Lesen, Schreiben. Die Bildungsstandards im Fach Deutsch der Grundschule. Grundschule: Special, Standards, 7–10

Sachregister

Leseprobe

Leseprobe
Iris Füssenich / Carolin Geisel: Literacy im Kindergarten

4 Vom Sprechen zur Schrift

4.1 Literacy als wesentliches Element des Spracherwerbs

Viele Kinder interessieren sich schon lange vor Schulbeginn für Zeichen und Symbole, was auch Schriftzeichen mit einschließt. Im Kindergarten gibt es Kinder, die einzelne Buchstaben von einer Verpackung abschreiben, die in der Puppenecke so tun, als ob sie ihrer Puppe aus einem Bilderbuch vorlesen (möglicherweise halten sie das Bilderbuch dabei falsch herum ...), die ein gemaltes Bild mit ihrem Namen beschriften usw. Bestimmt kann jede pädagogische Fachkraft diese Liste beliebig mit Beobachtungen ergänzen. Oftmals fragen Kinder, lange bevor sie selbst lesen und schreiben können: „Wie heißt denn dieser Buchstabe?" oder „Was steht da?". Manche Kinder können auch schon im Kindergarten Buchstaben selbstständig zu ersten Wörtern zusammenfügen, wie z. B. Evania, die einen Wunschzettel zu ihrem Geburtstag schreibt.

Gleichwohl diese Beobachtungen jedem, der mit Kindern im Elementarbereich arbeitet, vertraut sind, wurde Schrift lange aus der Elementarpädagogik ausgeklammert, da man sich gegen vermeintlich schulische Inhalte wehrte. „Die Vorstellung, dass ein Kind am Ende der Kindergartenzeit schon ein wenig lesen oder schreiben kann, erzeugt bei einigen oft größere Besorgnis als die Tatsache, dass ein Kind bei Schuleintritt noch kein Interesse am Lesen oder Schreiben zeigt" (Barth 1995, 4).

reinhardt
www.reinhardt-verlag.de

Leseprobe

Von einer Elementarpädagogik, die sich an den Themen und Interessen der Kinder orientiert, kann Schrift nicht mehr ausgeklammert werden. Kinder leben vor dem eigentlichen Schuleintritt in einer Welt der Schriftlichkeit (Brockmeier 1997). Deshalb spielt die Diskussion über die Förderung von Literacy in der Fachliteratur und im Kindergarten-Alltag eine immer größere Rolle. Die Angst von Erzieherinnen, nur der Schule zuzuarbeiten, ist dabei unbegründet. Im Orientierungsplan für Bildung und Erziehung für die baden-württembergischen Kindergärten, hrsg. vom Ministerium für Kultus, Jugend und Sport Baden-Württemberg (2006), wird beispielsweise neben dem eigenständigen Bildungsauftrag der Kindertageseinrichtung auch die Wichtigkeit eines linearen Übergangs zwischen Kindergarten und Schule betont. Ähnliche Hinweise finden sich in den anderen Bildungsplänen für den Elementarbereich. Kinder sollen den Wechsel zwischen den beiden Institutionen nicht als Bruch erleben, sondern es soll ein nahtloser Übergang stattfinden, bei dem Kinder merken, dass in der Schule an die Themen des Kindergartens angeknüpft wird. „Die Ermöglichung einer frühen Begegnung mit Schrift ist Bestandteil sprachlicher Bildung" (Näger 2005, 10) und kein Training bestimmter Fertigkeiten. Es handelt sich nicht um einen Rückschritt zu den Frühleseprogrammen der 60er und 70er Jahre. Literacy ist vielmehr ein Beitrag zum eigenständigen Bildungsauftrag des Elementarbereichs. Deshalb haben erste Erfahrungen im Umgang mit Schrift inzwischen Einzug in die Bildungsprogramme für den Elementarbereich fast aller Bundesländer gefunden (Sasse 2005).

Was heißt Literacy?

Für den aus dem anglo-amerikanischen Raum stammenden Begriff Literacy gibt es keine adäquate Übersetzung in der deutschen Sprache. Vereinzelt wurde versucht, Literacy mit sprachlich-literarischer Grundbildung zu übersetzen (Whitehead 2004). In den meisten Veröffentlichungen wird jedoch der englische Begriff beibehalten. Ulich (2003) definiert den

Begriff als ein Konzept, das sich auf die frühe Kindheit bezieht und kindliche Erfahrungen rund um Buch-, Erzähl-, Reim- und Schriftkultur umfasst. Hierzu zählen z.B. das Interesse an Schrift, das Symbolverständnis, der Umgang mit Büchern, die Lesefreude, das Textverständnis, sprachliche Abstraktionsfähigkeit u.a. Dies macht deutlich, dass es tatsächlich schwierig ist, einen deutschen Begriff zu finden, der all diese Komponenten beinhaltet. Es handelt sich um Kenntnisse über Schriftsprache, die viele Kinder lange vor Schuleintritt erwerben. Bei der Auseinandersetzung mit Schrift und Zeichen ist nicht gemeint, Kinder Buchstaben kopieren oder Texte auswendig lernen zu lassen. Es geht um eine erfahrungsorientierte Auseinandersetzung mit Zeichen, die in der Lebenswirklichkeit von Kindern eine Rolle spielen.

Welche Fähigkeiten gehören zu Literacy?

Wahrnehmung von Schrift

- Wissen, dass Zeichen (und somit auch Schrift) Bedeutung tragen (Symbolbewusstsein).

- Schrift in der alltäglichen Umgebung wahrnehmen, z.B. auf Straßenschildern, in der Werbung, in der Zeitung, am Computer … (Whitehead 2004): Durch vielfältige Erfahrungen mit gedruckter oder geschriebener Sprache lernen Kinder, worin sich geschriebene Sprache von gesprochener Sprache unterscheidet. Kinder lernen, dass auch durch Schrift „Bedeutung und Botschaften übermittelt werden" (Whitehead 2004, 302).

- Fähigkeit, selbst Zeichen in der Welt zu hinterlassen, z.B. in ein Buch kritzeln, mit dem Finger auf einer angelaufenen Scheibe zeichnen, mit dem Stift auf einem Papier einzelne Buchstaben schreiben usw.: Dies bringt Kinder mit drei grundlegenden Charakteristika von Schrift in Berührung: Kreativität, Kommunikation und Beständigkeit (Whitehead 2004). Wenn Kinder anfangen, Zeichen, die sie produzieren, Bedeutung zuzuschreiben, sind sie auf dem Weg in Richtung Schreiben einen wichtigen Schritt weiter.

- Einsicht in die kommunikative Funktion von Schrift erwerben: Kinder erkennen, dass durch Schrift mit anderen Menschen (und mit sich selbst) raum- und zeitunabhängig kommuniziert werden kann (Sasse 2005, 197). Daraus entwickeln sie die Motivation, Lesen und Schreiben auch selbst zu lernen.

- Lesen und Schreiben als vollwertige Tätigkeiten wahrnehmen und akzeptieren (Brockmeier 1997) und in den Alltag integrieren.

Einsicht in den Aufbau von Schrift

- Fähigkeit, über Sprache nachzudenken und mit Sprache zu spielen (metakommunikative Fähigkeiten): Hierzu gehört z.B. auch die Fähigkeit, Wörter in Silben gliedern zu können (Kap. 2.4).

- Von der Inhaltsebene abstrahieren und die Aufmerksamkeit auf die sprachliche Form lenken können: Hierunter fällt z.B. die Fähigkeit, Reime zu erkennen oder auch zu wissen, dass das Wort Rotkehlchen länger ist als das Wort Kuh, auch wenn die Kuh ein wesentlich größeres Tier ist.

- Kinder müssen erkennen, dass es einen Zusammenhang zwischen Laut- und Schriftsprache gibt. Sie lernen, dass die Schriftbilder von Wörtern sich nicht ähneln, wenn die Bedeutungen ähnlich sind (z.B. Rabe – Amsel), sondern wenn sie ähnlich klingen (z.B. Rabe – Rebe). Diese Einsicht verarbeiten sie in ihren ersten alphabetischen Verschriftungen.

Kenntnis von Begriffen

- Kenntnis von Begriffen, um über Sprache zu sprechen wie z. B. Buchstabe, Wort, Zahl, aber auch lesen und schreiben. Kinder aus schriftfernen Milieus werden Schwierigkeiten haben, diese Begriffe mit konkreten Vorstellungen zu verbinden. „Solche Vorstellungen gewinnen Kinder nur dann, wenn sie in konkreten Situationen miterleben, wie Schriftliches sinnvoll genutzt wird“ (Sasse 2005, 197).

Kenntnis von Konventionen / Konzepten

- Konzept des Buches kennen: Wie herum wird ein Buch gehalten? In welche Richtung wird geblättert? Wie unterscheiden sich Text und Bild? Wo kann die vorlesende Person lesen? Worin besteht der Sinn von Zeilen, Rändern, Absätzen, Seitenzahlen, Überschriften, Titeln, Einbänden ...? (Brockmeier 1997).

- Konventionen von geschriebener Sprache kennen: Unsere Schreibrichtung verläuft von links nach rechts und von oben nach unten. Hier ist zu beachten, dass es kulturell unterschiedliche Konventionen gibt. Ein Kind mit arabischer Muttersprache hat zu Hause eventuell Schrift kennen gelernt, die von rechts nach links geschrieben wird. Gerade deshalb ist das Wissen um diese Konventionen nicht selbstverständlich und will entdeckt werden.

Erweiterung sprachlicher Fähigkeiten

- Ein „anderes Sprachniveau kennenlernen“ (Ulich 2003, 11): Geschriebene Erzählsprache unterscheidet sich von mündlicher Sprache in Bezug auf Vokabular, Grammatik und Komplexität von Sprache. Kinder erleben, dass Geschichten nicht in der Alltagssprache vorgetragen werden. Sie beginnen, auch ihre eigene Sprache zu verändern, wenn sie erzählen.

- Dekontextualisierte Sprache (= nicht konkret handlungsbezogene Sprache) (Ulich 2003, 12f): Durch Sprache werden die äußeren Umstände einer Erzählung oder Mitteilung für Gesprächspartnerinnen, die nicht dasselbe Hintergrundwissen haben wie die Sprecherinnen (Ulich 2003, 12), erklärt (z.B. beteiligte Personen, Räume/Schauplätze, Situationen). Denn die Gesprächspartnerinnen haben das Geschehen selbst nicht mitverfolgt. Es findet eine sprachliche Ablösung vom situativen Kontext statt.
- Textverständnis entwickeln (z.B. den Sinn eines vorgelesenen Textes verstehen).

Die Entwicklung dieser Kompetenzen beginnt in den ersten Lebensjahren durch scheinbar banale Erfahrungen wie z.B. ein Buch vorgelesen zu bekommen, lernen, den eigenen Namen zu schreiben, eine Geschichte zu erzählen oder Eltern und ältere Geschwister beim Lesen und Schreiben zu beobachten. Diese Erfahrungen macht aber nur ein Teil aller Kinder, was zu einer Chancenungleichheit führt, da Kinder mit frühen Literacy-Erfahrungen langfristig bessere Sprach- und Schreibkompetenzen erwerben (Ulich 2003). Verschiedene Autoren weisen auf einen engen Zusammenhang von frühen Erfahrungen im Umgang mit Schrift und den Fähigkeiten im Lesen und Schreiben hin: Brügelmann (1985) führt Schwierigkeiten im Schriftspracherwerb eher auf mangelnde Erfahrungen von Kindern im Umgang mit Schrift als auf eine eingeschränkte visuelle oder auditive Wahrnehmungsleistung zurück. Nickel (2005, 179) berichtet von Untersuchungen, dass „Menschen mit großen Problemen im Schriftspracherwerb nur selten frühe literale Erfahrungen gemacht haben".

Literacy entwickelt sich spontan selbstständig, durch Beobachtung der Eltern und auch durch Anleitung (Leseman/de Jong 2004). Das gemeinsame Betrachten von Bilderbüchern ist eine der am besten untersuchten Formen der angeleiteten

Auseinandersetzung mit Schriftsprache von kleinen Kindern (Kap. 4.3.1) und deshalb eine gute Möglichkeit, Literacy-Fähigkeiten zu fördern.

In der Auseinandersetzung mit geschriebener Sprache entwickelt sich die mündliche Sprache weiter. Verschiedene Beobachtungen und Experimente belegen, dass Kinder die selbst viel vorgelesen bekommen oder viele Geschichten hören, in der Lage sind, ihre eigene Sprache an den jeweiligen Kontext anzupassen. Sie zeigen in eher mündlichen Kontexten einen Sprachgebrauch, der charakteristische Äußerungsformen und Merkmale der gesprochenen Sprache enthält und analog in eher schriftlichen Kontexten einen Sprachgebrauch, wie er normalerweise in schriftlichen Texten vorhanden ist. Kinder entwickeln also eine literale Sprache. Purcell-Gates (2001) beschreibt eine Untersuchung mit Kindergartenkindern, bei der Kinder zunächst von ihrem letzten Geburtstagsfest berichteten. Anschließend ließ sie dieselben Kinder eine Situation spielen, in der sie ihrer Puppe etwas vorlesen sollten. Die Vorlesesprache unterschied sich von dem mündlichen Bericht vom Geburtstagsfest insofern, als die grammatischen Strukturen komplexer und der Wortschatz breiter und variantenreicher waren. Die Tatsache, dass die Vorlesegeschichte mündlich erzählt wurde, machte sie nicht zu mündlicher Sprache. Es handelte sich vielmehr um Schriftsprache, die mündlich vorgetragen wurde. Purcell-Gates fand heraus, dass diese Kinder in der Lage sind, mündliche und schriftliche Sprache zu unterscheiden und ihre eigene Sprache dem Kontext anzupassen.

Die Kindertageseinrichtung spielt beim Erwerb von Literacy eine wichtige Rolle. Es profitieren gerade die Kinder, die im Elternhaus nicht mit Büchern oder Schrift konfrontiert werden. Wichtig ist in jedem Fall ein spielerischer Umgang mit Sprache und Schrift. Ein Sprach- oder Schrift-Training ist kontraproduktiv. Die Förderung von Literacy sollte Bestandteil von Sprachförderkonzepten sein. Es geht darum, Kinder in die literale Kultur einzuführen. In Kap. 4.3 werden einige Beispiele zur praktischen Umsetzung gegeben.

Literacy in den Bildungsplänen für den Elementarbereich der Bundesländer

In allen Bildungsplänen „für den Elementarbereich sind Bildungsinhalte bzw. Bildungsziele für Schrift und Schriftkultur im Kontext der Inhalte und Ziele für den mündlichen Sprachgebrauch formuliert" (Sasse 2005, 199), allerdings wird nicht immer der Begriff Literacy verwendet. Sasse vergleicht die einzelnen Bildungspläne und unterscheidet drei Gruppen:

1.) Bildungspläne mit umfangreichen schriftbezogenen Zielen und Inhalten: Baden-Württemberg, Bayern, Berlin, Brandenburg, Hessen, Saarland, Sachsen und Sachsen-Anhalt.

2.) Bildungspläne mit knapp gefassten schriftbezogenen Bildungsinhalten und -zielen: Bremen, Niedersachsen, Nordrhein-Westfalen, Rheinland-Pfalz, Schleswig-Holstein. Hier wird in eher „allgemeiner Form auf die Bedeutung der frühen Begegnung mit Schrift und Schriftkultur verwiesen" (Sasse 2005, 202).

3.) Bildungsplan mit wahrnehmungsbezogenen Bildungszielen und -inhalten: Mecklenburg-Vorpommern. Der Umgang mit Schrift wird hier auf die Rezeption von Kinderliteratur reduziert. Darüber hinaus gibt es viele Anregungen zur Förderung der visuellen und auditiven Wahrnehmung. Es liegt also „die Annahme zu Grunde, dass Lesen- und Schreibenlernen nicht vorrangig als Denk-, sondern als Wahrnehmungsleistung zu verstehen sei" (Sasse 2005, 203).

Im Orientierungsplan für Bildung und Erziehung für die baden-württembergischen Kindergärten, hrsg. vom Ministerium für Kultus, Jugend und Sport Baden-Württemberg (2006), wird gefordert, dass die Entwicklung von Kindern regelmäßig beobachtet und dokumentiert wird. Im Bereich Literacy gibt es für Erzieherinnen bislang vor allem die Möglichkeit, mit Beobachtungsbögen zu arbeiten.

Mit dem Buch „Toni feiert Geburtstag" (Kap. 4.3.1) wird die Lücke zwischen einem Testverfahren (z.B. LARR 1993) und einem Beobachtungsbogen, z.B. SISMIK (Ulich/Mayr 2003) oder Seldak (Ulich/Mayr 2006) geschlossen, indem die zu beobachtende Situation direkt evoziert werden kann und die Beobachtungsaufgaben auch zur Förderung verwendet werden können. An die wesentlichen, in allen drei Verfahren genannten Beobachtungskriterien, wurde beim Verfassen des Bilderbuches „Toni feiert Geburtstag" angeknüpft.

Um die Literacy-Fähigkeiten von Kindern gezielt fördern zu können, sollten pädagogische Fachkräfte auch über die schriftsprachliche Entwicklung von Kindern Bescheid wissen. Deshalb wird im Folgenden diese Entwicklung für den Elementarbereich in einer kurzen Übersicht aufgezeigt.

4.2 Schriftspracherwerb aus Sicht von Kindern

Schriftspracherwerb als Teil der sprachlich-kognitiven Entwicklung

Der Schriftspracherwerb von Kindern ist Teil ihrer Sprachentwicklung. Um Schrift zu erwerben, „ist zwar ein gewisser Entwicklungsstand an sprachlichen und kognitiven Fähigkeiten nötig, doch erweitert die Beschäftigung mit Schrift schon vorhandene Fähigkeiten" (Füssenich/Löffler 2005a). Der Erwerb der Schrift beginnt lange vor Schuleintritt, noch während Kinder eine Kindertageseinrichtung besuchen. Die

Aneignung der Schrift ist als Entwicklungsprozess zu sehen, bei dem sich Kinder schrittweise das System unserer Schrift aneignen und selbstständig Regeln zur Verschriftung entdecken. In Anlehnung an Valtin (1996) werden hier die Phasen des Schriftspracherwerbs in einem Stufenmodell kurz dargestellt und die für den Elementarbereich relevanten Phasen erläutert.

Auszug aus (S. 30–35):